孫中山與陸榮廷的護法暗鬥

黃旭初
回憶錄

黃旭初——原著

蔡登山——主編

黃旭初次子黃武良，攝於廣西容縣「黃旭初別墅」後庭。

黃旭初和他的回憶錄

蔡登山

　　黃旭初（1892～1975），廣西容縣人。係廣西省政府主席，主政廣西近廿年。黃旭初年十六入容縣師範，二十歲肄業於廣西陸軍速成學校步兵科，與李宗仁有同學之誼。一九一四年，他以優異成績考入北京中國陸軍大學學習。一九一七年，任廣西陸軍模範營連長，保定軍校畢業的黃紹竑、白崇禧任副連長。一九一九年由湘歸任廣西陸軍第一師步二團團附。一九二一年六月，調任廣西督軍署中校參謀。一九二三年擔任李宗仁的「廣西定桂軍總司令部」參謀長。一九二六年北伐軍興，廣西軍隊改編為國民革命軍第七軍，李宗仁任軍長，白崇禧任參謀長，黃旭初任第四旅旅長，後升任第七軍第六師師長，屢建奇功。一九二八年升任第十五軍副軍長兼第二師師長，一九三〇年任護黨救國軍第十五軍軍長。

　　一九三一年七月一日，黃旭初在南寧就任廣西省政府主席。一當就是十九年，直到一九四九年止。與山西的閻錫山同以模範省著稱中外，有聲於時。黃旭初積極配合李宗仁、白崇禧進行軍事、政治、經濟、文化「四大建設」，在幾年的時間裏，桂系一躍成為中國西南的一大地方實力派。李宗仁後來在他的回憶錄中寫道：「黃君（指黃旭初）老成練達，與我有同窗之雅，並曾入陸軍大學深造，謹小慎微，應對如流，全軍賴其輔導，上下歸心。嗣後我軍竟能戡平八桂，問鼎中原，渠早年主持戎幕，為本軍打下良好基礎之功，實不可沒。黃君其後主持廣西省政達十九年，澤被桑梓，亦非幸致。」

　　一九四九年十二月二日黃旭初離開南寧，因為軍事情勢上南寧已不可守。十二月三日他和白崇禧同時飛抵海南島的海口，他們在海南十九天。白崇禧乘艦出海指揮作戰曾小別一週，其餘每天都有會議或晤談，商討的都屬當前軍國要事，全不及私。又因由桂入越的敗殘部隊，為數尚不少，白崇禧乃囑黃旭初赴越南籌謀部隊生活的照顧和善後安排。法國駐邕龍領事田友仁那時也遷到海口，黃旭初請他辦理入越護照，但他轉報法方得不到答覆，無法辦通赴越南手續。十二月二十一日黃旭初和白氏握手分袂，飛往香港，白氏南飛榆林視察。不料此別竟成永訣！自此，黃旭初寓居香

港，後來國府聘為總統府國策顧問，但他一直沒有到職。一九七五年十一月十八日，他因心臟病發作，病逝香港九龍浸會醫院，享年八十四歲。

黃旭初在五〇年代末在香港雜誌上開始寫回憶的文章，前後有十來年，據香港傳記作家胡志偉先生估計，有二百一十五篇，共一百卅萬言。其中成書出版的只有《我的母親》一書，另外還有《八桂憶往錄》（後名為《廣西懷鄉記》）、《廣西與中央廿餘年來悲歡離合憶述》，這兩部書稿篇幅頗大的，史料價值尤高。胡志偉的評價是「從地域來講，他寫了自一八九八年李立廷領導會黨起義至國軍由桂南退入越南期間的廣西內政、邊防、外交、建設、金融、民族、約法、議員、自治、鐵路、糧產、通志、民意機關、粵桂關係以及外界對廣西的評價，儼然一部廿世紀五十年代前的廣西省斷代史；從政事來看，他從同盟會滲入廣西、辛亥柳州獨立、陸榮廷討袁、廣西護法、桂軍參加北伐、粵桂之戰、龍潭大戰、粵桂合力敉平南昌暴動、西征唐生智、逐奉軍出關、用兵武漢、黃張攻粵、滇軍攻南寧、中原大戰、粵桂反蔣、寧桂復合、桂南會戰、大別山戰鬥、衡陽保衛戰、崑崙關血戰、常德會戰、南寧兩次陷日、反攻桂柳、廣西光復，一直寫到李宗仁當選副總統、李白求和失敗、李宗仁飛美、監察院彈劾李宗仁、李宗仁回歸大陸，活生生是一部桂系政治軍事活動史。」。此外還有《辛亥革命廣西援鄂北伐軍》、《辛亥革命造成廣西陸榮廷握政》、《辛亥革命時廣西省議會與臨時約法》、《抗戰前夕寧桂間的微妙關係》、《遷省史話》、《廣西回應雲南護國討袁始末》、《劉古香柳州獨居》等近代史料的文章，但可惜的是並沒有單獨結集出版。

胡志偉還特別指出黃旭初寫近代史，資料主要取自他自己的日記，部份依據第十六集團軍總司令部中校參謀盧玉衡的口述和第五軍司令部編印處李誠毅等人的手記；敵方的行動，則依據日本人鈴木醇美的《廣西會戰紀事》等書。這也是他回憶錄史料之價值較高的所在。一般我們看到的回憶錄都是作者晚年的回憶之作，由於是數十年的往事，即使有驚人的記憶力，許多細節還是無法回溯的。而黃旭初寫這些戰役，有時間，有路線，何日何地被攻陷，戰役的整個路線圖，一清二楚。苟非靠當時的日記所載，是難以做到的。

據廣西壯族自治區博物館副研究館員巫惠民說他幾經周折後，在自治區文化廳、區黨委統戰部和廣西海外聯誼會的多方努力和協調下，終於二〇〇一年十二月十日將黃旭初的日記和信札徵集到，成為國家二級珍貴文物收藏於廣西壯族自治區博物館。日記是從一九三一年至一九七五年間所寫的，除一九三五至一九三六兩年共用一本外，其餘每年一本，共四十四

本。徵集時，除一九三一～一九三四年及一九三七、一九四〇年這六年日記因外借未還而沒有徵集外，其餘三十八本全部徵集入藏。而信札部分黃旭初將之集成七冊，共208封，1079頁。有李宗仁給蔣介石、黃旭初和臺北張群（岳軍）的信，有白崇禧致黃旭初的信，也有黃旭初給李宗仁以及黃旭初與夏威、程思遠、徐梗生聯名給李宗仁的信等。

　　鑑於黃旭初回憶錄的史料價值，我聯絡上在香港的黃旭初的次子黃武良同意出版。我找齊了黃旭初在香港《春秋》（半月刊）連載的《廣西與中央廿餘年來悲歡離合憶述》四十四章節，他在書稿最後記了「一九六三、八、四初稿」，這書稿前後，寫了近兩年的時間。文章刊出後，李宗仁從美國來函，對第一篇的章節作了若干更正與補充。於是黃旭初又寫了補正之一〈李宗仁由美來函話當年〉、補正之二〈廣西人在浙皖兩省的地方政權〉、補正之三〈桂人主皖政—由李宗仁到夏威〉、補正之四〈國軍戰敗避入越南經過詳情〉，對原書稿做了更詳盡的補充，可見其精益求精的態度。

　　此書稿談及李宗仁、白崇禧和蔣介石的恩怨離合甚多，為此我又找到黃旭初所寫的四篇文章，分別是：〈白崇禧兩度任副總參謀長之憶〉、〈蔣李初次會晤經過詳情〉、〈蔣李第二次會晤經過詳情〉、〈我記憶中的早年李宗仁〉，當作此書稿的附錄，如此對李宗仁、白崇禧和蔣介石之間的關係，當有更進一步的瞭解。書名也改為《黃旭初回憶錄—李宗仁、白崇禧與蔣介石的離合》（簡稱《黃旭初回憶錄》系列一）。

　　黃旭初回憶錄中，他生前親自訂定章節的《八桂憶往錄》（又名《廣西還鄉記》），篇幅較大。為便於閱讀今將其分為兩部，分別是：《黃旭初回憶錄——孫中山與陸榮廷的護法暗鬥》及《黃旭初回憶錄——抗戰前、中、後的廣西變革》。另他原先唯一結集出版過的《我的母親》一書，此次亦予收錄。如此他的回憶錄一共五本，有一百二十餘萬字，可謂齊備矣。黃旭初晚年在香江一隅，用了十餘年的時光，來寫回憶錄，不為名也不為利，但卻為歷史做了見證，其精神無疑地是令人敬佩的。

　　感謝黃武良先生他無私而且信任我，是我在整理出版一系列《黃旭初回憶錄》的最大動力，雖然前路漫漫，但不寂寞！

目 次

引言

　　飽嘗避世風味的人，本來最感迫切需要解答的問題是：世界人類如何才能和平相處？好些人曾竭盡心力孜孜不倦去尋求這問題的解答。但問題太大了，解答既不可能驟得，不妨且分探討的餘閒，擷拾八桂往事，寄諸楮墨，以貢世人，或猶賢於博奕。我自生長以至服務，半生皆在廣西，以故鄉人談故鄉事，較親切而明確。倘有以「子誠桂人也，知桂事而已矣」見哂，自忘譾陋，受之不吝。

　　事期信實，不尚耳食。每事一篇，自為起訖。時期先後，大致不亂。因非鄉土歷史，故不求其連貫。未足供探討問題的資料，或只資茶餘酒後的談助而已。

——民國五十二年十一月八日黃旭初

一、自報家門和李立廷事變

（一）我是廣西人且談故鄉事

在落後時代落後地區的人怎樣尋求出路呢？這篇所述的故事是最普通的例子。

人很少能安於目前現狀而不想上進的，故有「做了皇帝想神仙」的諺語，尤其是處境較困的，這種慾望更為活躍。我國的傳統習慣，以士農工商為正業，所以上進的路也不外向此中去求，至於哪條路適合於自己？就要看各人的環境和本己的興趣了。我生於清朝末季農村社會的農家，卻走上了四民之首那條路。

我們的祖先原籍廣東省惠州府永安縣，明末時期，淑宏公由廣東南雄守備調任廣西容縣綠雲都司，就地娶妻成家，不復返粵，是為來容始祖，子孫遂為容縣人，到我們這一代已經是第十二世了。翻族譜看，由二世到八世，既無人繼任武職，也不見有科名，屢世都是務農；九世祖重熙公為郡廩生；我伯父龍光公和我父親人光公為同胞兄弟，都是光緒時代的秀才。我家原住楊村墟附近的竹山村，祖父文公遷東華村。村距容縣城南八十華里；群山環繞，無論向何方外出，都要翻山越嶺；中為一小盆地，溪澗、丘陵、田疇、村舍、廟宇、樹林，星羅棋布，錯雜掩映。全村有黃、潘、盤、梁、廖、許、林、陳、李、唐、陸、余、趙、羅、楊十餘姓，並無大族，分布在縱橫僅五、六里的山邊溪曲。中心有村店數家，叫東華舖。村有家家男男女女都是耕田種地，別無其他生產。我家為佃農，伯父、父親、叔父幾兄弟都是教書，藉束脩收入以彌補家計。我們兄弟自小多是跟隨父親在書館受庭訓。山村雖小，文風不弱，同時有四名秀才，我家佔其二，其餘一屬梁家，一屬李家。這是我的家庭和鄰里的景況。

廣西各縣人民的生活方式，除居住較大城市的稍有不同外，住在鄉村的都和東華村大致相似，一般都是用牛力和人力照古老方法耕種收穫。間有兼營各種手工業的，如陶器、磚瓦、石灰、建屋、木匠、打鐵、織布、裁縫、榨油、榨糖等項；更有在農閒時編織籮筐、簆箕、草鞋和各種農家

日常用具，逢著墟期挑往售賣，以換取家中需要物品的；大宗工業品生產不多，黃糖、桐油、藍靛、牛皮等出口貨，只能算是農產加工品而已。有在城、墟、村中兼營商店的，但較大的商店多屬粵商所營，粵商足跡遍布到很偏僻的小墟市。此因廣東瀕海，早對國外通商，貿易繁盛，隨處形成了商業社會，一般人從小便習染上商業常識，長大後得族戚知交提挈，便自己經營起來。廣西幾乎純粹是農業社會，而全省的河流差不多全經梧江匯入西江，在未有公路、鐵路時代，貨運以由河道水運為最便，輪船、民船、竹筏，隨河水的深淺任便利用，農村中必需的食鹽、火油、火柴、棉紗等全靠省外輸入，粵商盡量供應由下游源源運來，回頭將廣西土產順流輸出，本地人無其所具的條件，遂被粵商單方面獨自發展，而成為此種現。廣西人很少以工商業致富的，不論經營甚麼事業，或是做官，發了財似乎別無用途，只知買田置地。一家數口，只要有田地可耕，生活便易安定，因廣西多山而少廣大平原，到處有河流溪澗灌溉的便利，卻少大水大旱的巨災，種下去很少顆粒無收的。農家預算的伸縮性又大，無論如何都可使收支適合，比方經常每天吃兩頓米飯的，碰著歉收時年，他們可改為每天甚至間一天或兩天吃一頓米飯，而其餘每餐只吃稀飯，難關便這樣度過了，自然，這僅僅是維持生命。農村裡借債很不容易，遇到連吃稀飯都過不去時，應付的辦法，多是熱天拿冬季的、冷天拿夏季的衣物向當舖去抵押當錢，最簡單而方便。所以那時代的廣西，農業是基本，工商業為副。但靠耕種發達的，卻又罕聞。

士是讀書人。做工的自己以為不必識字。做生意的為要記帳，感覺識字較方便。耕田種地的帳目簡單，不須登記，又無來往書信，唯一用著字墨的機會只是婚嫁束帖，那可臨時請人代辦，因用處少，家境過得去的農家，也有無興趣送子弟去讀書的。專門讀書而農工商全不做的，只有收租坐食的地主子弟。因此，士這一途，在四民中便形冷落。但稍有知識的人，都明白農工難有前途，為商既無資本，又缺乏技能，還是讀書人才有作為，得名之後，利也隨著來了。這是當時的社會環境。

我家幾代以來即半耕半讀，以農維持現狀，以士圖謀發展。士的出路，在皇帝專制時代，除造反外，唯一只有科舉一途。我得應過縣試，年紀還小，長輩並非期望即有成就，以為考試也像打仗，必須經歷多、心膽定，肚裡有好文章才不至臨時慌亂寫不出，僅嘗一次科舉便廢，改辦學堂。風氣變了，非求新知識難有前途，青年都群趨學堂。縣人求學興趣特別高漲，有賣田供送子弟出洋留學的，我們卻無田可賣。父親非常留意各處學堂招考的消息，尤其官費學堂，因自費家中是負擔不起的。我先後入過四校，都是官費的，各校的情形現尚記得的簡述如次。

容縣師範

容縣可說得風氣之先，光緒廿七年（一九〇一）一里山嘴村黃玉梁、翌年一里大塘肚陸寵廷先後各在家中開館，聘請粵省教習，講授科學，黃家不久且將書館改為小學。到光緒卅二年，縣裡一批日本留學生回來，成立容縣勸學所，黃紹侃任所長；那時縣城已有「附城小學」，且在學宮設「明倫女學」。是年七月，在考棚原址開設「容縣師範」，容縣知事包坤中兼管學，監督封祝椿，監學黃愛存；勸學所由上海聘來三位教習：丹徒趙玉森教國文、歷史、地理，松江陸先生教博物、算術，崑山顧先生教音樂、體操（陸顧兩位名字忘了）；招生百餘人，不限年齡，分為兩班，父親和我同時入學，但不同班；管教良好；十二月休業。趙陸顧三位教習假歸返滬，由陸路往平南縣的武林搭電船赴梧轉粵，不幸，未到武林，在六陳途中被匪搶劫，陸顧兩位罹難而死，容縣師範未再續辦。

梧州蠶業學堂

光緒卅二年為蒼梧縣紳士梁廷棟和梧州府知府高鳳岐所倡辦。地址在梧城上游江中的長洲，洲中居民大部分為種桑養蠶的，環境適合。分三年制本科和一年制別科別一班，後又設預科。管學官為梧州府知府，監督梁廷棟（繼為蘇紹章、蘇樹翰）負責校務，監學歐潮負責管理學生。蠶桑科教員：外省的有浙孫、閩蔡、川劉（三位名字皆忘）各位；本省的有何浚忠、梁衍、陳仲山、白志和、蘇××各位；普通科教員：廣東司徒淇，本省曾佐才、蘇樂群各位；本省各科幾位都是日本留學生。胞兄亦新於開辦時考入本科。我是後兩年考入別科再轉預科的，辛亥革命起後離校，未繼續修畢所業。父親也在後入別科，我家在東華曾養過蠶，故有此興趣。

廣西陸軍速成學校

桂林文昌門外的廣西陸軍小學於辛亥革命後停辦，民國元年一月就原址改辦廣西陸軍速成學堂，後改堂為校。學生除收容一部分陸小學生外（餘已參加學生軍北上援鄂），新招一部分，我是參加柳州獨立後赴桂投考獲取的。監督林秉彝，總教官日本人中村孝文，教官曾植銘、譚儒翰、何瑞麒、甘尚賢、劉朗東、甘偉賢，副官龍科材，步兵第一隊隊長況仕謙，第二隊隊長謝嶽宗（後為杜植），砲兵隊長由何瑞麒兼。我在步兵科，受初級軍官訓練。民二夏季畢業，共約二百人。

陸軍大學

初名陸軍隨營軍官學堂，設於保定，和陸軍速成學堂在一起，自第三期起才改今名。清廷傾覆時暫行解散，民元四月才重行召集回校，校址也遷到北京西直門大街路北。並由陸軍部管轄而改隸參謀本部；廢督辦而改設校長；廢除外籍總教官而改設教育長，由本國人充任。民國二年十二月，第四期招收學員，廣西都督府選送十一人赴北京應考，獲取錄甘尚賢、馬軍毅、陳良佐、朱為鉁、龍振麟、曾志沂和我七人。校長胡龍驤，教育長尹扶一，日本教官：宮內英雄、是永重雄，前期畢業的李濟琛、何遂、張國元等好幾位任教官。民五夏間，袁氏稱帝，同學多乘機南下參加護國運動，我患肋膜炎臥病醫院，未能離京，袁死事平，均返校復課。是年冬畢業，共一百三十三人，我的成績平常。

我出陸大後，即在軍隊工作；我胞兄畢業蠶校，省教育當局即派他在龍州、南寧、長洲母校連續教了九年蠶學，後才轉入政界服務；我兩弟均受短期軍官教育，也在軍隊過活；我和兄弟因此都不再有機會從事農作。我家民二遷居南寧，養蠶種菜。民十八年桂局變化，全家避居海外，十幾代保持不捨的農家生活，不意竟由此完全脫離。

（二）光緒戊戌的李立廷事變

滿清光緒戊戌變法維新那年，廣西曾發生一次驚人的暴動，連破五縣，費時兩月，然後復常。

那時我還不滿七歲。端午節過後幾天，在一個晴朗的下午，我家對面東華舖忽然轟傳「賊破容縣城了！」這真是了不得的事！東華離城很遠，且在山中，但人人都怕賊，紛紛拖男帶女、擔物牽牛，向山更深處走避。母親趕煮晚飯吃過了，帶著我們同著伯叔幾家翻過村後高山到雙頭村邱姓親戚家去，邱家屋內屋外擠滿了避難的人。過了兩天，不見賊來，傳說「甘木收復容縣城了」，大家才下山歸去。我們這些小孩子只聽說破城復城，連大人也不大清楚究竟是何情事？過後才知道是李立廷「起事」。

李立廷為廣西陸川縣平樂鄉大園村人，他父親李秀南參加過太平軍，被捕禁陸川縣監獄五年，同治元年釋放，翌年生立廷。立廷少時跟他胞兄仕英秀才讀過幾年書，長大後好拳棒，豪爽好客，在平樂墟開賭館以結交會黨，墟日到館吃喝的人極多。當時省內各處土匪拜會風氣極盛，他組織

「三合會」，被推為首領，到光緒廿三、四年，他的會黨已遍布鬱林五屬和容縣、貴縣了。

李立廷自小習聞長輩講太平天國故事，故腦中早有反清思想。他本計劃在戊戌年（光緒廿四年，一八九八）八月起事，但卻提前在五月發動了。因李陶兩家都是平樂鄉的大族，而素相仇視，往往因天旱爭水灌溉稻田起鬨。陶家武舉人陶瑞芝，結交陸川縣和鬱林州衙門中人，常欺凌他姓。戊戌年四月間李立廷母死，鄰近族戚黨徒來弔祭吃飯的數百人，夜後弔客各自回去，大園村附近山野都是燈籠火把。陶瑞芝向陸川縣知事史以煥密報說是李立廷造反，在夜間聚眾拜會反清，並在李母出殯前一晚，邀同史知事在鄰近高處瞭望。史親見燈籠火把絡繹不絕，信以為真，即迫令李仕英將其弟立廷交案，仕英不肯，史即拘捕仕英囚禁獄中，李立廷屢被其嫂催迫趕速求兄出獄，乃聚眾商議，用其軍師廣東茂名人毛星樓的獻計，決定五月初四日即李立廷生辰那天，在陸川、北流、博白、興業、容縣同時發動；並定陸北博三縣攻城由李立廷親自指揮，興業城由謝三妹（興業人）、李平龍（貴縣人）合力攻取，容縣城由封祿階攻取；各縣攻城後手後，即會師攻鬱林城。

五月初四日，李立廷率黨徒由平樂墟先攻石狗寨，殺了陶瑞芝和陶家男女一百三十餘人。旋即率領陳建廷（北流人）、廖十八、陳泰初（均陸川人）各部攻陷陸川城；初八日攻陷北流城；博白城因有清廷在籍侍衛秦永年內應，不攻自破。謝三妹、李平龍也如期攻陷興業城。容縣封祿階、封夢琴父子初十日才發動，當日縣城即被其攻佔。當時大旱，發生饑荒，饑民鬧事，李立廷主張劫富濟貧，風聲一播，附者雲集，立刻蔓延到鬱林各屬和容縣，幾於遍地皆紅。

容縣遲到初十日才發動的原因，為容縣會黨老首領甘木（又名仁山）自從出賣同黨范亞音投誠後，會黨已不戴其為頭子，但由於他掛著二品武職的頭銜，家裡經常養著兩三百個嘍囉，擁有相當武力，對會黨仍是明通暗結，李立廷明知他反復無常，為免其作梗，事先仍徵求其意見。甘木表示：會黨攻城日期要推遲到五月初十日子時左右，他又擔保會黨攻佔容城，三日之內無事。甘木所以要這樣，是因為他是二品大員，以容縣第一人自居，但縣中紳士都鄙其為人，羞與為伍，他恨之刺骨，正好乘初十賓興祭典，縣紳例多初九晚到城，假手會黨將他們一網打盡，待城破後，他自己去謀收復縣城以邀上賞。他陰謀既定，初九晚即請容縣知事王永貞到他家中宴會，以保護王的安全，並為以後通過王知事以邀賞作張本。果然，容縣會黨封祿階等破了容城還不滿三天，甘木即由楊葉村率領嘍囉突

襲入城，城中會黨猝不及防，甘木遂宣稱容縣城由他出力收復了。甘平日霸佔人家田地，無惡不作，復城時乘勢劫人財物。地方人士乃祕密上報：倘甘木因收復縣城有功得官，將如縱虎歸山，民無噍類。得覆：應誅。容縣錢知事即設計，七月初十日請甘到文場南面高坐，點驗團兵，而將刀斧手伏在他的座後，乘甘俯首看名冊時，突斬其頭，跟隨甘的嘍囉驚駭星散。甘被誅後，傳首遊行全縣各村示眾，到東華村時，我輩小兒多不敢迫近細看。

陸川、北流、博白、興業四縣既入三點會手中，於是聯合圍攻鬱林州城。在城周圍百數十里的村莊，到處都樹起紅旗，有些寫上「替天行道」、「弔民伐罪」、「反清復明」等標語，聲勢浩大。人人出入臂纏紅布，謂之轉紅。路上相遇，互稱契弟。大家都稱李立廷為大哥。鬱林本地的會黨共十六幫，擁眾十餘萬，都自稱為李立廷的馬子。其中高中牟樹晉部號稱者馬，有九響步槍，最為強悍。馬坡黃良笋部號稱南馬，也有實力。其餘各部多是以大刀、長矛、木棍、鋤頭做武器。

鬱城位於平原的中心，城牆堅固，近城又無可以俯瞰制壓城防的高地。附郭的村莊如州背、十甲、吳屋寨等，中多地主富家，都是磚石圍牆，成為鬱城的衛星，會黨要攻城就必先攻取這些村莊。五月十五夜，李立廷以者馬攻州背，十六晚被攻陷。十八日又攻佔十甲、吳屋寨。李立廷遂駐州背，親督攻城。

鬱林州知州黃桂丹以賊勢太大，遂請在城的翰林歐德芳、進士文德馨、舉人牟芝辰三人合力守禦，並以歐德芳為首，坐鎮賓興，更將知州官印交歐，任其便宜行事。他們將城牆加固，團結守兵和居民死守，切斷城內外聯絡，靜以待援。

離城十餘里鵬洞的紳士陳繼晴，家在官道上，既遍地皆紅，難以安住，遷避到紅方的親友家，途中幾為亂民所劫。城被圍，電報線已斷，消息不通。陳和鬱城南門外唐孟侯交厚，唐正在粵任順德縣知事，因擬一電稿使一善騎者熟讀默記後，騎馬一日趕到貴縣將電拍致唐孟侯，請唐將鬱情轉報上去，乞兵來救。援兵不久便由北海開來。

會黨曾將州背村中咸豐年間所鑄重三千斤的一尊生鐵大砲，扛上蔣家樓上，向北門城牆射了一砲，城牆崩了一個缺口，城上守兵登時逃散，但會黨事先不知準備乘機爬城，守軍得以趕急堵塞。會黨因第一砲收效，第二砲加重裝藥，期一擊奏功，不料，反把大砲炸毀了，黨徒也炸死了許多。會黨只是圍城而無法攻城，四周情況都對它們不利。在東面，容縣既被甘木收復，北流便須對容警戒，已無餘力助鬱。在北面，興業會黨梁亞

庚反水，搶掠沙塘謝三妹的老巢，使得謝三妹、李平龍兩部都得解圍拉隊回去自顧。在西面，距城三十里福綿大姓蕭愷周，錢多鎗多，蕭不轉紅，故附近的樟木、成均一帶也跟著他不轉。連日大雨，山洪暴發，會黨無法渡河進攻福綿，福綿存在，為會黨的西方一大威脅。會黨久圍無效，槍械、彈藥、糧食補充不上，官軍援兵四集，李立廷的敗已成。

駐北海的綏遠軍兩營，六月初旬從博白經船埠到福綿，得蕭愷周指陳敵情，為選嚮導。綏遠軍分三路進攻：中路由玄帝堂、吳屋寨前進；右翼由竹尾上南橋；左翼直撲十甲、州背。當天細雨濛濛，會黨用的火鎗，火媒受濕，發不出火，先已膽怯，聞著官軍方面發出「唸窮」的聲音（當時的犀利武器，無煙藥九響步鎗的聲音），更加驚慌，相率潰散。李立廷在他堂弟和廷、堂姪樹松均逃脫，由平樂墟經北流、容縣、岑溪、羅定而到香港，由港「賣豬仔」往新加坡。

當時官方懸賞通緝李立廷，傳說他已逃往桂越邊界一帶，省縣邊關方面官廳嚴緝，催迫急如星火，一次，擊斃一匪疑是李立廷，廣西邊防督辦蘇元春報省，省令鬱林州速派四人到龍州相認，官民都已感覺麻煩，求此案速了，四人胡亂具結認為確係李立廷而返。

李立廷在南洋各地仍搞會黨組織。辛亥革命後回廣州搞民軍。時桂境河道不靖，土匪橫行，有人獻議陸榮廷都督謂，李立廷對桂南一帶綠林有號召統馭能力，應令其回來工作。李於民元年一月回桂，被委為廣西水師第二統領，負責梧貴河道間治安，駐濛江。民三至民四年調任廣西都督府顧問官。民五至民八年調任梧州水上警察廳長，負責梧桂撫河治安。其後閒居梧州，民廿三年冬病故，年七十三。

二、同盟會在廣西活動情形

　　辛亥前在廣西的革命分子，全屬同盟會系統。其力量能在廣西生長，實得力於清廷令各省興學堂和辦新軍兩事：

　　因興學堂而啟發了青年的求知慾，於是桂籍青年們自費或官費而遠赴廣州、香港、上海和日本求學，大批廣西青年得有機會在各處參加同盟會，如在東京參加的計有：馬君武、鄧家彥、劉崛、劉玉山、盧汝翼、蘇無涯、黃石琴、蒙經、曾汝璟、何少川、黎契侯等；在上海參加的計有：曾鏞、王天縱等，在廣州參加的計有：劉古香、施正甫、梁史、雷沛鴻等。此外尚有在南洋參加的如曾庸丞、白萍洲等。他們回省後，在學堂服務的為最多，革命思想由此傳播到各地的青年。

　　因辦新軍，而省內缺乏此種人才，不得不向省外延攬，此輩多是同盟會員，他們藉此將革命種子散布在廣西的新軍中。革命既把知識分子和武力結合一致，有正大主張又有實力，自與單純的秀才造反或會黨起事不同，到了辛亥，推翻滿清，建立民國，卒告成功。

　　本篇首先記述辛亥武昌發動前，廣西革命活動的概略：

　　在省會桂林，遠在戊戌政變前，康有為曾來辦「廣仁學堂」和《廣仁報》；光緒廿五年（一八九九）廣西巡撫黃槐森聘唐景崧辦「體用學堂」；康、唐兩人見解相同，各向青年灌輸變法維新的主張。光緒三十年，汪貽書任廣西學臺，他也是贊成康氏主張的，選了大批維新思想的學生送往日本留學，但他們在日本與革命黨人接觸後，思想變了，在一九〇五至〇七年間，廣西學生在東京加入同盟會的就有六十多人，在學界情形是這樣。

　　在軍界，光緒三十年李經羲任廣西巡撫，他調江西常備中軍統領郭人漳來桂為親軍四營暨健字兩營統領，郭偕江西常備前軍第二營第二哨官林虎同來，以林為親軍四營督操官。不久，廣西藩司張鳴岐建議李經羲試練新軍一營，以郭兼營長，林為督操官負責訓練，半年後檢閱成績合格，升林虎為營長。光緒卅一年，李依張建議，準備增編一標，令郭舉薦人才。郭請咨調江南督練公所提調趙聲為第二營長，湖南弁目學堂監督蔡鍔為標教練官，教官雷飆為第三營長。趙聲因酒後暢談洪楊故事，被舊軍將領告密，李經羲遂中止增練新軍，連已練的一營也想解散。光緒卅三年十月，

黃興用張愚誠假姓名祕密到桂林活動，將平日物色認為同志的八人：趙聲、郭人漳、林虎、胡敦生、雷飆、楊尊任、楊祖時、盧慈佛，由他主盟加入同盟會。蔡鍔也是在這期間參加的。是年李經羲調任雲貴總督，貴州巡撫林紹年調任桂撫，林紹年最厭聞練新軍事，謀將已編練的林虎一營解散。郭人漳因獲廣西藩司張鳴岐保薦，由兩廣總督岑春煊調粵任用，同時將林虎一營調粵檢閱，岑就把林營留粵差遣。同盟會在桂林軍界的活動，在此時曾遭到一時的障礙。

清政府計劃在廣西成立新軍一鎮和一混成協。當時建軍的主管機關，在中央是軍諮府，在各省是督練公所。督練公所的督辦由巡撫兼任，下設兵備處（管軍政）、參謀處（管軍令）、訓練處（管訓練）。張鳴岐是主張練新軍的，他在光緒卅四年接任廣西巡撫，即先成立兵備處，調太平思順兵備道莊蘊寬為兵備處總辦，鈕永建為幫辦。莊和鈕兩人是江蘇同鄉又是南菁書院同學，莊在龍州為辦講武堂和練兵而約鈕氏來主持。因兵備處需要更多的新軍人才，莊氏遂透過鈕的關係，先聘得日本士官生王孝縝、李書城、孫孟戟、三人到桂工作。鈕、王、李、孫都已參加同盟會。王孝縝是福建官僚家庭出身，張鳴岐和莊蘊寬都信任而絕不懷疑他會參加革命，宣統元年（一九〇九）派他在北京延聘新軍人物。王此行得人很多，國內學生有何遂、耿毅、劉建藩、呂公望、賀斌、楊明遠、楊卓等；日本士官生有孔庚、田稼軒、劉鴻基、覃鎏欽、鍾鼎基、趙恆惕、楊曾蔚、尹昌衡等。他們全是同盟會員，宣統二年年初抵桂，分配在陸軍幹部學堂、陸軍小學、學兵營、混成協、督練公所各處任職。不久，莊蘊寬調往東北，鈕永建繼蔣尊簋任陸軍小學總辦，兵備處總辦由臬司王芝祥兼，幫辦為楊增蔚。

張鳴岐不時宴請這班新軍人，其中那些激烈分子往往在酒酣耳熱後大談革命。一次宴會，尹昌衡酒後信口說道：「要想中國復興，滿清是不能存在的。」王孝縝急用腳踢尹。但張鳴岐已覺察，笑道：「革命並不是一件奇怪和可怕的事情，本人立志刷新廣西的政治和軍事，即是革命，也就是廣西的革命領袖。」說罷，又出示他新購的手鎗，說這是革命的武器。尹昌衡順手接過連放數鎗，把天花板打穿了幾個洞。張鳴岐連稱：「壯士！壯士！」又對尹說：「廣西地方太小，不足以容公，將來四川有事，可以多多借重。」尹大笑道：「世事難定，將來不知是誰借重誰啦！」張只是微笑，散席後還每天贈安南刀一把，以示聯歡，使他們以為張真能贊助革命。實際上張對這批人很害怕，暗中把南寧講武堂監督蔡鍔和以前被陸小鬧走的總辦蔣尊簋調到桂林，即派蔡為幹部學堂監督兼學兵營營長以去陳之驥、孫孟戟，派蔣為兵備處總辦，並派董紹箕為陸軍小學監督、

斯烈為提調以去雷飆、冷遹；同時把陸軍小學監督雷飆和兵備處經理科科長孔庚扣押。這班新軍人物才知道上了張鳴岐的大當，非常憤激。王孝縝當時任幹部學堂教官，因這班人是他請來的，乃到督練公所向蔣尊簋力爭。蔣向張鳴岐請示，不得要領。張並揚言明日要開軍法審判。大家聞訊更加震動，呂公望漏夜見蔣，長跪力求轉圜。蔣說：「大帥已吩咐下來，明日要砍幾個腦袋給大家看看，恐怕不易挽回。」呂涕泣說：「我們在浙江時聞秋瑾女士說，總辦是革命同志，所以才竭誠擁護總辦，現在同志們有殺身之禍，無論如何，要請總辦援救。」蔣想了很久才說：「我實在沒有辦法，你可去求王芝祥（時王已升藩司），他資格比我老，或者可以說話。」呂約同王孝縝、孫孟戟、陳之驥連夜謁見王芝祥，苦求設法。王先有難色，後來見他們情詞懇切，心為之動，才說：「難得你們這樣的義氣，好！好！拼我的老面子不要，替你們去碰一碰著。」王去見張鳴岐，張仍舊堅持嚴辦。王說：「殺他們必須上奏，如果皇上追問這些人怎樣來的呢？大帥恐怕也脫不了關係。」這幾句話把張鳴岐說住了，乃以少年浮躁四個字把一些人撤職，並且限定某些人於兩月內離開桂林，特別指定楊曾蔚、陳之驥、王孝縝、孫孟戟四人要在三天內離開桂林。王芝祥轉達了這個決定，並勸他們服從，一場大風波才告平息。

張鳴岐以為往後仍會有問題，心裡害怕，想離開廣西，適遇兩廣總督出缺，他去運動，宣統二年九月果得升任，沈秉堃繼任廣西巡撫。張鳴岐帶著蔣尊簋赴粵後，蔡鍔一人身兼兵備處總辦、幹部學堂監督，掌握了廣西督練新軍的大權。

經王孝縝邀約而來的同盟會員大部分被撤差離開廣西後，剩下來的頗感蕭索，耿毅、何遂約集劉建藩、楊明遠等商討以後的大計，大家深感過去沒有組織和計劃，把事情弄糟了，決定組成廣西同盟會支部。宣統二年八月，召集在幹部學堂、陸軍小學、學兵營等的同志二十多人開會，大家推舉耿毅為支部長，何遂為參議，趙正平為秘書長，劉建藩為學兵營分部長，楊明達為幹部學堂分部長，梁史為陸軍小學分部長，蒙經為諮議局分部長，並議定會規，開始吸收會員以發展組織。又作了分工：楊明達、劉建藩、何遂負責新軍；耿毅負責運動巡防營和聯絡綠林會黨，因耿和廣西天地會首領劉古香等有密切的連繫。這樣，同盟會的組織在桂林才一天天壯大起來，經耿毅主盟參加的有三千多人。

桂林這個同盟會組織的力量，第一次試用卻弄錯了目標，打擊著黨內的同志蔡鍔。本來黃興對何遂、冷遹當面說過：「蔡鍔也是革命同志。」並給一封介紹信囑咐他們要和蔡鍔多作聯繫。但他們看蔡表面的樣子沒

有甚麼革命的味道，所以未曾親身拿著黃興的介紹信去見蔡，僅在介紹信外另加一信，大意說：「我們路過香港，遇見你的好友黃君，帶來書信一封，並有要事相商，請於某晚九時到湖南會館前門一敘。」將兩封信同放在蔡的辦公桌上。恰巧那天蔡沒有上班，未見到信件，所以約會也就此作罷。何、冷等揣測蔡在長沙時務學堂和梁啟超有師生關係，可能是立憲派，遂決定設法對付他。剛好彼時廣西因經費不足，新軍由原定訓練一鎮改為訓練一個混成協，這樣，幹部學堂培養的軍官就過剩了，蔡鍔決定用考試國文來甄別，成績壞的淘汰，結果取錄一百二十餘人，廣西籍學生只佔卅餘人，湖南籍學生卻佔大多數，因此引起了廣西學生的不平。何遂等遂乘機散播蔡鍔袒護同鄉排擠本地人的空氣，並通過同盟會的組織關係，動員幹部學堂和陸軍小學罷課，學兵營罷操。這一反蔡運動很快便蔓延到師範學堂和法政學堂。議長甘德蕃和議員蒙經等也在諮議局彈劾蔡鍔。王芝祥和護理巡撫魏景桐怕亂子鬧大了，示意蔡鍔離桂，不久，雲貴總督李經羲即請調蔡鍔赴滇。蔡臨走時，請耿毅、何遂一班人吃飯，席間對他們說：「你們何苦撐我，你們是革命黨，我比你們資格更老。你們太年輕，渾身帶刺兒，不小心將來難免殺身之禍。我在此尚可為你們敷衍，我走後你們更須自愛，千萬不可揠苗助長。成大事的人都要有個修養，你們念過蘇東坡的留侯論嗎？所謂『卒然臨之而不驚，無故加之而不怒』，你們能做到這一點，當能成大事。」蔡走時，薦方聲濤（同盟會員）繼任兵備處幫辦，後改任學兵營營長，從此革命活動更便於開展。

耿毅和尹昌衡主持幹部學堂第二期招生工作，取錄的大多是對清朝統治不滿而懷有革命思想的人，所以幹部學堂的革命氣氛很濃。當時何遂任督練公所參謀處籌略科科長兼幹部學堂教官，某天上課時，他借口課室悶熱，帶學生到郊外操場去，對學生作革命宣傳，把學生的情緒激動後，他跑上天橋跳下，指著天橋說：「敢做陳勝、吳廣的就跳此橋！」在場七十二個學生全部都上去跳下，以表示革命的決心。有些學生摔壞了腿，事遂傳揚出去，巡撫沈秉堃問幹部學堂監督趙恆惕道：「聽說有人拿你的學堂鬧革命，是真的嗎？」趙連忙說：「沒有這個事，何遂這個人有口無心，我敢擔保。」沈才未加深究。

同盟會支部組成不久，他們在桂林城內福棠街二號租一幢房子，做活動的中心。出版《指南月刊》，由尹昌衡、覃鎏欽、趙正平等主辦，言論激烈，出了若干期即被迫停版，而改為《南風報》。南風報只出了一期，更加激烈露骨，再被停版。改出《南報》，巡警道要先送審查，乃准出版，直到廣西獨立才停刊。

宣統三年初，香港同盟會總部派人到桂林聯絡，詢問同盟會在桂發展的情形，並通知四月一日將在廣州起義，希望廣西響應。廣西同盟會支部開會討論，決定響應。不幸廣州方面因機密洩露，不得已提前於三月廿九日舉事（即黃花崗之役）。三月三十日桂林方面籌劃起義正在緊張，香港來電通知廣州已告失敗，只好停止。方聲濤因其弟聲洞在廣州之役遇難，十分悲慟，狂飲大醉，把學兵營隊伍集合，要進攻桂林，經劉建藩極力勸阻，才制止了這個冒險行動，方聲濤終因此被沈秉堃解職。官吏防範更嚴，只好暫時韜光養晦。

南寧方面，同盟會最初得兩人活動：一是莫煦仁（繼甫），他是廣西會黨首領王和順光緒卅二年在越南河內參加同盟會後，孫中山先生令王負責欽州、南寧一帶的革命工作，王遂派莫在南寧祕密聯絡會黨綠林。一是雷在漢（鯤池），他是受同盟會員雷沛鴻的影響而贊同革命，由沛鴻介紹而參加同盟會的。在先，南寧紳商因法國藉口永安州教案向清政府強求由南寧到北海的鐵路建築權，兩粵人民起而反對，發起自行招股建築，在城內銀獅巷府城隍廟成立「邕北鐵路邕局辦事處」，莫煦仁和雷在漢都參加這種運動，乘派人到各縣鄉鎮宣傳築路招股為名，暗中進行聯絡會黨的活動。又以開通民智為理由，在鐵路辦事處內附設「南寧閱報社」，訂購上海《神州日報》、《時報》；新加坡《中興日報》；香港《中國日報》、《商報》以及當時各種進步雜誌刊物，供眾人閱覽，以引起反清反帝的意識。

香港同盟會南方總支部於光緒卅三年派雷在漢為南寧同盟會支部長，當時雷在南寧蒼西門碼頭「恆益經紀行」任司理，因鐵路辦事處人太複雜，乃以恆益行為同盟會祕密機關。吸收會員得數十人，如莫煦仁、班繼超、周君實、周仲岐、潘賦西、杜英南、杜少廷、杜鐵漢、梁衡舫、林百中、黃簡初、葛霞川、廖勝、杜右臣等。莫煦仁、林百中負責運動南寧附近的會黨；杜廼賢、黃簡初負責運動左江和右江一帶的會黨；杜少廷、梁衡舫負責聯絡一般知識分子。後來譚昌、宋洪（新洲）、王金波從日本回來，葛定章從廣州回來，他們都是同盟會員，也一起參加活動，因他們都在新軍任職，便由他們負責聯絡新軍。

南寧同盟會支部成立後，施正甫從廣州來過南寧一次，就通過他而和廣州、香港的同盟會組織取得連絡。香港南方總支部沒有作出領導廣西全省革命起義、統一行動的整個計劃。南寧支部雖有以城外講武堂的學生和城內青雲街測量所的隊員為主力，內外結合，會黨在三江口、高峰隘、崑崙關阻截外援，將城內龍覲光所部和巡防營擊潰而佔領南寧的計劃，並有

胡敬廷和桂林、譚昌和柳州、劉培真和潯州、譚劍英和梧州、黎契侯和龍州各方面聯繫，而這幾方面並沒有和南寧一致行動、同時舉事的打算，南寧自不能單獨行動。

宣統三年二月，譚昌、胡敬廷、何欠安（治方）都先後接到廣州、香港、桂林的來信，就廣州將在四月一日起義，並說桂柳梧潯各地同志已紛紛集中廣州。大家商議結果，南寧一定要和桂林一起響應廣州起義。南寧的主力是新軍，而新軍方面的活動一向由譚昌、宋洪主持，故譚宋都不赴粵，留在南寧擔任指揮軍事。準備工作，是在南門外七星橋、西門外五堆嶺開設茶食粉菜店，在城內牛角灣、北門街租賃民房，以備發動時為集合分散場所。不料，四月初一日接梧州來電話，廣州已提前三月廿九日起義，且告失敗，南寧乃中止行動。南寧官吏軍警特別戒備，對講武堂格外注意，各城樓增兵防守，師範、中學已剪髮的師生都被監視，恆益行更為軍警密查的對，使同盟會活動失去了很多的方便。

柳州方面，經過光緒三十年陸亞發事變後，革命黨人乘機在柳進行活動，張鐵臣、盧燾在柳州對河十字街蔣家門樓設樟腦局，並在羅城縣設樟腦公司，黃岱在雒容高嶺塘設墾殖公司，陳曉峰在柳州四碼頭開富貴陞客棧，分別作為掩護革命活動場所。他們都是同盟會員，主要工作是聯絡會黨、綠林，組織民軍，積極準備武裝起義。

三、梧桂柳邕獨立的經過

劉古香原名起今，為柳州的舉人，曾肄業於廣東虎門將弁學堂，在香港加入同盟會。光緒卅一年香港同盟會南方總支部派他回柳州工作，他假借辦學作掩護，首先和鄧承緒創辦「龍城求是學會」，其後兩年間，次第開辦「柳郡中學堂」、「柳郡師範」、「馬邑兩等小學堂」、「蒙養小學堂」等。成立「馬平勸學所」時他並兼任總董，負責管理教育行政業務，因此聲望日高。在桑梓聯絡士紳，使其傾向革命，然後吸收入同盟會。當時加入同盟會的有柯漢資、梁潤生、郭幹臣、李德山、李子廷、楊秀芝、王幹廷、楊瑞池、莫顯成、熊少臣等多人。

光緒卅四年，劉古香與許子林、董轄然、劉福卿、劉靜三、劉瑞麟等在拉堡葛婆廟召開祕密會議，事為當地警察局長張玉齡所偵悉，乃密報柳州知府楊道霖，下令逮捕劉古香。此時王冠三、宋洪、陳曉峰等為借賭博娛樂拉攏軍人而辦的「一樂也俱樂部」，亦為革命祕密機關，惜因同盟會員許仲山言語失慎，以致事機敗露；同時另一祕密機關華熙客棧（富貴陞改名）亦被清廷官吏識破。當時集中在四十八寨的黨會、民軍準備和桂林方面新軍約期舉事的計劃，又為右江鎮李國治於事先偵悉，立即派兵進攻，舉事計劃，終告失敗。陳曉峰因此自殺，革命分子亦紛紛離柳，劉古香、李德山、李子廷等皆逃往港穗。柳州方面工作遂暫由王冠三主持，繼續活動。雖然此時柳州的幾個革命機關皆被官府破壞，但「高嶺塘墾公司」依然存在，仍可藉以聯絡綠林和民軍。莫顯成、呂士賓兩同志且私人出資在柳州城裡開設一間「莫權利鞋店」，作為新的祕密機關，故工作進行仍然順利。

宣統二年，劉震寰奉派回柳州工作。他是柳州基隆村人，曾在「馬邑兩等小學」肄學，深受劉古香的影響與薰陶，後到廣州求學，劉古香又介紹他加入同盟會。他並拿私人財產運動各處綠林組織民軍。當時在來賓、州、馬平三縣活動的曾超廷；欣城的藍八、廖六，遷江；貴縣邊界的陶二、宋五等人，都受到他的聯絡。惟因聲名鬧大了，清兵曾到他家圍捕，不獲，家被焚。此時王冠三、莫顯成則聯絡離容的沈鴻英，並由沈鴻英聯絡韓彩鳳和李大頸四（天民）。

自武昌起義後，廣西各地宣布獨立，脫離滿清，就時間言以梧州最先，其次是桂林，最後才為南寧和柳州。

　　梧州獨立是由劉崛主持的，於辛亥年九月初十日宣布。劉為容縣人，莊蘊寬任桂平梧鹽法道時他被選送赴日留學，在東京加入同盟會，曾被派往南洋各地聯絡華僑募捐款項。他第一次回省未能有何活動。第二次是因參加廣州起義失敗逃回梧州，但仍不能駐足，旋赴潯州，由當時同志請潯州知府彭言孝派他為「潯州中學」教員，該核的陳監學和朱、歐兩位教員都是同盟會員，故活動甚為方便。不久藤縣溫某又祕密介紹傜山綠林首領郭三、陳亞槓六於他，他曾取道州潛入傜山作祕密接洽，因行蹤可疑，在東平被防營管帶白有祿拘問，幸得「柳州中學」校長鍾明甫證明獲釋，始返大湟江口。抵達未幾，得報容縣黨獄逮緝案他在榜上有名，乃匆匆逃往香港。在武昌起義前，他曾三次回到南寧和雷在漢、王金波、譚昌等人商議革命工作。武昌起義後，他又回梧，梧州獨立所以比桂林早，便是由他依照同盟會上級指示而行動的，各方面各黨派各團體都有人參加。當時同盟會廣西分會初在梧州沈公祠辦公，因劉崛又要負責徵集梧州、平南、潯州各地的軍民，工作繁重，人員增多，遂並用藥王廟。在分會擔任工作的同志，桂粵湘黔川幾省的人都有，主任秘書為容縣人徐志翔。劉崛當時算是梧州最高的軍事指揮者，他曾委派握有武力的非同盟會員劉炳宇、劉達慶、劉仙岑和同盟會員劉玉山、陸愛堂等以臨時名義。透過容縣人翁亞秀出錢出力替他聯絡，由大湟江口直至梧州的綠林大小幫口都接受他的指揮。陸榮廷由邕經梧赴桂就任都督，他接到中山先生電後才讓陸氏通過，他曾到陸氏船上相晤，沒談及具體問題。不久，他即離桂到南京任參議院參議員，他說：「這是廣西當局怕我擺老資格，不好辦事，故用此法推我出去。」

　　桂林方面：自武昌事起，「陸軍中學」學生代表任道方、李作礪即潛返桂林報告武昌首義經過，桂林的新軍和陸軍學生聞訊更為激動。同盟會幹部耿毅等屢次密商舉事響應，終因新軍和陸軍學生均駐紮城外，又無子彈而不果，他們只好會同諮議局、商會、學校分頭向廣西巡撫沈秉堃、藩司王芝祥請求和平宣布廣西獨立。王芝祥是時兼中路軍統領，統率中巡防營廿二個大隊，握有兵權，故沈秉堃的態度視王為轉移。王氏起初還想調兵守城蠻幹，但鑒於獨立省分越來越多，省內梧州已先獨立，柳州和南寧也醞釀行動，潯州已被國民軍圍攻，各處的會黨都準備起事，風聲鶴唳，形勢日非；同盟會員又運動他的姊丈湘紳劉人熙說動他。再由諮議局副議長黃宏憲、議員蒙經和各關機、學校、商會的代表百餘人去見沈秉堃和他，指陳利害，倘不宣布獨立，地方糜爛將在眼前。沈、王才予同意，即

決定九月十七日開大會宣布獨立，十九日舉行慶祝。連夜藩署趕寫獨立旗多面，乘人靜時遍置於各局所各家，十七日清晨，各處都高懸此旗，旗上寫著「大漢廣西全省國民軍恭請沈都督宣布廣西獨立，廣西國民萬歲。」新軍兩連入城參加，先到藩署，繼到撫署，由沈、王率領到諮議局，旋即宣布獨立。新軍見巡撫和藩司仍穿清朝袍掛，認為是假獨立，就想鬧起來，幸被官長制止。獨立宣布後，即舉沈秉堃為廣西都督，王芝祥和陸榮廷為副都督；沈就職時即宣言暫攝都督蒙，不欲久留。十九晚間在桂林諮議局舉行盛大慶祝，並提燈遊行，不料，因巡防營某管帶下令剪辮子，官兵不從而生叛變，幹部與學生參加慶祝的帶隊官被叛兵開鎗擊斃，幸王芝祥迅速調兵很快便告平定。時漢口和漢陽失守，武昌來電求援，乃以混成協協統趙恆惕為廣西北代軍統領，率混成協和廣西學生軍北伐敢死隊援鄂。沈和王都因桂人擁護陸榮廷而不自安。到十月初一日沈秉堃辭職，以湘桂聯軍總司令名義領軍入湘，由王芝祥攝行都督事。王編巡防軍為六個大隊，也準備北伐。十二月廿一日（民國元年二月八日）陸榮廷率兵到桂林，王芝祥即率六大隊離桂，陸氏遂為都督。

南寧方面：當時在南寧的清朝文武官員計有提督陸榮廷、巡防營統領譚浩明、邕龍標標統龍觀光、左江道紀堪謹等。武昌事起後，南寧同盟會員頻頻會議，在新軍中工作的譚昌等本有武裝起義的打算，但因標統龍觀光防範很嚴，未能實現，結果一致同意爭取陸榮廷宣布獨立的做法，因陸節制新舊兩軍，權力最大，得他贊同，即一切解決。但大家都和陸氏陌生，只有雷沛鴻和陸氏的秘書蘇希洵、麥煥章相熟，遂由蘇、麥二人的介紹，由蘇無涯、李應元、曾庸丞、雷在漢、何治方、雷沛鴻等代表同盟會和陸榮廷談判。陸初有戒心，在談判時使譚浩明手執大刀站在身旁。時沈秉堃已通電全省，宣布廣西獨立，代表們問陸榮廷的意思如何？陸即出桂林來電傳觀，並說明他完全贊成獨立。九月十九日在南寧北較場開大會宣布獨立，文武官員，各界人士，學校員生參加的數千人，情況熱烈。官員沒剪辮子，還穿著清朝袍掛，紀道台並戴著頂子，不倫不類，非常刺眼，人多感覺這些人宣布獨立不像是真的。新軍中的同志們尤為憤慨，準備當晚發難，不幸又為龍觀光所偵知，立向陸榮廷報告，陸派兵把新軍駐地包圍，並在六公祠架大砲指向新軍，下令捕逮譚昌，強迫新軍繳械。新軍力薄，既被包圍，打起來可能全軍覆沒，乃由雷在漢從中奔走，新軍暫時繳械，釋放譚昌，事情才緩和下來。

南寧宣布獨立後，陸榮廷在南寧設立軍政府。第三天，雷在漢、莫煦仁、杜少廷、杜右臣等十餘人去見陸榮廷建議：召集各處的民軍編為北伐

軍，北上援鄂。陸初以餉源缺少，難再招兵為詞。經十多次交涉，陸氏才同意在南寧設民軍徵集所，所址設在講武堂內，以任經為所長，雷沛鴻、雷在漢、李應元、柯漢資、蘇無涯、莫煦仁等十餘人為徵集員。第一批徵來的一百七十餘人中，帶鎗而來的只得四五十人。徵集所的經費，除開辦費外，只陸續領到六百多元，無濟於事，伙食都難於維持，故徵集所形同虛設，北伐軍亦無法成立。

最後再說到柳州方面：柳州在同盟會號召下，各地民軍集中柳州附近活動的有曾超廷、藍八、陶二、宋五、廖六、沈鴻英、李天民、楊榮廷、曾祖堯、馮有信、劉麻六、劉成甫、周彝卿、劉福卿、張三嫂等部共一千多人，聲言要攻佔柳州。同盟會員王冠三、胡岱銘、宋新洲（洪）、柯漢資、鄧仙舫、梁潤生、翟鳳文、王幹廷、郭幹臣、劉震寰等數十人集議決定：一面領導民軍在外壓迫；一面通過親友關係向柳州清朝官軍進行說服。結果說服了防營分統陳朝政、幫統劉炳宇都同情革命，右江鎮台兼巡防營統領陳鴻初成了徒擁虛名，更通過劉炳宇向陳鴻初陳說利害。王冠三、宋新洲、郭幹臣、王幹廷等手執武器進入右江道、柳州府、馬平縣各衙門威脅，逼迫清官交出政權。於是鎮、道、府、縣無不心存畏懼，願聽從獨立，只求脫身而去。至此，柳州事權已移在陳朝政手中，他表示擁護革命，並和同盟會員約定，民軍集中馬廠，不要輕易入城，免生誤會。於是同盟會乃在「柳郡中學」組織「柳州革命國民團總機關」，推舉王冠三為司令，掌握全局，周煥章為秘書長。內分各部，負責人計為：參謀部鄧仙舫、郭幹臣；軍需部韋伯榮、銀永亭；軍械部楊瑞池、王幹廷；軍法部劉紹周、劉名世、韋榮；執法部柯漢資；秘書部梁潤生、翟鳳文；郵電部何覺；外勤部熊少臣。又將集中馬廠的民軍編為兩個支隊，各轄三團，第一支隊司令劉震寰，第二支隊司令宋新洲，胡岱銘等分任團長。劉月卿為水師統領。

巡防營分統陳朝政、幫統劉炳宇等仍暫任原職。高嶺塘黎文伯自領其部眾共維治安。編配分派既定，即於九月十九日在「柳郡中學」召集柳州地方士紳、各界民眾、清朝官吏集會，宣布柳州獨立，年號改用黃帝四千六百零九年。所有軍民財政概由柳州革命國民團總機關主持。柳慶總鎮陳鴻初將他十一隊人馬交陳朝政和劉炳宇管轄後，即和右江道沈丙炎、柳州知府高墨霖、馬平知縣萬榮齡等棄職攜印赴桂繳銷。（筆者在參加辛亥革命柳州獨立的回憶文中誤為右江鎮李國治、柳州府知府楊道霖、馬平縣知縣向宣，李楊向三人實皆前任，附此更正。）

柳州獨立後的措施是：（一）發布獨立通電，並電劉古香回柳主持。

（二）派胡岱銘到馬廠整頓民軍紀律。（三）派蔡勁伯往慶遠向巡防營督帶莫榮新勸說，慶遠也宣布獨立。（四）整編部隊，準備北伐。

　　廣西省參議會推舉副都督陸榮廷為都督以繼沈秉堃，陸氏於十月初八日通電就都督職，並指定在柳州、梧州、南寧各設軍政分府。眾推劉古香任柳州軍政分府總長，劉於是年十一月十三日回柳就職，即將柳州革命國民團總機關裁撤。

四、陸榮廷參加護國討袁記（上）

　　陸榮廷氏參加護國討袁的貢獻，梁啟超在〈國體戰爭躬歷談〉中有極切當的評述，他說：「廣西將軍陸榮廷，自帝制發生，即持反對態度。雲南起義以前，久已密為預備，特緣地勢關係，發之不能太驟。及滇軍在川與袁軍相持，事趨危急，陸君崛起以促時局之解決。當時兩軍成敗，間不容髮，廣西獨立，實茲役最重要之樞紐也。」其言甚簡要，現特詳記陸氏參加此役的始末。

　　在敘述陸榮廷護國討袁的行動前，得先簡述（洪憲）帝制進行的經過和全國反帝制的一般情勢：

　　帝制問題的發生，表面起於古德諾的論文和籌安會，實際醞釀已久，而主動的實由袁氏父子和其少數私人，完全與全國軍人、官吏、民眾無關。籌安會於民國四年八月中旬由楊度、孫毓筠、嚴復、劉師培、胡瑛、李燮和發起，八月廿一日成立，通電各省文武長官請派代表到京研究國體問題。是年九月初，各省代表尚未到齊，籌安會即促使代表們運用各省旅京人士組織公民請願團向代行立法院的參政院請願改革國體。但參政院職權不能接受這種問題的請願。參政院士詒遂主使將所有請願團體組成請願聯合會，請參政院立即議定召集徵求民意機關的辦法，以便召集民意機關來解決國體問題。參議院即議決「國民代表大會組織法」於十月二日咨送政府，十月八日袁氏將該法公布。十月廿五日各省開始選舉代表。十月廿八日以後便繼續國體投票，十一月二十日以前全國國體投票完畢，一九九三票完全主張君憲，並無一張反對票。各省國民代表大會在國體投票同時推戴袁世凱為中華帝國皇帝，並委託參政院為國民代表大會總代表向袁氏上推戴書。參政院十二月十一日呈送推戴書，袁當天咨復表示推讓，參政院當天第二次再呈，袁十二日咨復承認接受帝位。一切進行神速非常！當時梁啟超在〈袁世凱偽造民意密電書後〉一文中說：「自國體問題發生以來，所謂討論、贊成、請願、表決、推戴，都是袁氏自討自論、自贊自成、自請自願、自表自決、自推自戴，右手挾利刃，左手持金錢，嘯聚國中最下賤無恥的少數人，像演傀儡戲的一樣。⋯⋯」說的真妙！確屬實情。

一條不自然的聯合戰線

反對帝制，可說是當時全國人心之所同，只動機、程度和做法有異而已。

計（一）一般人民：因袁氏在癸丑（民二）趕走了革命黨，而官吏的剝削，駐防北洋軍的野蠻，比前更甚，再搞帝制，必然會招惹革命黨重來，他們由恐懼不安而厭惡憤恨，自然消極反對。

（二）復辟派：如康有為、張勳和清室遺老們，只擁護溥儀，袁要稱帝，他們是不擁護的。

（三）北洋系首領：如徐世昌、段祺瑞、馮國璋等，行總統制他們尚有可能有繼任元首的希望，若行帝制，則此種希望就完了，因此也反對帝制。（以上三種人只是消極地不助袁，至於要他們起來打袁是不做的。）

（四）中華革命黨：國民黨在癸丑討袁失敗而被袁壓迫解散後，中山先生認為北洋軍閥惡勢力不打倒，革命絕難成功，於是糾合舊同志謀恢復同盟會的革命精神，於民國三年在日本組織中華革命黨，國內和海外都密派同志組織支部。袁不稱帝他們都要待機去打倒他，現在更加積極行動了。

（五）國民黨溫和派：他們因不滿意中華革命黨的黨章列有階級特權和入黨要打指印而拒絕參加。後來在日本的組織「歐事研究會」、在南洋的組織「水利速成社」以便聯絡。帝制事起，他們和進步黨攜手合作。

（六）進步黨：他們被袁氏玩弄，大部分和國民黨同在政治上失業，反袁心理相同。他們知道帝制問題發生，現狀決難維持，自己不加入反袁，國民黨也是要動的，如任國民黨單獨行動成功，他們將和辛亥革命後一樣，要受排斥。故籌安會發生不久，梁啟超即毅然首倡反對，發表〈異哉所謂國體問題者〉一文。進步黨既反帝制，他們既可和復辟派、北洋派的人發生關係，又可和國民黨溫和派聯為一氣，而國民黨溫和派自然和中華革命黨可以聯絡的，因此，進步黨人和革命黨人也一時成了朋友。

於是，各種消極積極的反帝制勢力，當時在不知不覺中成為一條不自然的聯合戰線。

陸榮廷的根本態度

在這條聯合戰線中，以中華革命黨最急進，陳其美因黨內同志對上海方面的海陸軍已有聯絡，於十一月十日派人刺殺上海鎮守使鄭汝成，十二月五日襲取肇和軍艦，但佔領上海的企圖終歸失敗。當時無北洋軍駐防的地區，只滇黔粵桂四省，但廣東的龍濟光已成袁的死黨，廣西的陸榮廷雖反袁而又受粵方牽制，因此，可用為發難地點的只有滇黔兩省，而蔡鍔在滇保存的潛力最大。籌安會出現，蔡鍔在北京即和滇黔軍界密電聯絡，並電戴戡（戴氏此時甫辭黔巡按使職）入京。十月，蔡、戴在天津和梁啟超議定：雲南於袁下令稱帝後即獨立，貴州過一個月後響應，廣西過兩個月後響應，然後以滇黔兵力下四川，以廣西兵力下廣東，約三四個月後，可會師湖北，底定中原。議定後，蔡、戴即祕密南下入滇發動。滇省於十二月廿五日獨立，黔省於一月廿七日響應。中華革命黨自雲南獨立後，朱執信等在廣東、居正在山東領導武裝力量，牽制袁家兵力，給與護國軍的助力不小。

陸榮廷反對袁氏稱帝，由於他生平嗜讀《三國演義》成了癖好，感受正統、忠義的影響極深，認為清室既退讓給民國，民國便是正統，人人都應忠於民國；國體共和，人人都是中國主人，中國即人人都有份，袁稱帝而據中國為己有，便是背叛民國，人人得而誅之。這是他的根本態度。

袁在民國四年帝制進行中，曾用各種方法控制、籠絡各省大吏，對陸榮廷自無例外。可得而言者計有如下數端：一、以子為質，使不敢有異動，陸氏以次子裕勳入京為公府侍從武官。二、以高等特務做監視：七月十三日袁以王祖同為廣西巡按使，並加會辦廣西軍務銜。王九月到廣西就職，陸既不敢拒絕，又不願接待，只向袁請假以示反抗。但袁對這點似未十分注意。三、以官爵為籠絡：袁六月三十日下令裁撤都督，改設將軍，以廣西都督陸榮廷為寧武將軍，督理廣西軍務；但與陸資歷相等的廣東都督龍濟光卻被任為振武上將軍，督理廣東軍務。後雖改任陸氏為耀武上將軍，但十二月廿一日袁氏封爵時，龍為一等公，旋晉封郡主，而陸僅為一等侯。故陸氏於得爵位時，不許屬員向他道賀，以示厭惡皇帝的恩惠。

袁氏是時曾遣陸裕勳由京回邑向其父示意：國人勸進，望勿反對。但陸氏卻表示非反對不可。裕勳離邑返京復命，臨行時對知好曾植銘道：「我這一去，不再回來了，袁一稱帝，必然殺我。」他行抵梧州即患病，醫治無效，竟死於梧。（李劍農的《中國近百年政治史》和陶菊隱著《北

洋軍閥統治時期史話》都說，陸裕勳是次回桂，是由陸氏請袁令其子回桂侍病。李著謂：「袁知不可留，命人伴送裕勳，優禮備至，抵漢，裕勳忽以暴病卒。」陶著謂：「裕勳到了漢口，袁就派人把他毒死了。」其實皆與事實不符。）

發動獨立聯絡各方

當時廣西既為北洋軍力所不及之省分，故早為反帝制者所欲利用。國民黨溫和派的鈕永建、林虎都曾各自兩次到邕向陸榮廷游說。第一次，陸令馬濟招待鈕永建住在一間商號中；林虎雖然也是本省人，因與陸氏素未謀面，亦由馬濟接見。林住艇中，馬夜往答候，林問：「老帥不能見我嗎？」馬答：「不能。」林又問：「能否替我轉遞一函？」馬答：「可以。」林即援筆揮一長函授馬持歸。陸讀林函，大為讚賞，次日即令馬偕林來見，當面令馬和林結拜為兄弟，這是陸氏延攬人才的方法。帝制議論初起，陸答游說者謂：「從前曾與黎宋卿（指黎元洪）等以十四省聯名保障共和，現在共和已臨危境，而前此力任保障各人，或變初衷，或遭排斥，然我負此重擔，終必有以答一二兩次革命死義烈士的英靈。」雲南將發難時，國民黨溫和派人又往說陸。陸極表贊同，但因廣西很窮，兵餉難給，又受廣東牽制，須稍遲再響應，答允中立，請滇軍勿輕犯桂境。岑春煊為陸的舊上司，又為國民黨溫和派的影子領袖，也有函勸陸氏參加討袁。

陸氏在發動廣西獨立前，曾派人向各方聯絡：（一）派秘書某到昆明參加起義計議。（二）派曾彥到南洋迎岑春煊回國進行討袁。岑氏於一月十七日由南洋返抵上海，住梁啟超寓中。（三）派唐紹慧到上海迎梁啟超來廣西。唐二月廿二日晤梁後順往南京見馮國璋，馮對袁氏稱帝事，不作肯定的表示，卻暗示他不是西南護國軍的敵人。（四）派參謀曾植銘（其新）入京謁黎元洪副總統探詢意見。故意先將曾撤職，曾以北上謀職為名而行，到京後，先託保定軍校同學裴某介紹於章太炎約期會晤，擬再由章介紹謁黎，因章和黎同住。但章卻寫致陸榮廷函一封交裴給曾，囑曾不必謁黎，可即攜函歸報陸氏。迨曾植銘返至梧州時，廣西已宣布獨立。

與龍觀光虛與委蛇

雲南發難後，袁氏因法國拒絕北洋軍隊假道滇越鐵路攻滇，想改而取道廣西。陸榮廷聞此消息，由廣西商民團體出面，以損害商業為辭，去電

呼籲力阻北兵派入廣西境內。袁既不願放棄這個計劃，又怕逼陸上梁山，於是轉而勸陸氏出兵攻滇。陸又以餉械不足，地方防務吃緊為由，加以謝絕。後來終被袁想出一個好主意，令廣東派龍觀光率粵軍經桂攻滇，龍和陸是兒女親家，當不易引起猜疑。陸氏曾遣員和龍氏兄弟密商粵桂聯合獨立，而龍不聽，現對龍軍過桂入滇的事，又想不出理由來拒絕，遂電請龍觀光少帶士兵，多攜軍械，說兵在桂可以沿途招募，實在這是預為制龍的打算。龍濟光正因粵中革命黨人四伏，不能多出兵，遂接納陸氏的提議。民五年一月中旬，龍觀光率征滇軍八千人開到南寧，其中半數是沿途招募的新兵，一部分軍官和軍士則是由陸氏撥助的。陸正藉病假住在武鳴家鄉，一月三十日龍觀光由南寧去訪候他，他樣子像很消極。二月八日袁任命龍觀光為臨武將軍兼雲南查辦使，觀光即派團長李文富率領由百色向剝隘進攻；又派兒子龍體乾回蒙自縣運動鄉團作內應。在此期間，袁電陸派兵協助龍軍攻滇。這次陸不復推辭，即派陸裕光率兵往助，自此以後，陸對袁態度日益恭順，經常對人稱讚袁的好處。這些消息都傳到袁的耳中，袁以為陸是受了龍觀光到廣西後的影響，和北洋軍在四川打了勝仗因而趁風轉舵，因此，更進一步令陸氏進兵貴州。陸對此事也不推辭，只請袁發給步槍五千枝，軍餉一百萬元，以便動員出發。陸既對袁表示忠誠，袁對他也不能不表示信任，答應分批發給這些餉械，槍枝由湖南運來，款項則匯到香港。同時袁對陸氏並非就此放心，是年三月七日袁任命他為貴州宣撫使，派廣西陸軍第一師師長陳炳焜護理廣西軍務，實在借陳以制陸；同時密令龍觀光就近監視陸的行動，如發現有可疑時，可在陸離南寧後取而代之。龍軍駐百色極無紀律，為商民所痛恨，龍觀光惟徵歌選色，日事行樂。忽然雲南護國軍第二軍前鋒張開儒遮其前而與宣戰，黃毓成率挺進軍潛由貴州他郎轉入西林突攻其側，龍觀光兩面受敵，已難支持，而馬濟更率廣西游擊隊十餘營包抄其後，於是龍觀光在四面楚歌之中，不能復戰，勢將成擒，乃連發數電給陳炳焜、譚浩明（廣西陸軍第二師師長），請令馬濟停戰，陳、譚不答。觀光計窮，令其子運乾發兩電向岳母譚夫人求救。譚夫人囑陳炳焜電馬濟勒令龍軍繳械，可貸觀光父子一死。觀光哀求許其衛隊五百仍帶駁殼槍，桂軍不准，於是龍軍就地繳械，其兵員和所帶過山炮十餘尊，機關槍三十餘挺，步槍七千餘枝，由滇桂兩軍分而有之。這是三月十二日的事，時陸氏已離邕於十一日抵達柳州。

梁啟超長函陸榮廷全文

　　陸繼龍械第二日即和梁啟超聯名電袁要其辭職以謝天下。陸和梁本無關係，其所以推重梁氏，實由蔡鍔之故，故蔡、戴、梁在天津定計時，將廣西確定在響應之列。但滇起義經過了一個月，桂仍無動靜，梁頗焦急，一月廿五日遂由滬函陸敦促，函云：

　　幹卿將軍麾下：想望高義，邈若雲天。客春歸省，渥拜隆貺，無緣趨謁，躬答摯愛，藏寫之懷，與日俱積。自國體議興，各省從風而靡，其毅然示不苟同之態者，惟將軍與馮華帥（指馮國璋），天下始知正氣之未盡絕，而國事之尚有可為也。雲南起義，中外起敬，而仁人志士之觀聽，忽凝集於桂邑之間，豈惟地勢使然，實將軍之志節器識為天下所共欽信也。荏苒匝月，義聲未蜚，於是道塗乃復竊竊私議，或疑將軍或有瞻顧，懼見義不為，而與此終古；甚則以小人之腹相度，謂糜茲好爵，毋乃遂捐初志，以污偽命。然而啟超固有以明其不然也。夫貳臣傳中人物，前史多有之，其人率皆婞嫛闒茸，無復丈夫氣，其力既不足以自拔，而志復不足以自帥，乃靦然偷活草間，不敢更自比於人類，豈其將軍而乃若是？將軍在勝朝既受節鉞、任方鎮，為時楨榦，直至清亡，效恐與守。民國既建，以公器非一家所私，乃獻身盡瘁，為一方保障，出處大節，皎然與天下共見也。今之名分，與昔大異。魯仲連一匹夫耳，手無尺寸之柄，猶寧蹈東海，義不帝秦，安有以將軍之威望俠義，擁連城數十，效命之士數萬人，而忸怩鮮恥，下儕於褚淵、馮道者？且彼之帝業若可圖成，則其爵賞容或可慕，今也，冤憤積於四海，怨毒積於獨夫，中智寒心，所親解體；新華炸彈，禍起於蕭牆，賣國使節，技窮於樽俎；輦轂之下，人心皇皇，老賊憂恚，積成痼疾；推其用心，不過楊再思之求作一日天子，語其究竟，必至如王敦之死後乃加袞冕；似此冰山，雖至愚者不為可恃，況將軍之洞燭機先，而扶義之心早決於數月之前者哉！是故局外之測將軍，其必非能知將軍也明甚。然則將軍所為遲迴審顧以至今日者，以啟超度之，其原因當不外三端：其一、桂省貧瘠，餉械俱乏，不得不暫時曲為恭順，冀賊之假我以兵，而齎我以糧。其二則惟南京之馬首是瞻，欲彼發難後乃與之作桴鼓應。其三則以東粵尚持異同，不得不與狼狽

相結，暫為保境中立之計。此三者若所揣不謬，則其利害得失之數，可分別論斷也。其原因如在第一事耶？此誠兵家之絕妙作用，啟超所欽服而五體投地也。頗聞日來已略有所得，則倒戈之日，其殆非遠，何幸如之！若猶欲有進於此，而思再試乎？則啟超竊以為甚危。何則？袁之狡黠，天下共聞，與鬥陰謀，實非易敵，彼之受餌，豈能再三？而義旗一日未樹，則彼之奸細一日不能明拒，使彼得肆為運動，簧鼓人心，窺我秘扃，預謀抵抗，充其弊之所極，或將掎我至不能發動。夫以將軍所部士卒，用命知方，固斷不至為敵誘脅，然需者事之賊，古來以過於持重而失機敗事者不知凡幾？此不可不深留意也！其原因如在第二事耶？則當知南京之與廣西，其地位適相反。南京為四戰之區，而袁氏方以重兵監視華甫，南京一旦舉義，則不出半日便須與敵交綏，而勝負之數殊不可知，萬一挫敗，全國義師氣為之奪，則其貽害於大局何若者？華甫之與啟超，一月以來，彼此信使再三往復，熟權利害，總以持重為得計，非俟西南大局略具規模，則江浙一帶不宜輕動，此一定之兵機，將軍宜深喻之。若廣西則何憚者？比鄰四省，滇黔既為同義之邦。湘軍西征疲於奔命，豈有餘力揮戈南指。粵即未附，亦僅依違，豈真能效忠偽朝，致死於我；若其真犯，則粵軍之非桂敵，久有定評；況沂流仰攻，與建瓴俯臨，地勢既利，事至易睹。兵法所謂為不可勝以待敵之可勝者，就地勢論，惟滇與桂實當之，故滇首動而桂繼起，實天然安排之程序，若桂猶觀望，更何以風示天下？此又將軍特別之責任，義無旁貸者也。其原因若在第三事耶？兩粵唇齒，宜為一體。將軍之與子誠，姻舊肺篤，萬不容參商。同舟共濟之義，豈惟將軍所願望，天下義士，其孰不願望者？頗聞將軍責義之言亦既屢進，不審意旨比復何若？若至今猶未能一致，則將軍惟有扶義拔子誠而致之雲霄，豈容屈節隨子誠以陷於泥淖！須知委質為臣，此何等事？此膝一屈，不可復伸，若復依違，稍延時日，名分既定而後背之，則劉牢之一人三反，將成口實，萬一更被劫持而不克發，則此心何由見白於天下後世者？至於保境中立之說，益復詖邪不可聽信。此事求諸古人，非無前例，如西漢末之竇融，三國之士燮，皆正統之主已亡，群雄割據紛爭，未有所定，乃守邊陲，息其民以待所歸。今之情勢，豈能比附？苟不討賊，斯為從賊，為呂右袒，為劉左袒，不左不右，其間寧有中立餘地？奉賊正朔，受賊封拜，而曰吾中立也，則李崔郭氾之於董卓，史思明之於安祿山，其亦可稱

中立，天下寧有此耶？以將軍好義若渴，疾惡如讎，何至為此說所紐誤？若猶有以此說進者，竊願將軍首斬之以警淫佞也。以上所陳諸義，想皆為將軍所熟知，其所以持重至今者，或更妙算未能顯布，旦夕南望，不盡欽遲！惟有二語欲相忠告者，權謀不可不用，然亦不能久用；利害不可不審，然正不可太審。自滇軍之興，萬國拭目，餉械借助，殊非甚難，但有海岸，自能接濟。若桂軍一起，動能景從，最善也，即不然，而首以偏師略定欽廉，運輸之孔道一通，則桂更何至以乏餉乏械為慮者！此又此間極秘之消息，不能不為將軍告也。啟超一介書生，不能執殳為國前驅，狐憤坐談，只增顏汗，若將軍誠一怒而安天下之民，則啟超力所能助者，惟將軍所命，不敢有辭。率直陳言，自知唐突，聲氣相感，宜弗見訶。書不盡意，諸惟鑒察！

梁啟超頓首。一月二十五日。

梁函恰道著陸心裡的難題，陸對梁遂更深傾慕和推重。

梁啟超離滬赴廣西

陸榮廷因得梁啟超函而決定請梁來廣西，此事又得陳祖虞為之助。陳容縣人，字協五，由北京到上海訪吳貫因（柳隅）謂：陸將軍實蓄志討袁，可說動他起義，然廣西一發動，必謀下廣東，非得梁任公相助不可。因問吳：「君能否請任公南下？」吳答道：「君如能說陸起義，我願負責請任公南下相助。」陳遂返桂謁陸。陸對陳披襟談天下事，告以將起義，極願得任公相助，因遣陳到滬迎梁。二月十八日陳到滬晤吳道來意，翌日吳偕陳見梁，陳達陸氏專誠邀請意，說：「公朝至，桂夕發矣。」又說：「陸更派心腹廣西測量局局長唐紹慧（伯珊）銜命竭誠來迎，並順和馮將軍通殷勤，三日後可到。」廿二日唐局長果然來到，將桂中策劃詳細告梁，並轉達陸自以建設重任擔當不起，非得任公共同其事不敢輕發。梁感動，允即行。但唐謂尚須赴南京訪馮，約待返同行。數日間，梁南行消息漸播於外，袁氏爪牙偵察嚴緊，幾至難以成行。日本當局是惟恐中國不亂的，久已派駐滬武官青木中將和梁聯繫，青木得梁告，即令屬員松井向東京、香港往返商定，由滬乘橫濱丸至香港，轉乘妙義山丸到海防經越入桂。梁氏偕唐紹慧、湯叡（覺頓）、黃大暹（孟曦）、吳貫因、藍志先、

黃溯初三月四日乘橫濱丸離滬，他匿居一室，不與他客相見。七日上午十一時抵香港，唐、湯二人上岸寓廣泰來客棧，餘人仍留船中。袁悉梁啟超已南下，五日即電令兩廣各要隘謂梁啟超等數人將潛入內地謀為不軌，如查出，即扣留請示辦法。同時袁顯然已暗中通知香港政府，此時香港已戒嚴，不准黨人託足。吳、藍和孟曦在船中無聊，到客棧訪湯，入室不久，有兩英警偕兩華警到，查問他們的姓名和來港目的，他們在船上都已改了姓名，印了西式名片；警察嚴密搜查唐、湯的行李，凡字紙必讀了又讀，後因搜出陸榮廷給唐紹慧的護照，疑他們都是廣西官吏，才不再問；唐有一小皮包，內藏梁氏預擬廣西起義用的通電稿兩件，康有為寄陸榮廷函一件，竟未被搜出，真是意外！三月八日，唐紹慧偕湯覺頓乘港梧輪先行入桂。

五、陸榮廷參加護國討袁記（下）

陸榮廷原定三月廿二日宣布廣西獨立，因已繳龍覲光軍械，唐紹慧又偕湯覺頓回到桂境，遂於十三日致袁項城哀的美敦書，內容為：

北京前大總統袁公惠鑒：痛自強行帝制，民怨沸騰，雲貴執言，干戈斯起，兵連禍結，但冬涉春，國命之危，未知所屆。遠推禍本，則由我公數年來殃民秕政，種怨毒於四民；近促殺機，則由我公數月來盜國陰謀，貽笑侮於萬國。查約法第十六條有總統對於民國負責任之規定，失政犯憲，萬目具瞻，屬階之生，責將誰卸？雲貴既扶義以興，勢無返顧，我公猶執迷不悟，何術自全？榮廷奉職嚴疆，保安是亟；啟超歷遊各地，萬目滋驚。因念辛亥之役，前清以三百年之垂統，猶且不忍於生民塗炭，退為讓皇；今我公徒以私天下之故，不惜戕億萬人之命，以委國家於亡，以較勝朝，能無顏汗！況事終無成，徒見僇笑，且為智者，顧若此乎？榮廷等以數年來共事之情好，不忍我公終以禍國者自禍，謹瀝誠奉勸即日辭職以謝天下，榮廷等當更力勸雲貴同日息兵，則公志既可以自白，而國難亦可以立紓矣。事機安危，間不容髮，務乞以二十四小時內賜復，俾決進止，不勝沉痛待命之至！陸榮廷、梁啟超、陳炳焜、譚浩明，元。

此電發後，無結果，十五日即通電宣布獨立。電云：「雲南、貴州都督，各省將軍、巡按使、鎮守使、護軍使，徐州長江巡閱使，熱河、綏遠、察哈爾都統，京兆尹，四川、湖南各地護國軍前敵總司令，袁軍前敵司令暨全國商會、教育會、各報館公鑒：前大總統袁世凱，在職四年，秕政百出，神人冤憤，罪已貫盈，更懷野心，妄覬神器。以前清顧命之大臣，而蔑視優待條件，欺人孤寡，恬不知羞；以民國付託之公僕，而背棄就職誓言，明犯國憲，狡不承罪。自雲南申討，貴州景從，東出湖湘，西奠巴蜀，義師所指，前徒倒戈，父老壺漿，相屬於路，民情可見，天監斯昭。袁氏曾不悔禍，益煽兇鋒，毆億萬之生靈，殉一姓之基業。榮廷忝守

巖疆，捍圉有責；啟超歷遊各地，蒿目滋驚。用是述約法之明條，勸袁氏以引退，庶塞民嵒，藉紓國難。何圖彼昏，聽之藐藐，負固怙惡，終已不悛，大憝不除，荼毒何極！榮廷怵於報國大義，不敢不揮涕以誓師徒；啟超雖以文弱書生，亦只得竭材以贊幃幄。頃已與滇黔湘蜀各路護國大軍，通聯策應，會師江漢，盪氛燕雲。諸公或策名勝國，剔歷顯僚；或手創新邦，耗悴心力；外顧清議，內審天良，寧忍助逆賊以隳令名徇偽命而干國紀？況蠢爾毒夫，正不知命在何時？即甘作貳臣，更試問欲為誰守？順逆利害，皎然甚明，何去何從，寧勞再計！伏望迅舉義麾，共犁妖窟，不驚匕鬯，還我山河，恢天宇於清明，奠邦基於磐石，則無疆之休，全國民實與諸公共之。陸榮廷、梁啟超、陳炳焜、譚浩明。」

偷渡海防梁啟超入桂

　　廣西獨立後，陸氏被廣西將領公推為廣西都督，任命梁啟超為總參謀。王祖同請求出境，陸贈以程儀二萬元，派兵護送出境。又派兵護送龍觀光移駐南寧，以免受到百色人民的報復。願意回粵的龍軍軍官，陸也予以便利。

　　廣西獨立，使在四川方面艱苦作戰的護國軍堅定了討袁的信心，瓦解了北洋軍的士氣；並使袁認識到此時已不是以一隅抗全局的問題，而是星星之火已成燎原之勢。過了數日，袁再得蘇、浙、湘、贛、魯五將軍要聯名迫袁取消帝制、懲辦禍首的密報，他才知道北洋系也要反了，逼著於三月廿二日撤銷承認帝位案，以圖緩和反袁氣氛，計由承認以至撤銷，袁做了八十三天短命皇帝。

　　梁啟超等五人留橫濱丸船上以待轉船赴越，有水警窺伺，船長以人多難保密，三月七日夜只留梁居船中密室，由黃溯初作伴，餘三人上岸。林虎、李根源、楊永泰等均曾到船密晤梁。向來外國人入越不須護照，但駐港法國領事發布新章，任何國人欲入海防都須領護照，且要繳相片、打指模、兩股商擔保。於是梁經越入桂計劃受阻，梁欲冒險經粵入梧，大家力阻。商量兩日，決定梁偷渡往海防，又覓得一現成護照給黃溯初陪往，三月十一夜三井支店長林氏以小火輪祕密移梁、黃兩氏過三井運煤船妙義山丸，立刻開行往海防附近的洪基。十五日晨到洪基，海防日商橫山得香港日領傳日政府令著祕密照料，晤梁後即返海防部署，翌晨，橫山挈眷賃小輪往遊白大龍，經洪基密接梁黃往同遊，夜歸海防逢大雨，故不為海防警探所發覺。黃由滬動身時曾函告雲南駐海防代表張南生，到後即訪張，知

陸榮廷已派定駐鎮南關交涉員閩人某君接梁入桂，張謂即當通知他來接。橫山因他家中耳目眾多，恐漏消息，十七日天微明，以汽車親送梁、黃到他的牧場帽溪居住。梁派黃為代表先入滇訪唐繼堯。梁在帽溪一住十天，交涉員某君到，三月廿六日乃北行，廿七日下午三時入鎮南關宿，知袁已撤銷帝制。廿八日到龍州，陸都督自梧州來電歡迎，梁覆電云：「……龍張來使，不知所商何事？若以取消帝制為取消獨立交換條件，務乞堅拒勿許。袁之無信而陰險，中外共和，若彼仍握政權，將來必解諸鎮兵柄，再施伎倆專制。今日之事，除袁退位外，更無調停之餘地。」又電百色馬濟司令請以此意勸陸；同時電各都督、總司令，請勿言調和，必堅持要袁退位。陸派曾彥到龍州迎接，水淺不能通輪船，廿九日乘民船下駛。四月三日到鎮龍，廣西第九號巡輪到接。陸由梧返，四日親率水警到三江口相迎，當日抵南寧，軍民歡迎狂湧。

陸梁赴粵臨行發兩電

　　廣東方面，自一月六日陳炯明起義於惠州雖告失敗，然屢謀捲土重來。而朱執信、鄧鏗、徐勤、葉夏聲、林虎、魏邦平也紛紛在粵境各地組織武裝力量。廣西獨立後，陸氏屢電促龍濟光獨立，願擔保龍的地位，否則進兵入粵。三月廿八日欽廉獨立於西（陸榮廷勸欽廉道尹馮相榮，馮同意，欽廉鎮守使隆世儲亦從眾議）；三十日潮汕獨立於東（團長莫擎宇倡首）；四月初高雷也獨立；而徐勤、王和順等民軍數千約期四月七日攻廣州；魏邦平收復了江大、江固、寶壁各兵艦，五日到虎門準備向廣州進攻，六日率艦到白鵝潭將炮擊觀音山。龍濟光在事機十分危迫中向袁請示，袁回電指示他「獨立，擁護中央。」這就是宣布獨立以緩和民軍的進攻，用假獨立的手段來達到擁護中央的目的。四月六日下午三時，龍在觀音山召集官商士紳會議獨立事宜，會議完畢即宣布廣東獨立，紳商學界推龍濟光為廣東都督。

　　梁啟超在邕，將擬在廣州組織代行國務院職權的軍務院，並擬以與滇黔粵桂川各方面都有相當關係的岑春煊為撫軍長，在軍務院成立前先推岑為兩廣都司令以統一兩廣的軍權問題，商得陸氏同意後，即電滬請岑南來。

　　陸、梁為龍濟光、張鳴岐等屢電邀請赴粵，遂於四月八日由邕乘輪東下。臨行致廣州兩電：

（一）廣州分送各官署、各團體、各報館鑒：袁氏叛國，普天
　　同憤，榮廷迫於大義，興師申討。自桂獨立後，迭與龍
　　張二公往返電商，同仇敵愾。二公本久義憤，故迅速準
　　備，於魚日發表。旋承來電促榮廷與梁任公先生赴粵，
　　共商討賊方略，頃偕任公於庚日由邕首塗，星夜東下。
　　兩粵唇齒之邦，必須聯為一氣，乃足以內充實力，而收
　　克敵致果之功，望我同志推誠相信，勿懷猜疑；紳商學
　　報各界戮力同心，協助各官廳共維秩序；務使境內乂邑
　　無驚，然後不授賊黨以口實，而使友邦起敬。將來掃滌
　　妖氛，還我山河，實與諸公共利賴之。廣西都督陸榮廷
　　叩。庚。

（二）陳君炯明、李君根源、林君虎、楊君永泰、徐君勤、朱
　　君執信、鄧君鏗、葉君夏聲暨各同志均鑒：榮廷等已於
　　本日首途星前夜來，岑西林不日亦當由滬至。現袁氏以
　　撤消帝制欺人，冀利用國人苟安之心理，以扶其頹勢。
　　吾輩正當乘此時機，一鼓作氣，急挫兇鋒。若境內自生
　　葛藤，豈不為敵所竊笑？且對外信用亦將失墜，其為前
　　途障礙實大。伏望諸賢念大敵之未殄，察小忿之宜捐，
　　努力同心，維持秩序。陸榮廷叩。庚。

　　梁啟超也另電李根源、林虎、楊永泰、文群、徐勤重申此意。

　　陸、梁四月十三日到梧，突聞十二日浙江獨立佳音和海珠事變惡耗，
真是喜憤交集。

海珠事變後提六條件

　　海珠事變，起困於龍濟光對民軍無意妥協，每日仍向袁密通情報，密
飭各縣拒絕民軍入城。四月八日，龍用廣東各界代表名義召集海珠會議，
以議決各黨停止爭端，民軍停止進攻，龍督暫維現狀，一切待岑、陸到省
後解決。十二日，徐勤由香港到廣州，當天即和先一日到粵的陸督代表湯
覺頓、陸軍少將譚學衡、警察廳長王廣齡、警衛軍統領顏啟漢、民軍李福
林代表何某、商團代表等在海珠舉行聯席會議，討論民軍與龍氏合作問
題。龍的代表賀文彪、潘斯凱提出取消護國軍名義、將護國軍併入警衛軍
的建議，參加會議的警衛軍統領都是龍黨，身藏兵器，隨帶大批衛士，壓

迫民軍代表接受他們的要求。正在爭論的時候，顏啟漢突然行起兇來，一時槍聲四起，當場打死了湯覺頓和龍的顧問譚學衡（學夔弟），王廣齡和商會會長呂清中彈後都不救身死。徐勤跳窗逃脫。據吳貫因丙辰從軍日記云：「海珠之變，由梁士詒遣其弟士訏謀之顏啟漢、蔡春華諸人，許以重金酬謝，而龍濟光亦參與其謀。然在梁士詒兄弟則欲殺盡諸民黨；在顏啟漢則因與徐君勉（勤）有舊，欲脫徐而殺其他諸人；在龍濟光則以湯覺頓為梁任公、陸幹卿之代表，有所顧忌，欲脫湯而殺其他諸人；故梁、顏、龍之大目的雖同，而其所殺之範圍則不無廣狹之異。」

龍濟光也知道闖了大禍，特請巡按使張鳴岐趕到梧州，向陸極力解釋海珠事變完全與他無關，請陸、梁即日往廣州，並且代他向各方解釋誤會。張願以身為質等候問題的解決。他代龍表白：海珠事變兇手是顏啟漢，主使犯是四省禁煙督辦蔡乃煌。陸、梁向龍提出了六個條件：一、交出蔡、顏兩兇犯；二、調警衛軍出省；三、整頓軍紀，解散偵探；四、陸到廣州後，不到觀音山拜會龍，須龍來拜會；五、濟軍一半留在廣東，一半隨同護國軍出發進攻江西；六、指定東園為廣西軍駐所。龍對以上條件全盤接受。陸、梁即於四月十五日率兵由梧東下，張鳴岐同行，並致龍軍電云：「廣州龍都督並分送軍界全體將校士卒公鑒：榮廷啟超承龍都督之招，來粵共商大計，本擬輕裝減從，星夜馳來，嗣疊接龍督四電，力言北伐救國之急務，作兩粵全師進取之遠猷，敦迫率兵來會，榮廷等義無可諉，隨帶桂軍萬人，次第東下。此事純出於龍督之意，專為國家前途起見，與兩粵內部交涉毫無關係。仍恐軍界諸君及粵中父老或有誤會，謹先將榮廷等之心跡及計劃披瀝陳之。榮廷生性恬淡率直，毫無爭權貪位之心，粵中軍界多有曾與榮廷共事者，當能深知其為人。今迫於公義，揮淚興師，自行督兵出境北伐，並廣西都督一席亦不願久居。今茲來粵，只欲以旬日之間，議定大計，即行北上，斷不久淹粵境。外間或有慮榮廷到粵，粵中軍界將有變動，榮廷敢矢信誓保其必無，望我軍界諸君推誠信之。至於啟超，本一介書生，於軍事素無所知，其不願干預軍政，自無待論。其對於各黨派之賢俊，惟有敬愛，絕無偏袒。……今次來粵，惟本敬恭桑梓之心，稍盡維持調護之責，粵事粗定，便須歷游他方，更思自效。……今之國賊，實為袁氏，袁氏一日不退，國患一日不息。……一月以來，苦心調護，務成兩粵一家同心禦侮之局，耿耿血誠，可表天日，想我軍人必能深會此意也。……陸榮廷、梁啟超。咸。」陸、梁到肇慶，鎮守使李耀漢歡迎，就駐在肇。

肇慶成立了都司令部

　　龍採的是緩兵之計，條件並不履行，並且放走正兇顏啟漢。同時動人一致反對陸以個人意見處理廣東問題。仍留龍為都督，廣東民軍也不肯接受陸龍協定條件的約束。陸被迫電龍勸其率部北伐，讓廣東都督於岑春煊。龍又請張鳴岐到肇慶求情，由於沒有結果，龍乃於四月十九日親自到肇和陸成立五個妥協條件：一、承認在肇慶成立兩廣都司令部，推岑春煊為都司令；二、龍仍暫任廣東都督；三、槍斃蔡乃煌；四、即日調兵北伐；五、民軍由岑處理；岑未到前，從三水劃清界線，由馬口及西南以上歸魏邦平、李耀漢、陸蘭清部駐守，由馬口及西南以下歸濟軍駐守。翌日，龍回到廣州，即著手組織廣東護國軍三個軍，作出整裝待發的姿態；並於廿四日將蔡乃煌交譚學夔解往長堤親自槍斃，以報其弟之仇。陸以廣東方面的事有岑負責，留兵三千駐肇護衛，即回梧赴桂督師入湘。

　　岑春煊四月十八日由滬到港，十九日偕李根源、溫宗堯、周善培、章士釗由港赴肇。兩廣都司令部五月一日在肇成立，由兩廣將領公推岑春煊為都司令，以梁啟超為都參謀，李根源為副都參謀。是日到會場的有岑春煊、梁啟超、李耀漢、莫榮新、溫宗堯、章士釗、李根源、唐紹慧、楊永泰、張習、林虎、章勤士、龔政、魏邦平、孔昭度、曾彥、容伯挺、周善培、張鳴岐、吳貫因等。都司令下設參謀部、秘書廳、外交局、財政廳、鹽務局、餉械局、參議廳等。僅參謀部和秘書廳（長：章士釗）較忙，其餘均虛有其名，無事可辦。都司令職權，兩廣的軍隊都歸他節制。隸屬的部隊：已成的有潮梅總司令莫擎宇、欽廉都護使隆世儲、肇陽羅鎮守使李耀漢、高雷總司令車駕龍各部和魏邦平的艦隊。新設的有張習的獨立團；程子楷的獨立混成第一旅；林虎已有民軍若干，任為師長，令編練一師；魏邦平辭江防司令，改帶陸軍，任為獨立混成的第二旅長；艦隊由李耀漢兼轄。民軍請求管轄的很多，規定凡攜有一槍和子彈二百發的算為一兵，派員點驗後發餉，結果只一兩起來改編，其餘皆以槍枝子彈缺乏，歸於消滅。

親往廣州梁啟超冒險

　　龍濟光既鬧海珠事變，嗣又屢次食言，民黨和肇慶軍人都主張討袁必先去龍。但岑春煊以曾致書勸龍獨立，不想於龍獨立後取而代之，貽人口實；且此來為護國，非為爭權。梁啟超以我無優勢兵力，攻龍恐費兩月時

間，戰後殘破，又須整頓準備兩月才能北伐，恐滇黔桂不易支持，不如暫置龍而專治兵北伐，以壯滇黔的聲援，並促他省的響應。岑梁既不贊成，討龍議論遂亦中止。

　　梁啟超五月四日夜正欲登輪離赴日有所謀劃，而駐粵日本領事太田來阻勿行，謂龍督極願與君商量一切，凡可讓步的當無不退讓，請偕赴廣州。梁以粵局不生不死，有礙大局，非澈底使龍明白利害，死心塌地跟我們走不可，不顧大家反對，決心冒險親自出馬，靠血誠去感動他，五日遂偕李根源、張鳴岐、黃大暹、太田赴廣州，當日即上觀音山苦口婆心和龍談了十幾個鐘頭，龍似心悅誠服的樣子。六日，龍約許多將領開晚宴以歡迎梁，初還客氣，酒過三巡，有胡令萱大發議論，由罵粵民軍而到廣西軍、蔡松坡、護國軍，瞪大了眼釘著梁像是就要動手。龍在旁邊頻頻勸胡少說話。梁初一言不發，旋站起來演說了一點多鐘，意氣橫厲，一面說一面不停拍桌子，氣太盛了，他們像是被壓下去了，胡令萱悄悄跑了，其餘都像有些感動，席散，許多來和梁握手道歉。從此，廣東獨立才沒問題了。梁原意以為龍即使不肯放棄都督，財政權或能劃歸肇慶，不料，龍只同意軍務院事，餘概拒絕。梁七日返肇慶。

軍務院連發宣言五通

　　軍務院為獨立各省的統一機關，廣東問題既將解決，梁啟超即提議成立，連發宣言五通：第一號宣言：宣告袁世凱自稱帝以後，已喪失大總統的資格。第二號宣言：宣告大總統既已缺位，依民國二年十月所公布的總統選舉法第五條，由黎副總統繼任。第三號：宣告黎總統因陷在賊中，未能即時執行職務，國務院也無從產生，暫設一軍務院，隸屬於大總統，指揮全國軍事，籌備善後庶政。院置撫軍若干人，用合議制裁決一切，對內對外皆以本院名義行之。俟將來國務院成立時本院即行撤銷。第四號：宣告軍務院組織條例。第五號：宣告依組織條例，以唐繼堯、劉顯世、陸榮廷、龍濟光、呂公望、岑春煊、梁啟超、蔡鍔、戴戡、李鈞烈、陳炳焜、羅佩金等為撫軍，並互選唐繼堯為撫軍長、岑春煊為撫軍副長、梁啟超為政務委員長。五月八日軍務院正式成立，即以肇慶為軍務院所在地。因唐繼堯未能來粵，依組織條例第四條第二項，以岑春煊攝行撫軍長職權。撫軍長下有政務委員會，置政務委員長一人綜理一切政務；有各省代表會，但未成立；有外交代表專使，以唐紹儀、王寵惠充任，後又派范源濂、谷鍾秀為駐滬外交代表。

陸榮廷為牽制敵勢，使根本問題早日解決，親率陸裕光的廣西陸軍第一師，馬濟武衛軍一營和馬鋆一營向湖南進攻，四月中旬前鋒向湘邊出動。永州鎮守使望雲亭兵少，請准於湖南將軍湯薌銘四月廿七日宣布永州獨立。五月上旬，桂軍陸續由永州移動，陸勸告湯獨立，並擔保他任湖南都督。同時，湯的哥哥湯化龍由譚延闓而聯絡上國民黨溫和派，由黨人介紹曾繼梧、趙恆惕、陳復初等到湘助湯收編各路民軍成立湖南軍歸湯節制，並擔保不清算的湯血債。湯於是由擁袁而變為中立，請袁撤退在湘的北洋軍。到了四川將軍陳宧五月廿二日獨立後，湯以袁政權崩潰和北洋派分化的趨勢日益明顯，桂軍壓力日益加強，民軍區域日益擴大，湘西鎮守使田應紹廿四日又宣布獨立，種種情況都使他不得不於五月廿九日宣布湖南獨立。

帝制瓦解陸榮廷督粵

袁氏因眾叛親離，刺激羞憤，六月六日病死新華宮，依照約法由副總統黎元洪繼任大總統，於六月七日就職，帝制問題隨之而自然解決。

軍務院六月十日電黎總統要求四事：一、恢復舊約法；二、召集國會；三、組織正式內閣；四、懲辦帝制罪魁。這四個問經過許多爭執，到七月十四日才完全解決。軍務院也於七月十四日自行宣告撤銷，各省一致擁護中央。

陸督到達衡州，湘既獨立，即不再進，六月下旬曾一訪長沙，旋即返衡。梁啟超向北京力薦陸氏督粵。七月六日，中央改各省督理軍務長官為督軍，民政長官為省長；同時發表各省的督軍和省長：廣東督軍陸榮廷、省長朱慶瀾；廣西督軍陳炳焜、省長羅佩金；陳宧未到湘之前，陸榮廷暫署湖南督軍；陸榮廷未到粵以前，龍濟光暫署廣東督軍。但陸辭署湘督，七月十日即拔隊南旋；七月十六日並電梁啟超代轉中央請辭粵督而舉岑春煊督粵。梁十七日覆陸電謂，聞龍已電京說陸到即交代，今若改命，恐生支離，房事將不可問，勸陸萬不可辭。陸終於赴粵就任。羅佩金留川不能來就桂省長，七月十九日改以陳炳焜兼署，十月八日任命劉承恩為廣西省長。這是護國戰後兩廣人事的變遷。

六、陸榮廷由督粵到巡閱使

　　陸榮廷因參加護國討袁而獲得向外發展的機會，袁死，共和恢復，遂被任為廣東督軍，嗣升任兩廣巡閱使而節制粵桂兩省。值府院交爭（指北洋政府時代之總統府與國務院），黎元洪總統和段祺瑞國務總理雙方都想倚重他，而他終不參加督軍團的反叛。張勳鬧復辟以為他是贊成乃敢於發動，但他終於反對復辟。由此可見其地位的重要。本節為記述其地位演進的種種經過。

　　先說陸氏督粵的經過：廣東本在袁世凱死黨龍濟光手中，龍的惡毒深為粵人所同憤，梁啟超在廣西獨立時即堅決主張驅龍。但陸榮廷卻以為迫龍獨立，免使內部發生戰事，桂軍才能迅速北攻湖南，牽制北軍，以為護國滇軍聲援。龍為形勢所迫，於五年四月六日宣布廣東獨立，他成為廣東都督，原有地位得以保持，他實在是藉獨立來緩和各方，而暗中等待北洋軍隊的援助；廣東獨立不到一週，鬧出了海珠事變，激起了全粵屠龍的怒潮，他慌忙遣使到梧州向陸疏解；陸率萬人到肇慶後，他再親來向陸面求，答允自己領兵北伐而將廣東都督讓與岑春煊，此外尚有其他條件，他也一概承諾。陸以廣東問題商談既有結果，只留少數兵力在肇，自率大部返桂趕急入湘。不料，龍見桂軍駐肇兵少已不足畏；岑春煊又以自己曾屢次勸龍獨立，不願在龍獨立後取而有之，給人議論；岑和梁啟超都不主張此時在廣州發生戰事；因此，龍竟食言不去北伐而在廣東賴下來。

段祺瑞利用龍濟光

　　軍務院成立時，岑代撫軍長和陸都督曾電請雲南護國第二軍總司令李烈鈞取道廣西、廣東進攻江西。李即率張開儒、方聲濤兩梯團於五月十二日到達肇慶，因龍濟光不許滇軍經過廣州，乃和龍商定：滇軍由肇慶經三水到琶江口轉乘火車赴韶關。但張開儒梯團六月七日到韶關時，龍竟令韶連鎮守使朱福全閉城不納，並由城上開炮轟擊滇軍，因此爆發了江北戰事。那時袁世凱已病死，黎元洪繼位總統，段祺瑞任內閣總理，龍不請示軍務院即於六月九日擅自取消廣東獨立，同時祕密電請段氏三路出兵援

粵：一由海道運輸，二由福建，三由江西，同向廣東開進，助他夾擊滇軍，然後再擊桂軍。這是龍要擺脫軍務院的管束而倒向北京政府方面的行動。龍向段氏乞援的密電為軍務院所截獲，由岑春煊通電將其揭破。龍無法抵賴，遂偽造軍務院不肯撤銷和岑（春煊）、李（烈鈞）兩人密謀攻佔廣州的往返電報以圖抵制。

段祺瑞懷抱野心，利用責任內閣之名，行個人軍事獨裁之實，襲袁氏玩弄權術的故智，想以北洋系武力控制全國。龍在廣東的舉動，恰合他分化西南的要求，遂由政府發表命令對龍大加表揚，稱他「具有世界之眼光」，六月廿一日更任命他兼任廣東巡按使以酬其功。又電令江西督軍子純將由湖南調回江西的北軍第六師全部開往贛南；福建督軍李厚基出兵閩南，並派薩鎮冰率領海軍以保護外僑為名開往廣州，準備首先消滅滇軍，再進一步而把廣東納入北洋派的勢力範圍。但贛、閩兩李雖遵照派兵，但只為防止滇軍的侵入，並不熱心越境進攻。

粵省人民驅龍拒湯

滇軍在韶關被龍軍堅壁清野所抵制和炮擊，遂憤怒而進行反攻，龍軍抵抗不住，於六月七日開城投降。龍調兵北上應援，七月三日又被滇軍痛擊於源潭，龍軍大敗而逃。莫榮新率領桂軍乘機由西路攻入三水，龍被迫放棄各處防地，集中兵力困守廣州。段氏來不及布置援龍，憂慮滇、桂兩軍會攻，龍部將有全部被殲的危險，乃祕密令龍在萬不得已時可退守瓊崖，保全實力，待機反攻。

孫中山六月廿六日曾電請黎總統罷斥龍濟光。唐紹儀、王寵惠和粵民眾團體也紛紛通電反對。梁啟超七月初自動派周善培、范源濂入京請必去龍而以陸榮廷督粵。七月六日，段內閣發表全國各省軍民長官的命令中關於廣東方面的處置是：「廣東督軍陸榮廷，省長朱慶瀾」；又「陳宧未到湘以前，陸榮廷暫署湖南督軍，陸榮廷未到粵以前，龍濟光暫署廣東督軍；調龍濟光為兩廣礦務督辦；李烈鈞調京『另有任用』；段又藉口『粵事真相不明』，加派剛由湖南逃出來的湯薌銘為廣東查辦使，並派海軍上將薩鎮冰為粵閩巡閱使。這個命令為段對粵的陰謀：調開李烈鈞是拔去龍的正面敵人；桂軍雖也與龍為敵，既已派陸督粵，就無繼續對龍進攻的必要了；同時派陸暫署湘督，意在阻龍來粵接任；粵督由龍暫署，龍的地位未動，只等段調兵來到，就仍可恢復龍的實職；湯薌銘和段有相當關係，在湘大事屠殺國民黨人，現再以他對付廣東黨人；薩鎮冰的使命，更是

「海軍援粵」的重要步驟；朱慶瀾和北洋派有關係，段以為他必為己助。廣東人民以政府依然留龍在粵為禍，又派有名的劊子手湯薌銘來粵，激烈反對，驅龍拒湯，聲浪洶湧，但龍仍未罷兵，只湯不敢到粵。

陸榮廷對湘並無野心，湖南內部情形又很複雜，故對暫署湖南督軍命令未予接受。但不願湖南落在北軍手中，使兩廣受北軍威脅，當湘人反對陳宦督湘而舉劉人熙為湖南都督，要求陸氏共同抗拒北軍時，陸立即表示願意予以支援。到了北軍撤退，留在岳州的已為數無多，湘省自力足以防衛，陸乃於七月十日率隊離衡陽回廣西。

梁啟超電勸陸榮廷

陸氏督粵為梁啟超所力薦，事前梁曾電陸徵求意見，當時的有線電報轉折費時，陸未乃覆而政府的任命已公布，梁即迭電促陸受命勿辭。陸於七月十六日電梁表示謙讓，請另薦岑春煊以自代。梁覆電力持不可，原電云：

「南寧陳督軍轉行營陸督軍鑒：銑電悉。公高蹈本懷，超所深悉，原不敢以鄉事瀆擾，然粵局非公莫解，殆成全國輿論。西林（岑春煊字）固超所最望，然一則因宣言袁退已隱，此老磊落鯁直，有言必踐，其見重於天下亦在此，我輩愛人以德，不宜強以所難。二則西林近諸病復發，咯血頗劇，粵局嘔心腐氣之事正多，或非所以優禮耆碩。三則數月來岑龍逼處，惡感太深，恐龍不讓，致勞攻取，非惟粵禍愈滋，且亦損岑威望。四則安插龍部軍隊，實將來一大難題，彼部多曾隸公麾下，公接手遣留較易，岑雖好，終隔一層。且肇慶諸賢，憤龍已甚，操之過蹙，尤恐激變。五則全粵久成盜匪世界，痛剿肅清，非公莫任。以此諸端，元首總揆之倚畀我公，實具苦心。尊電所言，固屬實情，超謹以代陳政府。惟為政府計，任命屢易，於威信不無失墜，能否聽採，殊不敢知。且聞龍已電京，謂待公到即交代，今若改命，恐生支離，房事將不可問。望公俯念粵人倒懸待救之血誠，不避艱辛，勉膺茲任，謹百拜哀請！仍盼示復。啟超。篠。」陸接梁電後，即決意赴粵就任。

龍退瓊崖陸就粵督

段聞陸將赴粵，極為注意，但仍不放棄調遣北軍入粵的計劃，七月廿九日他以國務院名義祕密以艷電徵求各省北洋軍人對於處理廣東問題的

意見，同時，國務院秘書長徐樹錚擅自把未經國務會議通過的催促贛閩兩省出兵「討伐」李烈鈞的電報發出，自是出於段的授意。七月卅一日，張勳首先通電痛斥李烈鈞，主張贛閩兩省出兵援粵。倪嗣沖跟著請政府下令討伐李烈鈞。北方各省隨聲附和，張懷芝、趙倜、孟恩遠、楊善德、閻錫山、馮國璋、王占元、畢桂芳、陳樹藩各自先後紛紛通電，對李烈鈞極力口誅筆伐。但電報響應儘管熱鬧，自告奮勇真願打仗的卻無一人，北洋出兵廣東的計劃不能實現，李烈鈞對龍進攻仍然繼續，段無法可施，只好於八月十一日以政府發表命令雙方停戰，以保全龍的力量。命令云：

「龍濟光未交卸前，責在守土，自應約束將士，保衛治安。李烈鈞統率士卒，責有攸歸。著即均勒所部，即日停兵。此後如有抗令開釁情事，自當嚴行聲討，以肅國紀。」

這是段想憑藉中央權威來壓制李，李再不遵令退兵，便是反抗政府，背叛國家了。但是在此以後，陸榮廷已率兵到達肇慶，解決廣東問題的樞紐就轉移到肇慶而不在北京了。龍濟光在滇桂軍的雙重壓力下，才被迫提出卸職條件：一、濟軍（龍部當時稱濟軍）二萬人以上，應編為兩師；二、請撥付軍餉和移防經費三百萬元；三、督辦兩廣礦務，應選擇兩廣扼要地點屯駐濟軍，在此區域以內，其他各軍均須撤出；四、督辦兩廣礦務公署應按照督軍公署的規模，直隸中央，本省長官無權調度。

李烈鈞於八月十七日通電解除職務，在粵滇軍由張開儒、方聲濤兩師長直接統轄。廿二日李氏和滇軍告別，廿七日到肇慶會晤陸榮廷後，即取道香港往上海。

陸到肇後即稱病，他對龍想採取不戰而勝的策略。粵閩巡閱使薩鎮冰八月廿五日到了廣州，和先到廣州的廣東省長朱慶瀾共同擔任調停粵局。因陸既親率兵到肇，廣東不得不取退一步的策略，而終止其派北洋軍入粵的計劃。一直拖延到十月，陸在肇慶就廣東督軍職，龍索到餉款後，才移駐瓊崖，陸乃進駐廣州。

張勳對陸一廂情願

再說陸氏巡閱兩廣的來歷：他於民國六年三月由廣東北上入都，這是護國戰爭後西南方面的督軍到北京來的第一人。他由上海取道津浦路前往。三月廿二日在南京會見了副總統兼江蘇督軍馮國璋。火車經過蚌埠時，會晤安徽省長倪嗣沖，倪親自陪他於廿四日到徐州會晤長江巡閱使兼安徽督軍張勳。張勳和他是從前在蘇元春營中的老同事，因此，把他當作

親人一樣，親自到車站來迎接。張感慨地說：「我們弟兄倆多年不見面，當年的老同事只剩下了我們倆，而我們倆也都是老頭子了！」他情意殷殷地邀請陸到巡閱使署盤桓幾天。進入大花廳時，張就行著前清同寅見面的跪拜大禮，陸只得也跪了下去。在宴會中，倪談到他反對對德宣戰的一大套理由，並請陸表示意見。陸說：「軍人以服從為天職，對外交問題不應表示意見。」倪很覺掃興，說：「幹帥打起官話來，我們就沒甚麼話好說了。」張在席間有意吐露一些「民國不如清朝，共和制度不如君王政體」的口風，以窺探陸對復辟問題的態度。陸城府很深，不置可否地聽著。張卻誤認為陸不便公開贊成復辟，只能以不反對來反映他贊成的態度。

陸於三月廿七日到北京。廿八日謁見黎總統和段總理。廿九日到清宮會見溥儀，因此，復辟派散布謠言，說他「獻女為妃」和「宣統皇帝賜以內帑三萬」，張勳聽到了更信陸是贊成復辟的。段對陸寄以很大的期望，想拉攏他過來作為在西南各省中的爪牙。黎對陸也很重視。國會議員因為陸有「再造共和」的聲譽，特於四月五日在迎賓館公宴招待。陸在京時期受到的熱情招待，遠過於離京不久的副總統馮國璋。

反對復辟兩廣自主

陸氏此來和中央政府接洽的目的，在鞏固兩廣的勢力範圍。他注意兩點：一、舉薦陳炳焜督粵，譚浩明督桂。至於他自己，不貪名，不圖利，不爭權位，不要地盤，願意解甲歸田。又示意因廣東省長朱慶瀾不能合作，望中央把朱調動。二、湘省由湘人治理，兩廣決不侵犯，但中央對於湘督不可輕易更動。中央對陸的希望表示容納，陸出京後，四月十日中央發表命令任陸榮廷為兩廣巡閱使，陳炳焜為廣東督軍，譚浩明為廣西督軍。長江巡閱使不能節制長江各省，而兩廣巡閱使卻能確實節制粵、桂兩省。

陸由此次到京，知道外交關係和府院關係都很複雜，所以趕緊從這左右為難的政治鬥爭場所脫身。段要對德宣戰，顧慮各省握有兵權的反對，特於四月中旬急電召集各省督軍進京討論外交問題，那時陸還在西湖遊覽，自然不肯再到北京，也不派人代表。段竟利用督軍團在京脅迫國會和黎總統，演變到督軍團變叛，黎召張勳入京調停，反被段利用張勳迫黎下令解散國會並以復辟迫黎下台，兩廣因此宣告自主，並反對復辟，主張討逆。

七、護法運動中的孫陸暗鬥

　　民國六年六月十三日，黎元洪總統先被段祺瑞導演北洋督軍團呈請、後被張勳統率辮子軍入京威迫下令解散國會。孫中山先生得海軍的擁護，倡導護法討逆，因無地盤可憑藉，乃親自由滬返穗說動廣東省議會和廣東省長朱慶瀾，他們發電歡迎海軍來粵，願以廣東為護法根據地，並邀國會議員南下在廣州組織護法政府。孫事前曾派員赴南寧商請兩廣巡閱使陸榮廷共起護法。陸在政治上擁護黎總統、反對段內閣這點雖和孫一致，但他僅令兩廣督軍宣布自主，和北京政府若即若離，對護法實無興趣，並不堅持恢復舊國會。在利害上，陸不願有異己力量闖入兩廣自己勢力範圍裡來，尤其不願另有大帽子蓋在自己的頭上，致自己的自由受到束縛，但對孫來粵既無法拒止，只能盡力去妨礙，使孫無從施展。這便是孫陸衝突的原因。彼此暗鬥的結果，陸與北方謀和固不成功，孫的西南護法也告失敗。現特詳記其全般的經過。

粵桂告自主、孫南下護法

　　自北洋督軍團六年五月十九日聯名呈請黎元洪總統解散國會不被接受，五月廿九日督軍團叛變脫離中央，孫中山六月六日即和章炳麟聯名電致兩廣巡閱使陸榮廷和西南各省督軍、省長討逆救國；六月八日孫中山再電廣東督軍陳炳焜轉陸巡閱使和滇黔川桂湘各省督軍、省長、議會催促出師討逆。黎總統被張勳以兵威迫於六月十三日下令解散國會。孫中山派胡漢民六月十四日到廣州晤陳炳焜等商討逆護法，十七日胡漢民又赴南寧邀陸榮廷來粵共商大計，陸以足疾未行。這是孫為護法運動對陸聯絡的開始。六月二十日廣東督軍陳炳焜和廣西督軍譚浩明聯名電致北京，謂總統被武力脅迫，解散國會，在國會未恢復以前，兩粵軍民政務悉行自主，其重大事件，逕秉承總統辦理，不受非內閣干涉。當時在粵滇軍和廣東省長朱慶瀾統率的警衛軍（朱收編民軍和龍濟光系統的雜牌軍共成四十營），都因粵督署不肯負責它們的軍費，且遭桂軍嫉視（滇軍傾向孫中山，粵督不願有手握兵權的省長），想借北伐向外發展，擬組滇粵討逆聯軍，先行

出發，由張開儒等公推朱慶瀾為總司令，李烈鈞為總參謀，事不果行。李烈鈞曾因此指責陸榮廷躲在武鳴裝病，坐失北伐時機，致使段祺瑞得玩弄政治手腕，重登政治舞台。

張勳七月一日擁戴溥儀復辟，段祺瑞事前並不反對，為要利用張勳以倒黎總統。黎二日避居日本駐華使館，電請副總統馮國璋代行總統職務，復令段祺瑞任國務總理，電令各省出師討賊。孫中山四日在上海和海軍總長程璧光等商定迎黎總統來滬設立政府，而黎不來，旋以上海方面外交牽制太多，海軍方面也表示：如餉項有著，西南歡迎，海軍也可移駐廣州，以兩廣為護法根據地；孫因此先行赴粵接洽，程派應瑞、海琛兩艦送孫南下；七月十三日到汕頭，孫令朱執信、章炳麟、陳炯明赴廣州和廣東省議會、陳督軍等洽商，促請歡迎國會議員和海軍來粵，他自己在汕逗留兩日再行，十七日到黃埔。那時，朱省長以警衛軍統領魏邦平兼任警察廳長以加強對廣州市的控制，滇軍也由北江開到郊外來，廣州局勢頗為緊張。陸榮廷雖不願孫中山到廣州來，但不便公開拒絕，只好利用孫到廣州為對北京討價還價的資本，所以十七日陳炳焜還和朱慶瀾、在粵國會議員、省議會議員一起到黃浦江岸迎接孫氏，並參加了當晚黃埔公園的歡迎宴。孫在席上發表演說：「指斥段祺瑞引用段芝貴、倪嗣沖這些復辟派為討逆軍統帥，以逆討逆，忠奸不分。中國共和六年，國民未曾享過些微共和幸福，實非共和之罪，乃執共和國政的人，用假共和面孔行真專制手段所致。故現在的變亂，不是帝制與民主之爭，不是新舊潮流之爭，不是南北意見之爭，實際是真共和與假共和之爭。能爭回真共和以求福利的，在兩大偉力，即海軍與陸軍。海軍現已全數效忠共和，但必須有根據地，上海已被稱兵謀叛者所割據，浙江、福建也是一樣，只有以廣東為海軍策應，然後一切大計劃可以發展。希望此地的當道與省議會一面請海軍南來，一面請國會議員在粵自行集會，復請黎總統來粵執行職權，重延法統，再造共和。」翌日，孫氏致函陸榮廷，首先謝其對胡漢民前次到邕推愛招迎，次申述他此次來粵的期望。

在粵國會議員七月十八日發表宣言在廣州召開非常會議。十九日孫中山出席廣東省議會歡迎會，主張由粵電請國會議員來粵開會，以決定大計。朱省長表示贊成，陳督軍卻發表懷疑的論調，孫即折以利害，陳乃無話可說。省議會和朱省長遂發電歡迎國會議員來粵開會。

程璧光接孫中山電謂西南歡迎海軍南下，朱慶瀾也來電歡迎，遂於七月廿一日偕第一艦隊司令林葆懌率艦隊南下，計巡洋艦三、炮艦六、輔助艦四，海圻、海籌、海容、飛鷹、永豐、舞鳳、同安都在內。臨行，發表

通電宣布自主，謂「自約法失效，國會解散之日起，一切命令皆無根據，當然認為無效，發此命令的政府，當然否認。」並以擁護約法、恢復國會、懲辦禍首三事自矢。過山時，遇福安、豫章兩艦，復令同行。八月五日到達黃埔。六日廣東各界開會歡迎。自海軍艦隊到粵，護法聲勢愈振。

陸對孫策略、先除擁護者

孫中山到廣州後，國會議員響應護法號召先粵後到的有一百三十餘人，八月十八日孫在黃埔公園設宴招待，商討召開國會問題。由於段祺瑞千方百計阻撓議員南下，到粵的不足法定人數，不能召開正式國會，乃採法國先例，召開非常會議。由非常會議制定軍政府組織大綱，推舉軍政府首長，在約法未恢復效以前，軍政府為西南各省的中央政府。十九日國會議員在廣州迴龍社第一招待所開第一次談話會，決議：用「國會非常會議」名稱通電各省；推呂志伊、王有蘭等七人為軍政府組織大綱起草員。

孫氏到粵才一個月，就有國會議員、海軍、滇軍被吸引到護法旗幟的下面，廣東地方派軍人或同情護法或採取中立，形成了不可忽視的力量。陳炳焜對孫在廣州組織政府問題不敢作主，便親到梧州向陸榮廷請示。陸認為組府問題已經快要成熟，既不應施壓力以阻止它的產生，也不應採取放任的態度，關鍵在於不讓這個政府擁有絲毫的權力。他認為對付孫氏還在其次，主要是把擁孫的朱慶瀾排斥出去，並把地方派軍人爭取過來，這是個釜底抽薪的辦法。陳炳焜回廣州，立即執行這個策略，陸對孫的暗鬥由此開始。

陳炳焜用省長的地位誘惑地方派軍人領袖肇陽羅鎮守使李耀漢驅逐朱慶瀾。李不願放棄兵權，要求以省長兼任鎮守使，陳予以同意。因李耀漢態度的轉變，朱慶瀾站不住腳，便向省議會提出辭職，並準備將省長親軍二十營交給陳炯明接統。這批警衛軍本有四十營，廣東宣布自主時，陳炳焜以軍事時期軍權必須統一，要求接收這批軍隊。朱被迫交出二十營，仍留二十營改編為省長親軍，委陳炯明為親軍司令。但陳炳焜仍堅持必須全部接收，爭執一直沒有解決。現朱必須下台，他特邀程璧光、李烈鈞、陳炯明三位國民黨軍人密談，想改編親軍為海軍陸戰隊，仍以陳炯明為司令，名義上歸程璧光節制指揮，以免落入陳炳焜手。八月廿六日朱將省長印信送交省議會，完全不理陳炳焜，就到香港去了。陳炳焜當天在公告中罵朱「私人出走，有心擾亂治安。」廿七日省議會選舉胡漢民繼任省長。胡是國民黨健將，比朱慶瀾更為陳炳焜所不喜，當天陳即派人到省議會將

省長印取去，並以督軍名義接收了省長親軍，又早已向北京政府保舉了李耀漢為廣東省長。八月卅一日北京發表李耀漢為廣東省長，仍兼肇陽羅鎮守使。這時候國民黨正在忙於組府工作，願對省長問題讓步以交換陳炳焜對組府問題不加干涉。胡漢民對省議會辭謝省長，並且推舉李耀漢為代，省議會也就改選李耀漢為省長。但陳炳焜、李耀漢都不肯買這筆帳，九月五日他們竟聯名向北京大總統呈報省長接替的情形。

孫在粵組府、陸唐拒受命

　　國會非常會議八月廿五日假座廣東省議會議場開幕，卅一日通過軍政府組織大綱十三條，九月一日根據這個大綱選舉大元帥，孫中山在九十一票中以八十四票當選。次日補選元師二人，唐繼堯以八十三票、陸榮廷以七十六票當選。西南各省中以唐、陸兩人的實力為最大，大元帥下設兩元帥，想用以換取唐、陸對軍政府的支持。但九月二日陸榮廷、譚浩明電非常國會和在粵名流說：「……方今國難初定，應以總統復職為當務之急，總統存在，自無另設政府之必要。元帥名稱，尤滋疑議，易淆觀聽。廷等庸愚，只知實事求是，不為權利競爭，標本張皇，又所不取，此舉實不敢輕於附和。……」同時通電全國聲明：「以後廣東無論發生何種問題，概不負責。」非常國會對這一公開反抗行為不但不敢加以譴責，反於九月三日補作一項決定：迎接黎元洪南來繼續執行總統職務。孫中山也通電表示了迎黎的態度。國民黨希望唐繼堯能有較好的態度，但九月八日唐也來電不受元帥，非常國會和孫中山除去電加以勸勉外，並派章炳麟為勞軍使，攜帶元帥印到昆明請唐接受。

　　陳炳焜九月八日招待報界人士表示態度。他解釋自主和獨立有區別：「獨立是和中央政府斷絕一切關係，形成國內之國；自主就是自治，對中央政府不合理的部分可以反對，但不反對它合理的部分。」他的話也可解釋為對自己有利的就接受，對自己不利的就拒絕。他又舉例說：「馮代總統的地位是合法的，段內閣的地位是非法的，所以我們反段而不反馮。」關於在廣州組織軍政府問題，他說：「我不能表示贊成的態度，也不願採取干涉的態度。但是廣東人民不能負擔軍政府和非常國會的經費開支。」言外之意，就是不採暴力來消滅它，想用經濟來磨折它。

　　只要陳炳焜不採取暴力手段，孫中山總不肯放棄組府工作。九月十日，軍政府宣告成立，孫中山就大元帥職，發布宣言：「……國會集於斯地開議，以文為海陸軍大元帥，責以勘定內亂、恢復約法、奉迎元首之

事。文忝為首建之人謬膺澄清之責,敢謂神州之廣,無有豪傑先我而起也哉!徒以身與共和生死相繫,黃陂為同建國之人,於義猶一體也,生命傷而手足折,何痛如之!艱難之際,不敢以謙讓自潔,即於六年九月十日就職。冀二三君子,同德協力,共赴大義。文雖衰老,猶當搴裳濡足,為士卒先,與天下共擊廢總統者。」陳炳焜、李耀漢都不去參加典禮。同日,孫向非常國會提出各部總長的人選:外交伍廷芳,內政孫洪伊,財政唐紹儀,交通胡漢民,陸軍張開儒,海軍程璧光,當經一致通過。又任命章炳麟為秘書長,許崇智為參軍長,李烈鈞為參謀總長,林葆懌為海軍總司令,方聲濤為衛戍總司令,李耀漢為籌餉總辦;但李福林並未被吸引過去,李耀漢也不肯替軍政府籌餉。大元帥府設於廣州河南士敏土廠。

軍政府宣告成立後,兩位元帥和多數總長都不肯就職,參謀總長李烈鈞因唐繼堯態度未明朗,也不想遽行就任,因此,各部都以部長代理部務。孫大元帥又派唐繼堯為川滇黔三省靖國軍總司令,但唐像要自主為王,並不表示合作。

軍政府九月十三日公布對德宣戰。但外交團並不以軍政府為外交對。

北京政府九月廿九日下令通緝孫中山和非常國會議長吳景濂。軍政府旋也下令通緝段祺瑞、梁啟超、湯化龍、倪嗣沖等四人。

八、護法運動中的孫陸暗鬥（續一）

　　西南各省因段祺瑞陰謀驅逐總統，一手製造復辟政變，復任國務總理，包辦討逆軍事，引起了共同的憤慨。段祺瑞卻以兩廣仍然自主，唐繼堯通電不承認內閣的合法地位，孫中山在粵揭起了護法的旗幟，深為痛恨，決心以北洋武力來統一西南。唐繼堯和陸榮廷的實力，在西南五省中為最大，段對西南即以唐陸為主要的目標，準備由四川攻雲貴，由湖南攻兩廣。就北軍說，對湖南用兵最為方便，因可由湖北江西來夾攻，故段對西南的軍事行動從攻湘入手。段以更動湖南督軍為北軍入湘的前導，但消息早已流傳在外，為陸榮廷所聞，陸急電馮總統請求在三年之內，勿更動西南各省的軍民長官，馮曾覆電表示同意。

段武力統一、湘易帥開端

　　當時湖南省長兼督軍譚延闓每藉湘人治湘的口號以妨阻調動，陸榮廷、唐繼堯也利用這個口號竭力主張維持湖南原狀，不料，段將計就計，八月六日以湖南人傅良佐為湖南督軍，並調范國璋第二十師入湘。譚延闓和陸榮廷由於湘桂有共同的利害，向來交往很密，傅督湘令發表，譚電陸乞援。陸急電馮總統請設法收回成命，並露骨主張劃湘省為南北軍事緩衝地帶，應維持湖南現狀以保障南北和平。但馮段之間也有鬥爭，馮為免和段衝突，已答應川湘兩省歸段支配以交換蘇贛兩省歸己支配，因此，無法實踐過去對陸的諾言，難以答覆陸電，遂把陸電交段處理。段八月十六日以國務院名義代答道：「譚省長清亮淑慎，勤政愛民，惟軍旅非所素嫻，故以民事專畀。今日文人不能將兵，已為各國通例。為軍事計，為湘省計，為組安（譚字）計，皆以專辦民事為宜。湘俗強悍，誠如尊論，善用之則為勁旅，以衛國家，否則逾越恆軌，以資擾害，尤非知方通變之才不能控制統馭。湘省易帥，良非得已。以傅易譚，蓋亦幾經審慎，傅本湘人，感情素通，斷不至因更調而生攜貳。明令早頒，勢難反汗。遠承注念。感何可言。希以此意轉告西南群帥為荷！」陸知道湖南問題已非口舌所能爭，示意湖南應以武力反抗，並表示願以實力援助。因此，譚召集祕

密軍事會議準備抵抗北軍，同時電請西南各省迅速派兵援湘。唐繼堯首先建議派駐粵滇軍兼程開進湖南。陸榮廷對此也表示同意，他八月十六日致西南各省銑電說：「湘督易人，北方疑忌西南之心已昭然若揭。唇亡齒寒，應力圖應付。駐粵滇軍開往援助，鄙意極表贊成。」但當譚延闓要求陳炳焜催促滇軍迅速出發時，陳不肯給滇軍作戰所必需的軍費和軍火，而滇軍對援湘也缺乏熱情，遂按兵不動。湘既得不到外援，內部遂被北方所分化，譚以力薄，不事反抗，且派零陵鎮守使望雲亭赴北京迎傅來湘就任；但望離任後，譚即派劉建藩代理零陵鎮守使，調第一師第二旅旅長林修梅率部移防衡山，意在集中力量退守湘南以待桂軍來援，再行反攻。九月一日譚回到茶陵原籍省親，即電辭湖南省長，離開湖南。二日湘軍將領聯名通電不反對傅來督湘，但希望傅勿帶北兵入長沙。陸榮廷也電馮總統請阻北兵進入長沙。九日傅帶衛隊一營到長沙接任。傅到任後，將林修梅撤職，以鄒序彬為湘軍第一師第二旅旅長；劉建藩調省，派陳蓬章為零陵鎮守使。九月十八日，林修梅在衡陽，劉建藩在零陵同時宣布自主，第二次南北戰爭即由此發動。

湘軍既退到湘南宣布自主，桂軍也在湘桂邊境黃沙河增兵布防，但陸榮廷並未準備立即進兵入湘，仍希望馮能制止段對湖南用兵。馮也常有密使到邕請陸提出解決南北爭端和避免戰爭的意見。陸對國會問題無成見，只認為共和國家必須有一個國會；力主湖南必須恢復原狀，重申以前屢次所提劃湖南為南北的軍事緩衝地帶的意見，如北不南犯，保證南不北伐。但段利用職權調兵遣將，馮沒法制止。陸以馮既無能為力，湘軍獨力難抗北軍，湘局一崩，兩廣即有被攻的危險，因此令陳炳焜邀請程璧光到南寧面商出兵援湘的問題。程因陸不擁護軍政府，護法運動難以展開，也想見面來說服他，九月廿七日和陳炳焜由廣州乘船西上，十月一日到南寧，譚浩明率全城文武官員歡迎。次日，陸由武鳴來會。三日，開臨時軍事會議，陸演說痛斥段祺瑞投降日本，發動內戰，現必須使譚延闓復湘督職，撤退入湘北軍，欲達此目的，非實行征伐不可，號召出席全體人員簽名宣誓表示一致討賊的決心。會議決定：由兩廣當局陳炳焜、譚浩明、程璧光、李耀漢聯名通電斥責段祺瑞先後主使公民團、督軍團毀法叛國和發動內戰種種罪行，並提出迎黎復職、恢復國會、罷免段祺瑞、撤回傅良佐四項主張；推廣西督軍譚浩明為兩廣護國軍總司令，廣西出兵四十五營，廣東出兵三十五營，共組成五個軍，以陸裕光、林俊廷、韋榮昌、馬濟、林虎為第一至第五軍司令。程和陸商決海軍每月軍餉十萬元由粵庫領支。會議結束後，陸仍回武鳴養病，仍和北方直系保持聯繫，仍然以超然派自居。

陸榮廷以當前主要問題為應付北軍大舉進攻西南，目前須和國民黨團結，穩定內部，共同對北，於是由陳炳焜請軍政府任譚浩明為兩廣護國軍總司令。譚受命於十月二十日通電就職，誓師援湘。後並指揮湘軍，加委為湘粵桂聯軍總司令。

為合力援湘、團結粵內部

段取湖南，原擬暫時避免觸動兩廣，不料，兩廣先發通電對段聲討，使段大為震怒，要罷免陸榮廷、陳炳焜、譚浩明職務並下令討伐。那時段向日本又成立了兩批借款，戰費有著，決定征湘、平粵、討滇同時並舉。對於廣東，指使龍濟光從瓊州反攻大陸，收買潮梅鎮守使莫擎宇背叛粵省府。但當段正在發動時，馮系長江三督江蘇李純、江西陳光遠、湖北王占元聯名提出解決南北問題四項意見：一、停止湖南戰爭；二、撤回傅良佐；三、改善內閣；四、整理倪嗣沖部。這些意見的提出，恰好和譚浩明誓師援湘同一天，彼此互相呼應，給段以沉重的打擊，使段不得不將全面進攻西南的計劃延擱一時。馮對罷免陸、陳、譚三人的命令又拒絕蓋印，說是應將大事化小，後來段系放出鼓動政變的空氣，馮慌起來，十月廿七日才下令罷免廣東督軍陳炳焜，派李耀漢兼署廣東督軍，莫擎宇會辦廣東事務，廣惠鎮守使莫榮新免職，李福林接任廣惠鎮守使；三十日又加授李耀漢陸軍上將銜，莫擎宇進級為陸軍中將。這都是段藉此挑撥粵桂自相鬥爭。馮避重就輕，將罷免陸榮廷命令留中不發，段深感不快，在一星期中不斷進行神經戰，使馮坐臥不安。馮無可奈何地十一月六日將三道命令交印鑄局發表：一、調陸榮廷為寧威將軍，著即迅速來京；二、特派龍濟光接任兩廣巡閱使；三、責成新任廣東督軍李耀漢嚴飭桂軍開回廣西。但當天半夜，馮又把這三道命令從印鑄局追了回來。七日上午，段到公府嚴厲質問講好發表的三道命令為甚麼又不發表？馮無話可說，又將原令交印鑄局於次日發表。

陸榮廷直到此時才知道馮不能制段，南北戰爭無可避免，為了後方安全，要進一步調整和國民黨的關係。十一月十日陸在梧州召開軍事會議，除屬下將領外，並邀請了大元帥代表胡漢民、軍政府代表外交次長王正廷、海軍總長程璧光。廣東省長李耀漢參加。會議的主要目的是要消除內部的隔閡，共同抵抗北洋派的武力統一。除陸部自己擔任出兵湖南外，並請軍政府出兵福建，開闢第二戰場，以牽制北軍的兵力。軍政府代表在會議上提出陳炳焜不得人心以及強奪省長親軍等問題，希望加以解決。陸

對此表示讓步，建議調陳炳焜為討龍軍總司令，推程璧光接任廣東督軍，並同意將陳炳焜接收的省長親軍二十營撥交陳炯明指揮，用以進攻福建，但須受程璧光的節制。程不願接受粵督職位。軍政府代表希望陸親到廣州主持軍事。因此，會議決定推陸以兩廣巡閱使兼任廣東督軍，程璧光以海軍總長兼任討閩軍陸海聯軍總司令，討閩軍以林葆懌為海軍總司令，陳炯明為粵軍總司令，方聲濤為滇軍總司令，共同進攻福建。陸表示他年老多病，在養病時期派廣惠鎮守使莫榮新代理廣東督軍。

　　傅良佐既任湘督，北軍即源源入湘，湘南雖自主，但林修梅兵僅一旅，劉建藩也只有地方守備隊數營，故傅對此並未驚懼。但傅派湘軍第一師代理師長李右文率第一旅赴衡山招撫第二旅，反被林修梅將第一旅招撫過去，李右文十月一日單騎逃回長沙。

　　北軍的作戰部署，以第八師師長王汝賢為湘南軍總司令，第二十師師長范國璋為副司令，下分三路：第八、二十兩師從正面攻衡山，湘軍第二師第四旅為右翼攻寶慶，由安徽調來的安武軍為左翼攻攸縣。右翼第四旅旅長朱澤黃先攻佔寶慶，十月十一日正面第八師第十五旅王汝勤部又攻佔衡山。但前方消息從此沉寂，桂軍援湘消息卻不斷傳來。

　　到了十一月十四日，王汝賢、范國璋電致北京主張停戰撤兵，他們在長沙不待北京許可就停戰撤兵了。段祺瑞大為震驚。傅良佐和代理省長周肇祥十四晚即乘軍艦逃往靖港。十七日王汝賢、范國璋因長沙城外安武軍和第八師發生衝突，一片混亂，也向北逃往岳州去了。十八日長沙城已無北兵，各界人士忙打電報歡迎南軍北來。桂軍到十一日上旬才有一批開到湖南，人數比原定八十營相差很遠，但湘軍已因消除了孤軍作戰的顧慮，增強反攻北軍的勇氣。

九、護法運動中的孫陸暗鬥（續二）

　　南軍入長沙後，桂湘兩軍在人事和作戰上都發生歧見。湘軍第一師師長趙恆惕於北軍走後先到長沙，就接湘軍總司令程潛（軍政府所任命）來電囑他「掃徑以待聯帥，勿得發表何種名義。」程潛隨後來到，於十一月廿二日接任湖南省長，但譚浩明也來電囑他「勿得擅有建立，致涉紛歧。」十二月八日，程解除省長兼職。十二月十二日譚浩明到長沙，十八日宣布：「暫以湘粵桂聯軍總司令名義兼領湖南軍民兩政事宜。」長沙既復，湘軍主張乘勝奪回岳州，如果不得岳州，長沙將守不住。但陸、譚仍想與馮國璋和平妥協，竟和北軍的岳州防守司令王金鏡成立各守原防互不侵犯的協定。

陸榮廷求和、馮國璋無權

　　段因川、湘戰事失敗，十一月十五日請辭內閣總理。十八日馮系四督曹錕、李純、陳光遠、王占元聯名發表巧電，主張停止內戰，願任調人。此時馮國璋也想促成南北和議，責成李純和陸榮廷直接接洽，主張湖南先行停戰，北軍不進攻岳州，北軍也不反攻長沙，暫以七旬老人劉人熙為湖南督軍，一切問題留待和平會議解決。陸對此雖不認為滿意，也未表示拒絕，只是一再促馮下停戰令，以便實現和平。不待馮的停戰令下，陸於十一月廿六日先自下令停戰，廿八日譚浩明據以發表，不許湘軍繼續前進。陸又致電曹、李、陳、王四督說：「已飭前方停戰，請極峰速下停戰令。」馮的停戰令已擬就，忽然接到主戰派各督軍在天津會議的消息，因而擱置。隨後主戰派十人聯名電馮請發表討伐西南令，馮予以拒絕，而於十二月七日任命譚延闓為湖南省長兼署督軍，這也作為對陸要求恢復傅良佐督湘前的局勢的答覆。主戰派對馮此令置之不理，馮又無法說服他們，反被段祺瑞所嚇倒，再被迫於十二月十六日發表電令：派曹錕為第一路司令，張懷芝為第二路司令。

　　馮因主戰派迫他下令討伐，陸又要求下令停戰，左右為難，因命李純竭力勸陸取消兩廣自主，謂自主一經取消，主戰派即師出無名，南北和

平就可能實現。但陸以段內閣雖倒而實不倒，隨時可以復起（馮十一月廿二日准段氏辭國務總理職，十二月十八日任段氏為參戰督辦，原想把段氏的權力限制在對外問題上，果適得其反，竟使段氏從軍事、外交直管到內政，擁有無限權力，像個太上政府），所以要馮先下停戰令作為北不攻南的確切保證，然後召開南北和會，達到南北統一。陸榮廷並向李純表示：只要北軍從岳州撤退，桂軍也可從湖南撤退。馮為測驗陸氏對取消自主有無誠意，十二月廿一日任命陸氏原欲提任的廣西督軍署參謀長李靜誠為廣西省長。命令發表後，廣西並不反對，李且向北京保薦張德潤為政務廳長，這是自主可以取消的一個暗示。同時陸、譚和李純不斷催促北京下停戰令。不但陸先自下令停戰，譚在答覆漢口、南昌兩商會的電報中強調聲明南軍決不侵犯湖北、江西，也間接表示了決不繼續作戰。王占元也請求北京准其調回駐岳州的第二師，以新到岳的第十一師長李奎元接任岳防司令。這一切都表明馮陸雙方希望和平的迫切。十二月廿六日馮遂發表停戰布告，責成南北兩軍各守原防，停止敵對行為。不管是布告是命令，既是停戰，陸切感到相當滿足，他建議推舉岑春煊為南方議和總代表，希望北方也推出議和代表以便舉行南北和議。十二月廿八日，陸有勘電致西南各省，聲明他對國會問題毫無成見，請從多數取決，但期早日召集。惟這個電報並未給孫中山，完全不理會軍政府，此時「護法」運動已被求和情緒所埋沒了。

可是北方主戰派依然不理馮的停戰布告，仍然按照天津會議的決定出兵。曹錕、張懷芝兩路人馬都必須通過長江三省，於是三省督軍設法拒絕客車通過，以免和平計劃受到破壞。李純和陳光遠示意地方團體通電呼籲和平，拒絕客車假道。王占元因湖北地位較為特殊，他不能採取拒絕客軍的態度，授意各團體在呼籲和平電報中附帶表示，如果戰爭無可避免，應將武漢三鎮劃出戰區之外。

孫怒轟粵督、莫沉著弭戰

廣東方面，自十月以後情形更為複雜了，一部分被段祺瑞利用，各部分又互相暗鬥，其表現如下：

潮梅鎮守使莫擎宇受段收買，十月廿三日宣布獨立，北軍臧致平旅由福建開來援助他，陳炳焜急派部隊往剿，月餘才將潮梅收復。粵軍未能依照原定計劃數目援湘，與此有關。

龍濟光十二月十一日在州通電接受北京任命的兩廣巡閱使，並以巡閱使名義電令兩廣督軍取消自主。陸榮廷十二月十四日鹽電表示遵令交卸。

但廣東督軍莫榮新、省長李耀漢十二月十五日咸電不承認龍濟光為巡閱使；莫榮新、李烈鈞、程璧光十二月十六日聯名發布銑電表示討龍。龍乘潮梅有事，隨即派兵在除聞登陸，佔領雷州半島和沿海數縣；到了潮梅收復，廣州又發生事變，使龍軍得以長驅直入，進佔陽春、陽江。

陳炳焜一向秉承陸榮廷所示對付軍政府的策略，極予孫中山以難堪，孫於十一月十五日命令海軍炮擊觀音山以驅逐陳炳焜，因程璧光不同意而未實現。新任督軍莫榮新十一月三十日往江岸迎接來自上海的伍廷芳，被人行刺未中。李耀漢和督軍署發生磨擦，辭省長職以示威，程璧光等乘機推胡漢民繼任省長，但警衛軍將領聯名通電反對更動省長，李耀漢十二月一日又自動復職。李耀漢以肇慶為大本營，和在廣州的福軍司令李福林、警衛軍統領兼警務處長魏邦平聯結一氣，督署無力制服他們。

駐粵滇軍也發生了分化。唐繼堯因在四川作戰不利，下令駐粵滇軍開回雲南去打四川，但第三師長張開儒置之不理。第四師長方聲濤為福建人，已經移駐東江，準備協助陳炯明的粵軍進攻福建。故駐粵滇軍已分化為二。同時唐繼堯以李烈鈞為駐粵聯絡員兼駐滇軍統帥，粵督也以與滇軍有歷史關係的李根源督辦北江防務，互爭駐粵滇軍的領導權，使滇軍內部更加複雜。

孫中山因陸榮廷暗向北方乞和，假意團結國民黨共同抗北，極感忿怒。新督莫榮新較前督陳炳焜對孫尤為橫蠻。孫派人到各縣招收民軍，莫並不向孫抗議，卻通令各縣指這些招兵人員為土匪，一律就地槍決。十二月下旬又有兩招募員在廣州被捕，孫即函莫保釋，莫竟連信也不覆就把這兩員槍決了。孫忍無可忍，決定予以對付，七年一月三日，以大元帥名義密令海軍、滇軍、粵軍舉行突襲以推翻廣西勢力在廣東的統治。豫章、同安兩艦得令後按照指定時間開出廣州，向觀音山發炮作為起事信號。炮彈打到觀音山來，莫榮新急忙傳令息滅燈火，同時打電話到海珠的海軍總長辦公室請程璧光趕緊進行調處。程向來反對內部破裂，前次不同意炮擊觀音山，所以這次孫在事前不再和他商量，他接莫電話，立即派海琛艦傳令給豫章、同安兩艦停止炮擊開回省城。兩艦以起事後得不到陸軍的響應，又接長官的命令，只得開回省城。這次幸得莫榮新沉著，不令觀音山桂軍開炮還擊，市面未成恐怖，各方面未受牽動，戰禍得以中止。次日，國民黨元老和莫榮新對此事一致主張進行調解。孫向莫提出五個條件：一、承認軍政府為護法各省的最高領導機構；二、承認大元帥有統率軍隊的全權；三、承認廣東督軍由廣東人選任，必要時大元帥得加以任免；四、被捕民軍代表交軍政府處理；五、廣東外交人員由軍政府任命。莫的回答

是：第一至第三條須向陸巡閱使請示，請四、第五兩條修改為「須得軍政府的同意」。可說是莫一條也沒接受，孫也莫奈他何！只新任大元帥府參軍長黃大偉發表一篇公告，指斥廣西軍閥「戴馮拒段，停戰乞和」；但接下去又說：「督軍勇於覺悟，願意表示歉忱。」事實上莫並未表示歉忱。一月九日孫在大元帥府招待各界人士說明事變的經過。莫在前曾布告說這次事變是龍濟光黨徒的破壞行為，現孫把真相揭破，莫於九日下午再補發一布告，仍然咬定是「龍黨造謠生事，冀起內訌。」莫的掩飾做作，竟引起了龍濟光的通電嘲笑：「查敵軍出巡只在陽江高雷各屬，尚未開赴省城……莫代督電稱係敵軍所為，似係於倉卒之間未加細察。惟濟光負有地方之責，籌防未及，致令匪徒滋擾，閱電之餘，惶悚無地。省城兵力不敷，如須相助，請即電知，當兼程前來，以盡職守。」

北進剿荊襄、南攻佔岳州

現述南軍攻佔岳州的情形。

南軍佔領長沙後，湘軍即主張乘勝攻岳，但被譚浩明所阻止。此次進攻得以實現，是由北軍先攻荊襄所引起的。

湖北第一師師長石星川十二月一日在岳州宣布自主，半月後，湖北第九師師長黎天才於十六日在襄陽也宣布自主。荊襄兩地的自主軍更推黎天才為湖北靖國軍總司令，石星川為湖北靖國軍第一軍軍長。湘西的民軍要求開往鄂西與湖北自主軍聯合，譚浩明也不許，只電請北京制止北軍進攻荊襄，否則南軍也會進攻岳州以為報復。

曹錕七年一月八日領導督軍團在天津會議，壓迫馮國璋速下對南方討伐令。馮想把大事化小，將全面討伐縮小為局部討伐，使主戰派熱潮只向荊襄一隅發洩，一月九日向前方軍隊發出電令且將進攻荊襄作為剿匪行為；又通過陳光達向陸榮廷、譚浩明解釋：荊襄問題是湖北內部問題；又使國務總理王士珍向岑春煊解釋：局部討伐決不影響南北和局；自己又出面請岑到北京商討南北和議問題。但一月十三日，督軍團由天津用十六省區軍事首長聯名通電反對局部討伐，堅持全面討伐。西南方面對此不能不表示態度，一月十四日，唐繼堯、程璧光、伍廷芳、譚浩明、劉顯世、莫榮新、李烈鈞、程潛、黎天才、陳炯明、石星川、熊克武十二人聯名通電，對北京政府在發布停戰布告後又派兩路司令，參陸辦公處發出進攻荊襄的電令，以及起用兩段（祺瑞為參戰督辦，芝貴為陸軍總長），利用劉存厚擾亂四川，利用龍濟光擾亂廣東的種種挑釁行為，提出嚴厲質問。陸

榮廷沒有列名此電。此時，馮的代表王芝祥、李純的代表李廷玉都在南寧，奉命催促陸榮廷表示進一步謀和的誠意，以挽救十分緊迫的戰爭危機。陸正在調回潮梅一帶的桂軍去討伐龍濟光侵擾高雷的部隊，因此，又向李純提出保證：閩不犯粵，粵不攻閩。

北軍從一月十四日開始進攻荊襄。廿二日吳光新軍攻入荊州。廿五日第二師第五旅張學顏部攻入襄樊。

譚浩明因湘人要求驅逐岳州北軍的情緒日高，湘軍又躍躍欲試，再行強制，將影響其在湘領導的地位；國民黨久已不滿桂軍在湘按兵不動，再延下去，可能使廣東內部分裂；北軍既下荊州，襄陽難保，此後北軍必攻湖南；因此決定先發制人，一月廿三日發動進攻岳州。守岳州的北軍都是接近馮系的部隊，並未作堅強的抵抗，廿六日即退走。南軍廿七日入岳州。捷報傳來，西南各省人心大奮，都望乘勝長驅武漢。但在佔領岳州的當天，譚浩明嚴令前線湘軍勿跨入鄂境一步；又致李純陷電，聲明「已飭前方停止進功，不入鄂境；」保證「北不攻岳，南不攻鄂；」希望「毅力幹旋，促成和局。」程潛承譚意旨，三十日也電李純聲明：「此次用兵，實為促進和平起見。已向王督聲明此後對於荊襄不事吹求，我軍決不進窺武漢。倘代總統不失其主張正義之宗旨，則我軍仍本其以前擁戴之赤忱。」卅一日，湘軍全體將領發出通電，說南軍進攻岳州，是以武力為手段，以和平為目的。

馮國璋當接到荊州已下的戰報時，即擬部署停戰步驟。一月廿四日突接南軍進攻岳州消息，這使他下不下討伐令都有困難，他訪徐世昌請教，邀段祺瑞共商，都無結果，於是突然南巡，聲言決定出征，實則意在脫出北京而到南京籌劃對付主戰派，但到蚌埠即被倪嗣沖阻止而折回北京，有如被主戰派捉回來的逃兵，從此完全不能自主。一月三十日馮的討伐令終於下了，他以總統命令斥責譚浩明、程潛節節進逼，黎天才、石星川昌言自主，釁自彼開，即應視為公敵，著總司令曹錕、張懷芝進兵，派曹錕兼任兩湖宣撫使，張敬堯為援岳前敵總司令。李純雖然把接到譚浩明、程潛的一月陷電轉報，並把王占元一月卅一日向他建議以荊襄歸鄂、岳州歸湘為南北停戰議和的前提條件據以發出世電，得到岑春煊、譚延闓、陸榮廷的先後響應；但馮對停戰議和此時那還敢提！

潭回湘調解、未到戰已開

北軍攻湘是無可避免的了，但馮國璋、陸榮廷對謀和仍未死心，給譚延闓一次調解的機會。

譚延闓本來是依附廣西的，但譚浩明到長沙後竟自兼湖南軍民兩政事宜。馮於其時曾任命譚延闓為湖南省長兼署督軍，想藉此滿足陸榮廷要求的恢復湖南易督前的局勢，以達成和平。但譚浩明未表示歡迎，譚延闓遂仍留在上海。直到七年一月，因兩個事件復引起譚延闓謀回湖南的活動。

一個是：唐繼堯和陸榮廷所策動的「護法各省聯合會」一月二十日在廣州成立，各省代表在督署舉行宣誓，除推舉唐繼堯、陸榮廷、程璧光為聯合會的軍事代表、伍廷芳為外交代表、唐紹儀為財政代表外，並預先推定岑春煊為議和總代表。岑也在上海，譚延闓因得共談和議問題。聯合會正通過李純催馮從速進行和談。

另一個是：熊希齡等發起「聯省自治」運動。如果能成事實，既可免中央集權，又可拒客軍入境，最為弱小省分所贊同。熊希齡曾有長函和岑春煊討論聯省自治問題。譚延闓很快就接受了聯省自治的主張，他和熊具有深厚關係，並想利用這種主張為自己打開一條出路，而熊和他同是湖南人，也想助他重回湖南取得政權，以便在湖南建立一個自治運動基地。

在這時候，譚延闓遂追隨岑春煊以調人姿態出現，和岑聯名電請北軍不進攻岳州，他表示願意回到湖南進行調解。他加入作調人當然是已得陸榮廷同意的。陸以北軍定要進攻湖南，與其因控制湖南而冒戰爭的危險，不如放棄湖南讓譚延闓回來，仍把湖南劃為南北的軍事緩衝地帶。馮在這一情況下，把譚回湘當作挽救和平一線的希望，如果譚能說服桂軍先退出湖南，主戰派就沒理由再要進攻。

譚延闓三月三日由上海到南京，建議以南軍自動退出岳州，北軍也不進駐，為南北進行和平談判的前提條件；同時各省省議會準備在南京舉行聯席會議，推進南北和平。李純把譚的意見轉達北京，並建議關於國會問題交省議會聯席會議解決。譚要求北京在他回湘前再下一道停戰命令，以便在一定時期內進行調解。但馮不敢，要譚自己經過漢口時和曹錕、王占元直接協商，將軍事進攻推遲一步，騰出時間來讓他進行調解。到了三月十日，湘北的炮聲響起來了，譚延闓只得掃興地回去上海。

十、護法運動中的孫陸暗鬥（續三）

　　馮國璋總統既不敢壓制主戰派，南北和議又成泡影。北軍遂按照天津會議決定：第一路由湖北、第二路由江西進攻湖南。

　　曹錕二月六日南下到漢口成立第一路司令部，所屬有直軍吳佩孚的第三師，王承斌、閻相文和蕭耀南各混成旅，張敬堯的第七師。張懷芝第二路所屬有施從濱的山東第一師，張宗昌的江蘇第六混成旅，李傳業的安武軍。

南軍不抵抗、北軍遂入湘

　　吳佩孚師正由鄂北向鄂南集中，張敬堯師正由徐州經鄭州向漢口，施從濱師已通過浦口運九江，不料馮玉祥率部由浦口開來湖北停留武穴，二月十四日突然通電力斥南北戰爭為最無意識最無情理的戰爭，請政府採納他的意見罷戰言和，否則「殺玉祥以謝天下」。此事引起了主戰派內部很大的慌亂，進攻為之暫時延緩，段祺瑞派徐樹錚引張作霖進兵入關以威脅馮國璋，結果給馮玉祥以革職留任的處分，交曹錕節制調遣，作戰依照原定進行。

　　北軍攻勢已將發動，陸榮廷和馮國璋還不放棄對挽救和平的努力，譚浩明也不準備應戰。南軍的布置：湘軍趙恆惕師在岳州，劉建藩部在平江；桂軍馬濟、韋榮昌、陸裕光等部在後方為總預備隊。

　　北軍以第三師助以海軍進攻岳州，第七師進攻平江。直軍前敵總指揮吳佩孚三月十日通告佔領羊樓司，十三日佔雲溪，十七日佔岳州。湘軍在最前線的雲溪既自動撤退，在岳州也並未堅強抵抗。當晚前方有一部遲退的湘軍，不知道岳州已經放棄，退向城裡來，剛入城的直軍以為是中了敵人的埋伏計，驚慌退出，海軍由洞庭湖向得而復失的岳州城亂轟了一整夜，這部湘軍退走了，直軍十八日才再佔岳州。平江湘軍三月十七日撤退，張敬堯師沿通城、平江大道開進，沿途展開慘無人道的大屠殺，十八日佔領平江城，姦淫搶劫並未停止。

　　譚浩明當湘軍放棄岳州時，在長沙張貼四言韻語布告，中有「岳陽小挫，軍事之常，本帥坐鎮，自有主張」的語句，但到三月廿四日譚即離

長沙，次日湘軍上級軍官也都不知去向，城中大亂。廿六日直軍未遇抵抗而進入長沙，旋即南進湘潭，接替直軍開入長沙城的為著名殘暴的張敬堯部。廿七日北京發表張敬堯為湖南督軍兼署省長。

馮國璋當北軍佔領岳州那天，曾準備下令對南軍事以岳州為止，好和陸榮廷再續和談，但曹錕和十五省三特區的軍事首長連長江三督在內三月十九日聯名發出請段再起組閣的電報，馮求和的念頭又被嚇止了，廿三日發表段為國務總理。段即制定對川、湘、粵第三期作戰計劃，擬大舉進兵，但以段的後台自居的徐樹錚想奪取曹錕的直隸督軍位置而和曹發生裂痕，曹在湖南前線部隊因此消極怠工，段乃於四月下旬親到漢口召集軍事會議加以督促。

北軍佔領長沙後分三路南進：中路直軍向衡山、衡陽；右翼第七師向湘鄉、寶慶；左翼第二路軍由江西向醴陵、攸縣。直軍因傾向怠工，前進很慢，但左右兩翼速度更慢，因而更不敢孤軍深入，但桂軍從四月下旬起大部分撤回廣東，譚浩明也於廿二日離衡陽到永州。桂軍既不抵抗，湘軍也急向後撤，程潛廿三日也離衡陽，廿四日直軍遂不戰而得衡陽。左翼看見中路勝得這麼容易，也就鼓起勇氣，果然唾手而佔醴陵、攸縣，並以極快的速度尾追湘軍。湘劉建藩部因撤退不及，四月廿六日迫得起而抵抗；桂軍已向韶關撤退的馬濟部也感急速撤退對自己不利，遂趕急調回接應湘軍。劉部不過三千人，馬部也只一萬人，北軍第二路軍兵力卻多過一倍以上，但北軍只聽得槍聲一響就紛紛敗下，攸縣、醴陵相繼放棄，魯軍逃向長沙，蘇軍和安武軍逃向萍鄉去了。長沙因第二路軍在湘東大敗而引起震動，張敬堯對居民施行極恐怖的鎮壓手段，第七師田樹勛旅也從寶慶退了回來。

南軍並不乘著湘東大勝的機會反攻，馬濟部仍向南撤退。北軍方面，在漢口的徐樹錚急派奉軍一部向湘東增援，衡陽直軍也調兵回援湘東。劉建藩部只好於勝利後也南撤，五月一日劉在株州渡河時失足溺死。湘東戰後，北軍不敢窮追，南軍也不反攻，湖南戰場就從此冷靜下來。

用武毫無功、段對粵失敗

當時廣東的戰場不同湖南，卻是另有一番景況，茲述如下：

段祺瑞先策動莫擎宇、龍濟光內變，繼命令閩贛出兵攻粵，欲以武力統一廣東，但均未成功。孫中山、陸榮廷之間矛盾很嚴重，但也有共同的利害，例如莫、龍背叛，就成為他們的公敵；軍政府出兵福建，為使桂軍援湘作戰容易，以下的事實可以作為說明。

莫擎宇叛，孫中山派潮梅總司令鄒魯，莫榮新派沈鴻英、林虎兩司令率部討伐。鄒魯所部第一支隊司令金國治在鐵橋、藍關獲勝，收編叛軍殘部不少，為莫榮新所忌，令沈誘殺金而奪其兵。沈、林合力於民七年初將莫擎宇殘部完全解決，潮梅肅清。

　　軍政府依照梧州會議的決定，進兵福建開闢第二戰場，牽制北軍使其不能集中重兵在湖南作戰。但直到湖南全省恢復後，粵中將領才十一月廿七日由程璧光主持的海珠會議決定：聯合海軍、粵軍、滇軍三部分分途進取。十二月二日，孫大元帥任陳炯明為援閩粵軍總司令，出發進攻，進展頗速，先後佔領龍巖、漳州、汀州各屬，閩南閩西盡入護國軍的範圍。海軍的海圻、永豐、同安、豫章、福安五艦也於十二月七日黎明向潮汕方面進發。征閩軍正在海陸並進，忽報龍濟光派兵由瓊州派兵渡海攻入大陸，海軍乃回師定亂，陸軍進攻也就停頓。孫中山七年一月三日炮轟粵督署，在事前曾擬令陳炯明率所部粵軍回師廣州和海軍同時發動，命許崇智、鄧鏗對陳催促，但陳懼怕桂軍力大，許、鄧和陳說了一夜，陳終不敢動。二月十三日，孫中山以陳炯明駐軍汕頭，遲徊不進，致函促他對閩進攻，以固粵防，但陳直到四月底仍無動作。

　　炮轟督署的事雖經調解妥協，但內部鬥爭不止，對軍事很受影響。二月八日，廣惠鎮守使李福林、肇陽羅鎮守使翟汪、警衛軍統領魏邦平舉行海珠會議，決定由警衛軍全體將領聯名電請陸榮廷改派莫榮新為討龍軍總司令，推程璧光繼任廣東督軍，對於桂軍在廣東的防地和軍費、軍火的供給，一切維持原狀；此電發表，廣東省議會首先通電附和；但不為陸榮廷所接納。同時，張開儒忽然宣布接受軍政府陸軍總長職，原來因唐繼堯改派鄭開文為駐粵滇軍第三師師長，張開儒拒不交卸而有此舉。二月廿六日程璧光在海珠被人行刺身死，人說是北京方面所主使，或云和省長問題有關；軍政府派林葆懌繼任海軍總長。陳炯明以粵軍總司令自兼惠潮梅防務督辦和稅務督辦，但後來省方又派劉志陸為稅務督辦，致引起粵軍激烈的反對，其後雙方互相讓步，成立一個由各軍派員聯合收稅、平均分配稅款的機構，但桂軍和國民黨間的裂痕從此更大。因有以上種種糾紛，所以討龍事時緊時鬆，陽江收復後又被龍軍奪去；對閩軍事，也不積極。陸榮廷於南軍佔領岳州後即將桂軍一部分從湖南調回廣東以對付國民黨，更造成內部在政治上和軍事上進一步的分化。

　　龍濟光乘桂軍討伐莫擎宇、粵軍和海軍進攻福建的機會，派兵由瓊州渡海進攻大陸，深入陽江、陽春。潮梅既平，廣州炮轟督署事也和平解決，桂軍沈鴻英、林虎兩部才得調去討龍。從一月下旬到二月下旬，林虎

部接連收復陽江、恩平，龍軍的攻勢受到阻遏。陽江曾再度陷於龍軍。其後桂軍和滇軍約定共同肅清龍軍，推李根源為討龍軍總指揮，西路高、雷、欽、廉一帶歸桂軍負責，東路沿海地帶歸滇軍負責。滇軍三月廿二日攻克陽江，四月十二日佔領電白，廿五日進入化州，廿七日奪回龍軍的根據地廉江。林虎四月九日擊破龍軍於瓊州，龍濟光遁走，不久退逃到香港去了。四月廿八日李根源由江門回到廣州，廿九日督署舉行討龍祝捷大會，討龍軍事宣告結束。

段祺瑞復任國務總理後，更積極推行其武力統一政策。四月十七日段令浙江派兵援閩，浙江即派浙軍第一師師長童葆暄率部開赴福建。四月廿六日李厚基到廈門設立司令部。浙軍集中詔安，和陳炯明的粵軍相距只有十餘里，詔安、雲霄、平和各縣都宣布了戒嚴令。李厚基此時已知道龍濟光一蹶不振，不敢採取攻勢，遂成相持局面。段四月十八日又令江西派兵援粵，實即援助龍濟光。這時期主戰派正在得勢，陳光遠不敢不奉命，遂派贛南鎮守使吳鴻昌進攻南雄。守南雄的為張開儒所部滇軍。從四月下旬起，南雄曾有過幾度拉鋸戰，其實也沒有激烈戰事，陳光遠只為敷衍主戰派，並不積極進攻。

莫擎宇和龍濟光已相繼敗滅，李厚基和陳光遠進攻又不熱心，段祺瑞武力對粵政策並未收效。

政學系活躍、李根源獻策

孫中山的護法軍政府，為擁有軍隊和地盤的陸榮廷、唐繼堯所抵制，不與合作，孫氏隱忍了幾個月，終不能有所作為，結果且被陸唐改組為議和的軍政府，七年五月，他只好離開廣州到上海去了。

陸唐兩人目的都在保持地盤和權力，如果不是段祺瑞的武力統一政策妨礙著他們的利益，他們必然很早就和北京政府相安無事，也許軍政府也成立不起來了。

孫中山在精神上和陸榮廷、唐繼堯有根本的差異。孫不承認北京政府為合法政府，而陸、唐只是不承認段祺瑞的國務總理，對於馮國璋的繼任總統卻仍表示承認，因為陸、唐早有聯馮制段的意思，想借承認馮氏作轉圜的地步。故孫就大元帥職，而陸唐都不肯就元帥職，孫得不到陸唐兩人的合作，致軍政府一籌莫展。軍政府處在陸的勢力包圍中，孫受陸部下的氣太多了。陸馮相約，北推倒段內閣，南推翻軍政府；後又約定取消北的臨時參護院和南的非常國會，另行召集新國會，因此，使得非常國會和軍

政府常在風雨飄搖之中。

　　軍政府由非常國會所產生，府、會的命運是一致的。非常國會議員面對上述那種情勢，早有大廈將傾的感覺。其中政學系議員不願做軍政府的殉葬品，因而別謀出路。政學系的領袖李根源早時已想擁戴岑春煊做偶像，而岑和陸榮廷有部屬的舊關係，岑、陸和李有肇慶軍務院的舊歷史關係，唐繼堯和他們也有軍務院的舊關係，李又是雲南人，廣東又有駐粵滇軍，因此，政學系有運用陸、唐和他們結為一氣的天然基礎。政學系的領袖中還有個谷鍾秀，谷和孫洪伊同是直隸人，從前孫洪伊常採以馮制段的策略，和直系軍人相結託；現在谷鍾秀也採以馮制段的策略，常往來於李純、陳光遠等直系軍人中；適逢陸、唐也和馮系謀妥協，因此，政學系的對北方精神和陸、唐又恰好一致，所以陸、唐自然傾向於政學系。政學系利用這些關係和西南各省實力派聯絡，到七年一月二十日西南各省「護法聯合會」在廣州出現，便告成功。政學系一面聯絡各省實力派，一面在非常國會中活動。當時非常國會議員可分為政學系、益友系、民友系三派，政學系極右，民友系極左，益友系為中間派。這三系人數，沒有一系能佔絕對多數的，惟益友系佔有參眾兩院正副議員四席中的三席，頗有舉足輕重之勢。政學系人數既少，非設法拉攏中間派不可。而益友系眾議院議長吳景濂、眾議院副議長褚輔成鑑於軍政府和陸、唐關係疏遠，不能發生實際的力量，漸向右傾，政學系對他們適時用力，遂相拍合。於是政學系在國會中活動也告成功，更進一步使實力派和非常國會發生新關係，以供其運用。

　　陸榮廷本來打算用護法聯合會來代替軍政府的，但南北和平問題尚未解決，不宜先自取消軍政府；且粵軍、滇軍都擁護軍政府，如用武力強迫取消，將造成內亂，對自己不利。政學系想出了一個好主義，就是由非常國會改組軍政府以代替取消軍政府，用岑春煊代替孫中山，用合法倒孫代替政變倒孫。這個意見深得陸榮廷的支持。為達到改組實現，政學系更努力去拉攏益友系。他們又想出了以總裁合議制代替大元帥一長制的辦法，更覺高明，這樣，孫中山仍然可以留在軍政府擔任一名總裁，事實上卻處在無權無勇的地位，比之以岑代孫，更可避倒孫之名而收其利。

對國會議員、孫慷慨發言

　　程璧光也被說動贊成改組軍政府的意見，他願居中作調人向孫中山、陸榮廷兩方面疏通。二月二日，程和唐紹儀、伍廷芳邀請孫中山、莫榮新

到海珠開會，討論改組軍政府辦法：改元帥名稱為總裁，設總裁若干人；護法聯合會議的職權限於軍事範圍，隸屬於合議政府之下。孫當時雖未表示異議，但反對改組的意思很堅決。

非常國會經政學系活動後，議員贊同改組案的日多。四月十一日開會，出席議員六十餘人，羅家衡等提出改組軍政府案，贊成的四十餘人；居正、鄒魯、馬君武、焦易堂、丁謙等反對改組，屢要起立發言，都被他人擾亂；遂由議長指定審查員二十人，將案交付審查。會後，孫中山請全體國會議員在軍政府談話，他發言大意是：「軍政府視國會如父君，國會之所決議，軍政府無不服從。但如昨日所提議之改組軍政府，為軍政府本身之存亡問題，而國會事先絕未徵求軍政府意見，逕行提議而付審查，揆之事理，寧得為平？且以法律而論，約法規定為元首制，今乃欲行多頭制。又軍政府組織大綱明明規定：本大綱於約法效力完全恢復，國會完全行使職權時廢止。無修改之明文，今日何以自解？軍政府近於外交方面正在進行接洽之中，今蒙此影響，軍政府基礎已搖，日後必無進步可言。況日本以軍械借款之故，決計援段，英則素嫉民黨，法則自顧不暇，今日能為我助者只一美國，乃以改組軍政府之影響，美亦不能再為我助。故今日我個人對於改組一事，根本反對，即於改組後有欲以我為總裁者，亦決不就之，惟有潔身引退。」吳景濂、褚輔成表示：改組用意實為擴充軍政府實力計，並非不信任軍政府和大元帥。

四月十三日，非常國會審查會推代表褚輔成、王湘、吳宗慈、盧仲琳、王葆真見孫中山徵詢對於改組的意見。孫表示：「始終反對改組，因法律上萬難通融。如果不涉法律而論事實，自無不可委曲求全的。如果國會必以聯陸為有利，則我雖親到南寧、梧州會他，或以大元帥讓他，都無不可，可見我不是爭個人的地位的。」吳等無話可說而退。

四月下旬，軍政府改組的議論漸漸成熟。五月四日，非常國會開會，以九十七票對廿七票通過了《修正軍政府組織法》。在表決本案前後，曾引起過一些糾紛。討論前，議長吳景濂藉口有人組織「公民團」準備包圍國會，請求地方當局派兵保護，因此，議員居正在議場上指責議長未經大會許可，擅自調來軍警監視議員行動，並且指使國會警衛人員對他個人毆打，請求交付懲戒。本案成立後，張開儒公開發表談話，指出在護法省區內公然發生武力干涉國會，強迫改組合法政府，「如此護法，不如投降段祺瑞的好。」

孫中山在改組案通過同一天，將辭去大元帥職的咨文命居正送交國會。並發布辭職通電，中有「吾國之大患，莫大於武人之爭雄，南與北如

一邱之貉。雖號稱護法之省，亦莫肯俯首於法律及民意之下。故軍政府雖成立，而與舉之人多不就職，即對於非常議會猶莫肯明示其尊重之意。內既不能謀各省之統一，外何以得友邦之承認？文於斯瀆口曉音，以期各省之覺悟，蓋已力竭聲嘶，而莫由取信」等語句，對實力派責備很嚴。桂軍將領也通電對孫非難。

軍政府改組、孫中山離粵

軍政府陸軍總長張開儒通電切責迫孫下野的人，莫榮新深為嫉忌，督軍署五月十日勒逼陸軍部所屬各機關解散，十二日又誘捕張開儒囚禁於督署，復槍殺代理陸軍部次長崔文藻以示威。

五月十八日非常國會開會，修正軍政府組織法三讀通過。伍廷芳、林葆懌、莫榮新、吳景濂聯名通電解釋改組軍政府是因為西南各省尚無名實相副的統一機關，因此，國會議員提出議案，蓂、幹、月、如、頌（按即唐繼堯、陸榮廷、譚浩明、劉顯世、程潛）諸公及各省各軍來電力促進行。孫大元帥就是這樣被政學系和實力派合法倒下的。

非常國會五月二十日午後開會，根據修正軍政府組織法選舉總裁，出席議員一百二十餘人，結果，唐紹儀、唐繼堯、陸榮廷、伍廷芳、孫文、林葆懌、岑春煊七人當選。岑春煊在第一次選舉和孫洪伊票數相同，決選時才得多數而當選。

孫中山五月廿一日發布辭大元帥職臨行通電和留別粵中父老昆弟書後即赴汕頭。廿六日到三河壩晤陳炯明。六月一日離汕頭，經台灣、日本於廿五日到上海。

岑春煊七月三日由上海到廣州。七月五日改組後的軍政府宣告成立。八月廿一日軍政府舉行政務會議，推舉岑春煊為主席總裁。任楊永泰為廣東財政廳長，李根源為邊防督辦。

孫中山以改組後的軍政府全在議和，非為護法，故不親自參加，派徐謙為代表。唐紹儀亦離粵，派陳策為代表。

此時軍政府重心在陸榮廷，而隱在他的幕下借岑春煊做偶像持之而舞的便是政學系。

孫陸的暗鬥，第一回是孫失敗了！

十一、護法運動中的孫陸暗鬥（續四）

軍政府改組後，陸榮廷對謀和的進行更公開無忌，在湖南竟獲致局部和平，這是譚延闓活動的結果。

譚延闓三月間因北軍攻湘致調和不能進行而由寧返滬後，仍和廣西保持密切的關係。四月十二日，他由上海到廣州，十四日動身入桂，十九日在武鳴會見陸榮廷。此時陸自量力不能再據湖南為己有，對湘軍總司令程潛又不放心，因此希望譚延闓回湘以統御湘軍。譚知道吳佩孚喜歡占課算命、飲酒賦詩，便派他的同年張其鍠到衡陽和吳接洽。張既長於詩文，又精通星相，和吳氣味相投，很快便建立了友誼。

湘閩兩不利、段政策破產

吳便利用張為聯絡南軍的橋梁。五月廿五日，湘軍代表和直軍代表在耒陽縣公平墟王壯武祠舉行談判，六月十五日成立了停戰協定，從此湘南無戰事。桂軍通過湘軍的關係也和吳佩孚取得了聯繫。七月三日，吳佩孚派員參加了衡陽各界人士所舉行的罷兵息爭大會，並且表示了積極支持的態度。譚延闓遂於七月間回到永州重任西南方面的湖南督軍。

援粵副司令吳佩孚既支持罷兵息爭，援粵總司令張懷芝遂不敢動，段祺瑞的援粵計劃歸於幻滅。

吳佩孚繼此更有進一步的行動，八月七日他電致李純痛斥段內閣的武力統一為亡國政策，請會同鄂、贛兩督通電主和。八月廿一日，他和鎮守使趙春霆、總指揮官張宗昌、副司令陳德修、旅長馮玉祥、王承斌、閻相文、蕭耀南、張學顏、張福來、潘洪鈞、張克瑤等聯名致馮國璋馬電，請其「頒布全國一體停戰之明令，俾南北軍隊留有餘力一致對外」。次日他並將馬電原文發全國各報發表。吳的馬電在北方引起了主戰派的反對，但在南方卻搏得了一片的同情。八月廿三日譚浩明、譚延闓聯名漾電說：「奉讀馬電，大義凜然，同深贊服！已轉達西林、武鳴一致主張，並通電西南各省，以為洛鐘之應。」岑春煊卅電說：「霹靂一聲，陰霾豁散。」此外響應的還有譚浩明、譚延闓、陳炳焜（新任廣西省長）聯名的勘電，

莫榮新的世電，湘西將領田應詔等的魚電，劉顯世的銑電，唐繼堯的敬電等等。

吳佩孚這一轉變，給予段祺瑞的打擊已經很大，同時，北軍在福建戰場又遭到慘敗，使段更難以抬頭。

陳炯明率粵軍攻閩遲遲不進，到五月才發動，是月十日許崇智率部攻佔武平、下壩，廿四日進入上杭。六月，粵軍陸續佔領龍巖、龍溪，廈門為之震動。但李厚基被段任為閩浙援粵總司令後，對粵軍採取攻勢，先後奪回武平、下洋。七月下旬，浙軍童葆暄部猛烈對粵軍反攻，不但將進入閩南粵軍全部擊退，並攻入粵境佔領饒平、大埔等縣，震動了潮汕。這時候，前浙江都督呂公望剛到廣州不久，就受命冒險由間道到詔安，說服了浙軍第一支隊長陳肇英倒戈投南。因此童葆暄急予退兵。粵軍乘機追擊，從八月上旬起，龍巖、寧洋、汀州、武平、清流、上杭、永定、平和、連城、安溪、漳平、永春、大田、德化、仙游、尤溪各縣盡入粵軍手中，八月三十日佔領延平。李厚基九月十二日乘艦逃回福州，即電辭援粵總司令。福州形勢嚴重，幸而臧致平旅在同安打一勝仗，才遏止粵軍的攻勢。

段祺瑞武力統一的政策到此已澈底破產，但一直到歐戰終結後，西方國家公開干涉，北政府才正式主和。

吳佩孚主和、湘長期停戰

馮國璋謀和企圖終為段祺瑞制肘不能實現，他的總統任期於七年十月屆滿。段未嘗不想自做總統，但自知聯日黷武為全國所指責，形勢不利，因與馮相約同時下野，彼此同意徐世昌繼任總統，段一手製造安福國會操縱選舉。南方冀延長馮的任期便利謀和，故九月二日軍政府發表宣言否認安福國會有選舉總統之權，如果選舉總統，西南決不承認。但北方不予理會，九月四日，安福國會選出徐世昌為總統。同日，非常國會宣言不承認北京的選舉。九月五日，徐世昌發表歌電謙辭總統。九月十四日軍政府各總裁聯名回答馮的麻電云：「大選問題，所重者法，人無所容心。東海宿望高年，人所共仰，惟為非法所自出，則煊等不能贊一詞。」九月十六日，岑春煊、伍廷芳聯電徐世昌，勸其勿就總統。

吳佩孚很大膽，他主稿向南軍將領建議用聯合名義九月廿六日向北京政府和軍政府發出寢電，請「馮代總統頒佈停戰命令，東海先生出任調人領袖，曹經略使、長江三督及岑陸兩總裁同擔調人責任。」署名的是湖南前線南軍將領譚浩明、譚延闓、程潛、馬濟、李書城、韋榮昌、張其鍠、

林俊廷、陸裕光、趙恆惕、林修梅、賣克昭、馬鍪、宋鶴庚、廖家棟、魯滌平、王得慶等，北軍將領吳佩孚、李奎元、楊春普、馮玉祥、張宗昌、王承斌、閻相文、蕭耀南、張學顏、張福來、潘鴻鈞、張克瑤等。吳此舉是對段祺瑞造反了，但段不敢下令討伐吳佩孚，只在九月三十日以國務院名義通電駁斥南北軍人聯名的寢電；隨後北洋將領紛起響應。十月三日，譚浩明、吳佩孚為首的南北軍人聯名繼發講電，對駁斥寢電的予以駁斥；並聯名另發兩電：一致徐世昌江電，請他先做南北調人，勿先做總統；一致各省支電，力言「總統大權旁落已久，恐東海登台，為傀儡形狀，較黎馮尤甚，是愛戴東海適以陷害東海也。」十月七日，軍政府七總裁聯名發表陽電，九日莫榮新發表青電，都對講電予以響應。同時，湘軍代表文鹿鳴、劉鍾岳和直軍代表劉杰、包映芝聯名公布，在南北全面和平未實現以前，湘直兩軍成立長期停戰協定，終止敵對行為。軍政府因此特派鈕永建為勞軍使，到衡陽慰勞直軍。政府這種公開聯繫直軍的做法，國民黨元老和滇桂兩軍領袖雖然完全同意，但孫中山是不同意的。

吳聯合南軍大膽行動的影響雖然不小，但力量終不及日本帝國主義援段的強大，並未能把段壓倒使他轉向和平。

徐世昌上台、不甘做傀儡

西南方面形式上反對徐世昌為總統，卻願意把他作為接洽和平的新對，故十月九日非常國會決定停止選舉總統，由軍政府攝行總統職權，以免陷於僵局；同日，軍政府即依據以發布通告，代行國務院職權，攝行大總統職務。徐世昌十月十日在北京就總統職，當日上午十時半，各國外交節到公府向徐致賀，推英公使朱邇典以領袖公使代表致詞，希望南北統一早日實現。這是他們對中國第一次的勸告。因歐戰即將結束，美英已有力量過問遠東問題，使日本不敢繼續大力助段，段遂不敢公開反對和平。徐就任當天即准國務總理段祺瑞辭職，以內務總長錢能訓兼代國務總理。徐徵得段的同意，派任可澄、趙炳麟到廣州活動，並通電北方各省徵求解決時局的意見。十月十三日，美國總統威爾遜電賀徐就任總統，並勸其與國中各派領袖犧牲意見，速謀統一。十月十八日，美公使芮恩施回任後首次謁徐，復提出南北和平的勸告。十月廿三日，社會名流熊希齡等二十四人通電宣言成立和平期成會，鼓吹和平。同日，錢能訓直接電達西南，以「歐戰行將結束，國人不堪再戰」為詞，希望「先就事實設法解紛，而法律問題俟之公議。」這是北京政府直接向西南表示和平的第一次。從此，

錢就經常和岑、陸互通電報，互稱「先生」。軍政府也承認錢內閣是北方事實上的內閣。十月廿五日，徐以總統名義下令尊重和平。徐召集北方各省督軍會議，十一月十六日決議：一、如果南方不提出過苛條件，一致贊成和平統一的方針；二、歐戰停止（十一月十一日協約各國與德國簽訂休戰條約），參戰督辦處應改為邊防督辦處。當日北政府即令前方軍隊罷戰退兵。十一月十九日美國駐廣州總領事奉美公使命令訪問軍政府外交總長伍廷芳，請軍政府響應北政府罷戰退兵的命令。並說：「如果不這樣辦，南方就會失去國際的同情。」伍表示軍政府可以承認徐世昌為北方事實上的領袖。十一月廿三日，軍政府也下令前敵各守原防，靜待後命。孫中山因美國欲強南方速與北方妥協，因致電威爾遜總統略云：「南方期保障國家之法治，為護法而戰，所要求者，只一般公平簡易之條件，即國會須得完全之自由，行使其正當之職權也。若此簡易之條件尚不能辦到，則吾人惟有繼續奮鬥，雖北方援引任何強力，皆所不顧。」他的要求，正和北方「先解決事實，後談法律問題」的希望相反，也和軍政府其他總裁「輕法而注意事實」不同。

　　徐世昌看清楚了國內外的情勢，不甘做段祺瑞的傀儡，利用西方的壓力，繼承了馮國璋的謀和方針。段祺瑞雖失了內閣，卻緊握兵權和控制安福國會，日本仍暗中助他，故他偽裝和平，卻和主戰派藉和會名稱、地點、形勢，和剿匪種種問題，使與南方爭論不休，企圖和會召開不成，又利用北方督軍團的擁護，想復任內閣總理。十二月二日，美、英、法、意、日五國公使到公府聯合提出勸告和平的正式文件（同日，五國公使訓令駐廣州領事向軍政府提出同一勸告），主戰派的氣燄才被壓下來，決定同意軍政府七總裁的意見，在上海召開南北和平會議，安福國會才通過錢能訓組閣案。十二月廿九日，北方議和代表團朱啟鈐、吳鼎昌、王克敏、施愚、方樞、汪有齡、劉恩格、李國珍、江紹杰、徐佛蘇十人離北京南下；其中幾個安福分子，段祺瑞暗中授意他們：「和談只許失敗，不許成功。」軍政府迫切希望和平，也不反對北方代表的人選，派出唐紹儀、章士釗、胡漢民、繆嘉壽、曾彥、郭椿森、劉光烈、王伯群、彭允彝、饒鳴鑾、李述膺十一人組成南方議和代表團於八年一月廿五日到達上海；其中胡漢民為孫中山所派，曾彥、郭椿森為陸榮廷所派，餘為各實力派所派。

十二、護法運動中的孫陸暗鬥（續五）

　　南北兩方代表到了上海許久未能開會，因有兩個先決問題不能解決：一為陝西停戰問題：因段祺瑞立心阻撓和議，他指在陝西、福建、湖北三省的南軍為土匪，他是剿匪不是打南軍，剿匪區域不應劃在停戰區域內。南方對此種說法不能承認。二為取消參戰軍和禁支參戰借款問題：在段祺瑞將辭國務總理時，參戰借款才正式簽約；段預備去職後仍據參戰督辦的名義，用這批借款以擴充兵力，歐戰告終，他還陸續向日方支領借款以編練參戰軍。南方以歐戰既終，無戰可參，嚴電北政府要求廢止中日軍事協定、撤銷參戰軍、停止參戰借款。北政府不允諾。

和會受阻梗、既開復停頓

　　第一問題經擔任南北調人的李純建議：

一、停戰區域包括陝、閩、鄂三省；

二、北方援陝、援閩軍隊均停止前進；

三、雙方議和總代表共同派員到陝西監視停戰；

四、陝、閩、鄂三省由雙方將領劃定停戰區域；

五、雙方在劃定區域內剿匪衛民。

　　在外交團壓力下，南北政府接受了這個建議。北方總代表朱啟鈐二月十六日即由南京到上海。南方代表以第一問題有了解決的端緒，也委曲讓步，二月二十日南北和會才正式開幕。南方總代表唐紹儀首先提出陝西停戰問題。朱啟鈐承認電達北京政府切實辦到。並由雙方共同推定舊國會議員張瑞璣赴陝監視停戰。廿二日唐紹儀提出停止參戰借款、取消參戰軍、宣布中日密約等問題，並要求將關於軍事協定附屬外交文書一概交和會查閱。朱啟鈐也承認，並和唐聯名電請北京政府照辦。廿四日唐因陝戰未停，向北方代表提出嚴厲質問，並要求撤換陝西督軍陳樹藩；廿六日唐又接在陝北軍進攻情報，因此南方代表團宣布：從本日起，停開正式會議，改開談話會，在陝陳未撤換前，不議其他案件。廿八日和會接到北京寄來四個文件：一、中日軍事協定文書；二、中日陸軍共同防敵協定；三、

中日海軍共同防敵協定；四、解釋「歐戰終止」日期補充文件。第四件是八年二月五日由參戰督辦處命徐樹錚和日本陸軍部代表乙東彥簽訂的，解釋中日軍事協定，應到中日兩國批准對德和約，戰爭狀態才算終止。南方代表對此異常憤恨！唐紹儀在廿八日談話會上向北方代表提出三項質問：一、陝戰不但未停，北軍反大舉進攻；二、參戰軍不但未取消，反易名國防軍而大加擴充；三、中日軍事協定尚有附件未寄來，北京政府不但無誠意取消，反延長協定有效期間；以上三項限四十八小時內答覆。同日，南方代表團並將上述事件向外交團發表聲明。三月二日北方代表團因北京沒有回電，不能作答，即電北政府辭職，因此，上海和會宣布停會。南方代表團電告全國，北政府旋回電慰留北方代表，並於三月三日再令陝西停戰。

西方外交團因上海和會停開而再加壓力，英使朱邇典三月四日、法使柏蒲五日先後謁見徐世昌力勸恢復和談；六日英、美、法、意四使同見外交次長陳籙面勸中國政府應早恢復和會，勿提用參戰借款，勿將參戰軍作內戰，同時抗議北京政府不應以鹽稅餘款抵借八年公債。

三月十二日陝西劃界監視員張瑞璣由北京起程往西安；十四日北京政府和日本政府同時公布中日軍事協定全文。北政府以此兩關鍵性問題有了交代，希望南方代表恢復和會。但十四日南方代表宣言，認為陝戰並未停止，參戰借款仍在支取，參戰軍仍在迅速擴充，中日軍事協定延長，似此情形，和議無從談起。

問題難協議、和會終決裂

直桂兩系軍人堅決反對繼續戰爭，陸榮廷建議一面恢復和議，一面進行交涉；長江三督和吳佩孚四月一日聯名電請以陝西實行停戰為重開和會的條件。適張瑞璣同時由西安電報劃界停戰業已實現，因此，和會於四月七日恢復談話會，九日復開正式會議。雙方代表相約不公布會議內容，以免引起各省人民團體的干預。雙方代表將所有的議題提出：南方提的為取消中日軍事協定，裁撤參戰機構及其所屬部隊，停支參戰借款，國會自由行使職權，善後借款南北分用，軍政府法令應認為有效，陝西及湖北善後問題等；北方提的為全國裁兵方案，軍民分治，地方自治，發展國民經濟，進行善後借款等。北方的議題，全是籠統不著邊際。南方的前三題，關係段系的生死，北方代表無法承認，談不下去。國會問題障礙也大，李純曾建議一個南北兩不吃虧的辦法，但為北方代表中的安福分子向安福總部告密，安福系向徐世昌大鬧，北方代表向北京請示得不到回答，從四月

廿九日起他們只得裝病不到會，會議又歸停頓。到了五四運動風暴發生，五月六日山東問題在巴黎和會失敗消息傳來，南北代表一致對外，恢復了正式會議，聯名致電巴黎和會中國代表要他們拒絕簽字和約。北政府既受段劫持不能有所作為，又忙於鎮壓愛國運動，無心處理和會問題。唐紹儀為圖早日結束這個難有結果的和會，五月十三日突然提出八個條件：一、上海和會對於歐洲和會決定山東問題之條件，即日本繼承德國在山東之權利，絕不承認。二、取消中日間一切密約，宣言無效，並處罰締結此等密約之關係人以謝國民。三、取消參戰軍、國防軍及其他一切類似之軍隊。四、各省督軍、省長之罪情顯著不洽民情者，一律更迭。五、由和平會議宣告民國六年六月十三日黎元洪解散國會之命令無效。六、由和平會議選出全國聲望顯著之人物組織政務會議，和平會議決議各案件尤其監督履行，至國會得完全行使職權為止。七、和平會議已議定或審查未決之各案，分別整理決定之。八、執行以上七條，則承認徐世昌為臨時大總統。這八條的提出，南方各代表在事前多未得知。當天的議程正值討論國會問題，唐紹儀要求照第五條辦理，朱啟鈐反對，唐即退席，和議便告破裂，雙方代表各向政府辭職。北政府除認第一條有討論餘地外，對其餘七條痛斥其非，並准北代表辭職，令即離滬回京，以示決絕。軍政府卻未准代表辭職，並通電聲明和平宗旨不變。和會從此再開不成。

孫主張和議、國會為主題

孫中山對上海和會的態度，明白表示在兩個文件上。

其一是他四月廿七日答覆國會議員孔昭成、趙中鵠、尹承福、王葆真、樂山等一百四十二人函云：「國會行使職權是文唯一之主張，始終不變。乃軍政府之代表章行嚴，屢次對北方聲言國會不成問題，切勿以國會問題而阻和議之進行云云。想改組軍政府，乃國會之主張，文當時以去就爭而無效。離粵之後，本一切不問，後以國會同人堅持要文派代表，不忍固卻，遂再聽多數人之請而派之。已再三聲明悉由大眾指揮代表，文仍不問時局。當五國勸告之時，外論亦多不助國會，文有所不忍，遂發電請美總統主張公道，蒙彼贊成，乃電粵主張不可議和，只可請美總統為仲裁，深知南方武人必奉送國會以換權利也，今恐不出所料也。現南方代表只胡漢民一人尚堅持國會，其他皆惟權利是務耳。倘他日爭之不得，則只著漢民辭職而已，餘則無能為力矣。近且聞舊國會議員已有紛紛與新國會議調配矣。國會議員諸君不奮鬥，不自愛，文奈之何哉！」

其二是上海和會破裂後，他於五月廿八日在滬發表宣言略稱：「和議初開，即以恢復國會完全自由行使職權為唯一條件，必令此後南北兩方蔑視合法國會之行動，一切遏絕，則和平立談可致。乃不幸議和數月，毫無結果。今雖日言續議，理固無由可成，抑且外法律以言和平，其和平豈能永久？今日言和平救國之法，惟有恢復國會完全自由行使職權一途。苟使國會得恢復完全自由行使職權，永久合法之和平於焉可得，則文之至願。若有阻格此議以便其私者，則和平破壞之責，自有所歸。」

由這兩個文件看，他的目的純在護法，和陸榮廷、唐繼堯等目的在地盤和權力的顯然大異。

北改派代表、南拒不同意

上海和會的破裂，在段祺瑞和安福系是很快意的，直桂兩系和外交團卻很為著急。五月廿七日譚浩明、吳佩孚等聯名發電要求重開和會。五月廿九日陸榮廷、陳炳焜、譚浩明、莫榮新聯名發布艷電，主張和議重開，雙方互相讓步；電報首列「北京徐大總統、錢總理」，西南各省為之駭然，軍政府也質問他們讓步到何程度？美國公使發動於六月五日英、美、法、意、日五國公使聯合向南北政府提出第二次勸告，希望中國重開和會，勿再訴之戰爭。在此時期，岑春煊派政學系議員李曰垓到北京祕密接洽和議，主張恢復憲法會議，解散南北國會，為解決法律問題的主要關鍵，但是有職無權的徐世昌無法接受。七月一日曹錕、張作霖聯名通電催促重開和會。

外交的壓力令得段祺瑞終止議和繼續用武的計劃受到頓挫，七月廿四日北政府改督辦參戰事務處為督辦邊防事務處，改參戰軍為邊防軍，派段祺瑞為邊防督辦。八月十二日北政府改派王揖唐為北方議和總代表，其餘代表不動。

王揖唐為安福系首領，北方派他為議和總代表，無異戲弄和會，實故意使和會無法繼續進行。全國都對王揖唐一致加以抨擊。九月五日軍政府表示了拒絕王揖唐的態度。但王並不以各方面的反對為意，九月十一日致電唐紹儀轉達軍政府七總裁，即行南行，十八日到上海。主因孫中山公開發表談話主張對事不對人，不反對他，九月廿一日就往見孫，請孫提示和平條件。孫答以首先必須恢復國會。王以為這樣等於北方向南方投降，問此外還有甚麼可行的辦法？孫說，那就彼此聯合起來再來一次革命，拋棄一切武人政客和新舊國會，從新建設一個新中國。王表示這個辦法大可商

量，就告別出來，但他後來對此事並無回答。王到滬經已一個月，南方代表拒絕和他會見，到了十月十八日，他派代表王克敏、李國珍送正式公函給唐紹儀，要求和唐當面接洽。唐答以現在尚未開議，無事可商，未便接洽。王進退兩難，只得逗留上海。

內訌情勢變、擁捨前後殊

在和會停頓數月間，政情醞釀了新的變化，雙方內訌加劇，各和對方發生了新關係，因而對於和會的態度表現了前後相反的怪，其情形有如下述。

和會雖已擱淺，但祕密直接議和仍進行著。九年三月初旬，李純取得曹錕、張作霖同意後，聯名向岑春煊提出五條：「一、新舊國會同時停會，由中央（指北政府）召集各省議會聯合會修改國會組織法與國會議員選舉法，根據此兩新法案召集新國會，由新國會依據天壇憲法草案制定憲法公布之。二、西南各省取消自主，承認徐世昌總統地位。三、成立弭政院，由中央聘請弭政八人，南北各四人；下設參議十六人，均由中央任命。四、民國六年以後中央與各國所訂條約及附件，均交弭政院審議，如認為有損國家主權，應由中央交涉修改或廢止之。五、事實問題，由中央與西南各省直接商洽，如未能取得協議，由弭政協商解決之。」三月十一日岑春煊將上述各條密電西南各省徵求意見。唐繼堯因北江滇軍被奪，已和岑春煊、陸榮廷反目，三月廿四日他用明電揭露出來，並稱此項辦法與護法宗旨不符，不能接受，應重開和會決定一切問題。唐電發表，左派議員一致指斥岑春煊既未徵得國會同意，也未提出政務會議，連同處一室的伍廷芳都被瞞住，是個人獨裁和出賣上海和會的不法行為。岑卻辯稱，他僅照轉北方軍人的來電，並未附加自己的意見，不算違法。

舊國會在三、四月之交解體，左派和中間派議員離粵赴滬。徐世昌和國務總理靳雲鵬等認為直接交涉的時機已到，主張撇開上海和會，直接以軍政府為對，根據李純等所提方案五款，再加一款，即「善後大借款如果成立，應依關稅餘款分配西南之比例，以百分之十三分配西南」作為談判的基礎。

段祺瑞和安福系以前是極端破壞上海和會的，此時忽然變成上海和會的極端擁護者。段公開表示一切問題應由和會解決。安福系以前對國會問題絕無商量餘地，此時卻主張新舊兩國會合併起來在上海共同制憲，由皖系健將盧永祥作由粵到滬舊國會議員的東道主將此意傳達。久已無事可為的北方議和總代表王揖唐忽然活躍，好些舊國會議員也奔走其門。

六月三日孫文、唐紹儀、唐繼堯、伍廷芳四總裁在上海聯名發表宣言否認廣州軍政府和國會，並責成議和總代表唐紹儀即日和北方議和代表團恢復和談。當天唐紹儀即備公函送達王揖唐，這是唐王直接通函承認王為北方議和總代表的第一次。唐王當天就互相拜訪，相談極為融洽，雙方雖未開議，但都準備儘可能本著互相忍讓的精神，提出對方可以接受的條件，使協定能迅速成立。其後，段祺瑞還直接回孫、唐、唐、伍四總裁一電，贊成恢復上海和會。

六月六日廣州軍政府撤換南方議和總代表唐紹儀，改派溫宗堯繼任。同日發出魚電稱：「王揖唐為北方議和總代表，此間始終並未承認，而唐紹儀復經撤銷總代表，所有唐王私議之和平條件，不能發生效力。」

此時徐世昌對上海和會態度極端冷淡，六月七日他令國務院致書王揖唐質問四點：一、唐紹儀之總代表原係軍政府所委派，令唐紹儀否認軍政府，則唐之總代表資格是否存在？二、上海本非西南範圍，孫、唐、伍諸總裁或久已辭職，或現已離任，此時僅以私人資格就滬上私邸集議，舉凡議定各端是否確能發生效力？西南各方面對於此項集議是否一致贊成？三、孫、唐、伍諸公既否認兩粵機關，將來滬議有成，能否一致奉行而無激抗之舉？四、唐總代表上年所提八條，中央迭次抗爭，和議因之中梗，今少川（唐紹儀字）宣言仍以八條為據，邊與開議，是否有前後矛盾之嫌？以上統希核復，再酌應付。

因徐世昌的態度和段祺瑞的安福系相反，六月八日安福系幹部會議決定：由兩院通電贊成上海和會繼續開議，並由安福國會議長李盛鐸、田應璜、劉恩格見徐世昌總統質問其不重視上海和會的理由。徐含胡地表示：一：政府對王揖唐並無不信任之意。二、軍政府發生內訌，政府當然可以置身局外。三、軍政府改派溫宗堯為南方議和總代表，政府尚未承認。

那時候，湘、川戰爭已經爆發，直皖戰爭也已箭在弦上，一切問題都將由戰爭來解決，國人對於上海和會的變化也就不感興趣了。

為省長問題、唱粵人治粵

內訌發展到了頂點便成為戰爭，無論南北都是一樣，在北為直皖戰爭，在南為粵桂戰爭。現專述南方內訌發展的經過。

軍政府自改組後，重心在政學系。政學系所以能把持這個重心，一為在國會中拉攏中間派議員作為與黨，一為李根源握有駐粵滇軍指揮權與桂軍相犄角，這兩者都是政學系在西南活動的生命所託。自經上海和會醞釀

變化以來，中間派的國會議員漸漸窺破政學系將犧牲舊國會以與北方謀妥協的用意，復與左派相結合，政學系因此失去了宰制國會的能力。由八年冬到九年春間在國會中的黨派鬥爭以外，又發生李烈鈞與李根源爭奪駐粵滇軍情事，結果把滇軍也破壞了。政學系的命根動搖了。滇桂反目了。由此演變，終於左派和中間派議員離粵而舊國會分裂，孫、唐、唐、伍四總裁否認廣州的政務會議而軍政府分裂，在其先又有粵桂地域之爭，最後粵軍由閩回粵顛覆桂軍，孫中山返粵重組軍政府。以下將逐件加以詳敘。

先說粵桂地域之爭。這個鬥爭，因獵官不得的政客從中搆煽而加烈，以粵人治粵為口號。廣東省長李耀漢因莫榮新不能指揮如意而被迫下台赴港養病，仍保留肇軍總司令名義，由李的部將翟汪代理省長，古日光代理肇陽羅鎮守使，李的實力並未消滅；而廣惠鎮守使李福林、警衛軍統領魏邦平仍與李耀漢保持祕密聯繫。莫榮新很不放心，遂於八年六月十二日下令通緝李耀漢，並沒收其財產，調古日光為高雷鎮守使，派林虎繼任肇陽羅鎮守使。翟汪在此情勢下，只得辭去代理省長，派粵海道尹張錦芳護理省長。粵人對莫榮新此舉反感很大，罷工、罷市、罷課以表示抗議，廣九鐵路火車停開，形勢緊張。粵人想擁護伍廷芳為省長，被莫榮新堅拒，結果為楊永泰所得，楊雖然也是粵人，但屬政學系。魏邦平、李福林曾暗約陳炯明率粵軍由閩南回師廣東，以便裡應外合驅逐桂軍出境，但陳未同意，事未爆發。

十三、護法運動中的孫陸暗鬥（續六）

　　本節為記述李烈鈞、李根源二人當年在粵爭奪滇軍的情形。

　　駐粵滇軍兩師，自方聲濤的第四師改編為「援閩軍」脫離了該軍系統後，只剩下張開儒的第三師在北江。張開儒因民七年五月反對改組軍政府被莫榮新免職，由唐繼堯電派鄭開文繼任師長。這部滇軍，以前係由李烈鈞統率到粵的，後來李烈鈞改任軍政府參謀部長，莫榮新便以廣東督軍名義另派李根源為粵贛湘邊防督辦，節制北江滇軍，並為保持滇軍原有的編制和番號，新成立第四師，以朱培德為師長，以補被改選的方聲濤師之缺。因滇桂合作的關係，唐繼堯又加派李根源為靖國聯軍第六軍軍長，統轄駐粵滇軍，所以當時駐在北江的滇軍係受滇桂雙重的領導。

莫榮新下令、慰留李根源

　　兩李（李烈鈞與李根源）和滇軍都有很深的淵源。李烈鈞屬國民黨，但和岑春煊的關係也很密切。李根源卻是岑春煊的幕後參謀。

　　民八年秋間，國民黨人張繼到昆明對唐繼堯說：「駐粵滇軍將來要變質成為桂軍。」唐正感到滇軍在四川兵力不足，駐川滇軍軍長顧品珍對他頗不忠誠，顧又和李根源的關係很深，所以唐便懷疑顧李結合將對其地位有所不利，因有調回駐粵滇軍以及更調該軍軍長的意圖。

　　到了民九年二月三日莫榮新令李根源將第三師師長鄭開文與靖國聯軍第六軍參謀長楊晉對調。事前莫榮新對此一更調並未徵求唐繼堯的意見，唐大為生氣，即於二月八日與十日連下兩道電令，解除李根源靖國聯軍第六軍軍長職，改派李氏為雲南參加廣東軍政府建議會議的代表，並在電令中聲明：「駐粵滇軍由本督軍直轄，並就近秉承李參謀部長（烈鈞）辦理。」滇桂兩方因此事遂由合作關係變成了敵對關係。

　　滇軍將領大多數是願意從李烈鈞的，所以二月十一日楊晉接任第三師師長後，他們曾密謀扣留李根源，表示反對莫榮新宰割滇軍的態度，因朱培德和李根源有師生關係，主張不為已甚，李根源當天才得回去廣州。十三日滇軍師長朱培德、旅長楊益謙、魯子材等通電反對莫榮新更調第三師

師長的命令；另有第三師師長鄭開文、旅長盛榮超、魯子材，第四師師長朱培德、旅長張懷信、楊益謙聯名通電表示「願遵唐督命令辦理」；因此李根源只得通電辭去靖國聯軍第六軍軍長、督辦粵贛湘邊防軍務及南韶連鎮守使各職。

二月十四日莫榮新下令慰留李根源，並強拉新任第三師師長楊晉、第五旅旅長盛榮超、第七旅旅長張懷信、第二十旅旅長楊益謙聯名通電反對李根源解除職務。從十四日到十六日，莫榮新派兵源源北上支援李根源；十六日莫氏通電云：「所有滇軍兩師部隊，仍應由李督辦根源節制指揮。」同日莫又正式表示：「駐粵滇軍軍餉軍械都是廣東供給的，因此一向由本督軍管轄節制，今後仍然如此。」廿一日李根源又通電復職。廿三日莫榮新以廣東督軍兼軍政府陸軍部長名義下令撤銷滇軍第三、第四兩師的番號，改編為邊防陸軍三個旅和三個獨立團，將該部隊和雲南的關係完全割斷。

兩李大鬥法、急煞岑春煊

二月廿四日李烈鈞很氣忿地到軍政府質問岑春煊：「軍政府對莫督消滅駐粵滇軍的陰謀為什麼要表示同意？」岑氏只得空言敷衍。李烈鈞便託詞巡視北江防務離開了廣州，準備集合滇軍反抗改編。同日李根源也由廣州回到韶關，勸告滇軍服從改編。廿六日唐繼堯電請李烈鈞責成第三師官兵拘捕新任師長楊晉，並即就地正法，北江滇軍此時已告顯著地分化，除一部分留在韶關表示服從李根源外，大部分皆接受李烈鈞的密令由韶關向始興集中，準備以武力抗拒莫榮新的改編。廣州因此局勢緊張，宣布戒嚴，粵漢鐵路火車停開。廿八日沈鴻英部在新街、太平市一帶布置作戰。魏邦平、李福林等部也被迫出發布防。

岑春煊因北江兩李之爭深感不安，派劉德裕為代表趕往勸李烈鈞回廣州，但劉未能趕上。三月四日李烈鈞通過重重難關行抵從化縣屬麻墟，才接到軍政府派員調停的電報，他表示願意接受調停。從三月上旬到中旬，滇軍兩部在韶關、始興間小有接觸。雲南省議會、各團體、全體軍官先後通電聲討李根源，並對莫榮新表示不滿。因岑春煊出面調停，莫榮新表示讓步，承認恢復滇軍的名義，改派不願改編的楊益謙、魯子材為駐粵靖國軍第一軍總、副司令，兩部均移駐湖南邊境，軍餉仍由軍政府負責，但須接受軍政府陸軍部指揮。三月廿五日北江戰事停止。廿七日岑春煊親到韶關迎接李烈鈞。李烈鈞答應由始興回韶同岑返穗。卅一日岑忽接伍廷芳從廣州出走的消息，便先趕回廣州。四月一日李烈鈞赴韶關，偕岑的代表李

書城、王有蘭回廣州。岑因伍廷芳出走，無款支付楊、魯兩部軍餉。李烈鈞深悔回穗之行，他所到之處，屢被人無故搜查，遂於四月廿七日走香港赴上海。

孫中山旁觀此劇表演，二月廿四日電賀李烈鈞重綰兵符。廿七日電貴州督軍劉顯世謂：「莫榮新挾李根源以抗命，破壞西南，形同叛逆，陸榮廷佯為不聞，實欲借此驅逐滇軍，取消國會及軍政府，單獨投降，望出兵柳州，夾擊桂林」等語。但無結果。三月十六日孫又電唐繼堯促即出兵百色，攻陸（榮廷）、莫（榮新）老巢，以解李烈鈞在始興之圍。唐繼堯亦不應。

中山辭總裁、聲討岑陸罪

寫到此處，且要記念一下當時舊國會的分裂和軍政府的分裂。

舊國會在廣州因不能湊足法定人數，故起初名為非常會議。民七年六月決定繼續第二屆常會的會期開正式國會，遂強用「開會一月不到，即將不到者除名，以候補議員遞補」的方法湊足了法定人數，於民七年九月開正式國會，繼續憲法會議，審議憲法草案。民八年南北和議期間，議員又多離粵，憲法會議停頓；和議破裂後，大家又返粵，議憲雖繼續，但各派的關係至此已大有變化。

軍政府自民七年五月改組以來，七位總裁中，孫中山和唐紹儀均在上海，唐繼堯在雲南，陸榮廷在廣西，經常只有岑春煊、伍廷芳、林葆懌在廣州，但不在廣州的各總裁都派有代表列席政務會議，形式上尚能完整。民八年八月七日孫中山以岑春煊、陸榮廷等不顧國法，蔑視國會所信任的代表及經參眾兩院議決的和平會議條例，以軍政府總裁的地位，或勾結叛人，或與北方軍閥私訂犧牲國會密約，由上海電致廣州國會辭政務總裁職，聲討岑、陸罪狀，堅決表示「不與之共飾護法之名，同尸誤國之罪。」十一日國會開會護決挽留孫中山。至九月一日孫中山函覆林森、吳景濂兩議長，希望國會「將軍政府取消，使不致為群盜所居奇。」左派議員於是策動第二次改組軍政府，首先提案查辦廣東財政廳長楊永泰；十月廿一日又提案撤回南方議和總代表、改組軍政府為正式政府、對北京政府明令討伐；因政學系已失人心，各黨派又和左派聯合，改組軍政府案獲得國會通過。又因岑春煊私派代表祕密到北京接洽和議，違反約法精神和軍政府合議制，提出不信任主席總裁案，岑氏因此忿而辭職。那時期滇桂仍然合作，故唐繼堯、莫榮新、譚延闓、劉顯世聯名通電反對軍政府改組；陸榮廷、林葆懌、譚延闓、譚浩明紛紛通電挽留岑春煊。

國會開不成、伍廷芳出走

廣州國會的憲法會議於民八年十一月十八日到民九年一月中旬開了多次，政學系議員以在此情勢下產生的憲法，既難得多數國人的承認，徒增加南北妥協的障礙，相率不出席，使憲法會議開不成，到一月廿四日遂宣告停止議憲。岑春煊、陸榮廷等希望國會消滅，以利談和，藉口財政困難，不發國會維持費，國會對岑、陸兩人感情更壞。北江滇軍問題發生後，滇桂關係亦告破裂，唐繼堯和左派有了新結合，左派決定以雲南為新根據地，擬將國會移往昆明，另組新政府。三月廿九日議長吳景濂、林森祕密離廣州到香港，國會議員也紛紛到港集中。

伍廷芳也和國會兩議長同時離粵。伍氏雖是國民黨的元老，但並不事事聽命於孫中山，他堅主團結西南共同對抗北洋派，每次政潮他都出來做和事老。他和岑春煊同屋而居，但意氣並不相投，從來很少接觸。常在廣州的岑、伍、林三總裁對政務會議，從來不出席，所有出席的都是各總裁所派的代表；為日既久，頭等代表也懶得出席，於是又派次等角色充當代表，一切都由岑春煊一人決定，岑又以桂系的意見為依違；伍廷芳對此深為不滿。三月廿四日唐繼堯揭露岑春煊與李純等接洽和平條件，內容為：如取消自主、犧牲國會、北洋政府將委岑氏等為弼政等政；左派國會議員又已準備拆軍政府的台；至此，伍廷芳才決心脫離軍政府，乘岑氏在韶關時，於是年三月廿九日不告而往香港。

這些便是舊國會、軍政府爆發分裂最初的情形。

粵滬互否認、內容一團糟

廣州國會議長走後，跟著眾議院副議長褚輔成四月一日也出走到香港，行前他號召議員一律到港集中。國會卷宗先由議長指揮兩院秘書廳分批運港。岑春煊四月三日派憲兵搜查兩院，才發覺國會重要文件已被搬走。四月六日兩院召開聯會議，留粵議員公推孫光庭為參議院主席、陳鴻鈞為眾議院主席，代行議長職權；並通電宣布眾議院議長吳景濂、副議長褚輔成、參議院議長林森等「變志違法，帶印潛逃，嗣後如假議長名義在外發表文電，一概認為無效。」

到港議員則在港舉行會議，有國會遷滇、遷滬兩種主張，結果主張遷滬的得勝，由伍廷芳就所攜關稅餘款發給議員赴滬旅費每人二百元，另匯

一百萬元存入上海匯豐銀行為國會遷滬後制憲經費；孫中山、唐紹儀擔任另籌一百萬元支援國會。四月八日吳景濂先往上海籌備國會在滬開會，國會存款五十萬元由吳帶去。

伍廷芳一走，軍政府的總裁只剩岑春煊、林葆懌了。而且伍氏又是兼任外交、財政部兩部長的。自民八年六月外交團得北京政府的同意以百分之十三的關稅餘款交與南方軍政府使用以來，根據協定，此款指定由伍廷芳出面領收，伍既攜去了現款，今後領款又無人，岑春煊因此大為著急，由韶關趕回廣州派人攜親筆信赴港勸伍回粵。但伍氏則堅不肯回。四月八日，軍政府發表公報，譴責伍廷芳棄職離省，既不接受勸告回省供職，又不辦理移交，並帶走關稅餘款一百八十餘萬元，現庫一空如洗，軍政各費均無法應付。茲經政務會議議決，免除伍廷芳外交、財政部長兼職，特任溫宗堯為外交部長，陳錦濤為財政部長，陳未到任前，由次長文群代理部務。四月十日伍廷芳在香港通電宣布繼續執行外交、財政兩部長全部職權；南方軍政府除通電否認其職權外，並電請北京政府轉告外交團，以後關稅餘款請直接觸交軍政府領收；同時，軍政府在港延請律師控告伍廷芳捲款潛逃。唐繼堯四月十四日通電，承認伍廷芳離粵係根據西南內部的同意，伍有保管關餘財產券之責；並宣布軍政府對內對外均無效。

軍政府分家、上海發宣言

四月十六日伍廷芳、林森到上海後，到滬國會議員召開會議，研究進一步否認軍政府在法律上的效力，結論是：按照軍政府組織條例，政務會議須有過半數總裁出席方為有效，現在廣州只餘岑春煊、林葆懌兩人，而林森也已宣布辭職，所以廣州政務會議當然不應有效。這個消息傳到廣州，岑春煊主持下的政務會議卻說，孫中山已經辭職，唐紹儀始終未就職，所以軍政府總裁實際上只有五人，現站在廣州軍政府這方面的計有岑（春煊）、陸（榮廷）、林（葆懌）三人，仍為多數，因而是合法的、有效的。軍政府門庭冷落，畢竟不大好看，五月四日留粵國會（仍有議員三百餘人，不足法定人數，復稱為非常會議）宣告免伍廷芳總裁職，並補選熊克武、溫宗堯、劉顯世等為總裁以代孫文、唐紹儀、伍廷芳三人。

國會議員到的和留粵的互相攻訐對方「通敵違法」。到滬議員在滬召開國會的計劃也難實現。又因軍政府派人對伍廷芳提起訴訟，伍所匯存匯豐銀行的款項被判決假扣留，這也給予到滬議員一個打擊。五月十五日，到滬議員召開談話會，決定遷往雲南開會，並發宣言否認廣州的軍政府和國會。

六月二日孫中山、唐紹儀、伍廷芳、李烈鈞和雲南代表在孫宅舉行會議，國會兩院議長吳景濂、林森、褚輔成、王正廷也被邀參加，會議決定由孫（中山）、唐（繼堯）、唐（紹儀）、伍（廷芳）四總裁聯合發表宣言，略謂：「在粵政務總裁不足法定人數，故廣東軍政府政令行動無效；自參眾兩院同時他徙，而廣州亦無國會，僅少數人濫用名義，呼嘯儔侶，豈能掩盡天下耳目？桂系軍閥一二人把持軍府，論戰惟知擁兵以通敵，論和惟知分肥以攘利，犧牲護法宗旨，而猶假護法之名，以行害民之實，實恥與同列，忍無可忍，決將軍政府移轉於雲南。在軍政府移置未完備前，一切與北方議和事宜暫由總代表唐紹儀接洽辦理，伍廷芳仍長外交、財政、管理關餘。文與繼堯則倡率將士，共濟艱難。對北方仍繼續言和，並以上海為議和地點，但以北方能接受此宣言，宣布對日密約及軍事協定無效為先決條件。……」

國會號非常、移滇又入川

廣州對於上海宣言的反應是，六月六日軍政府政務會議議決：撤換南方議和總代表唐紹儀，改派溫宗堯繼任；通告北京政府：孫文、唐紹儀、伍廷芳的總裁資格業經取消。同日發出魚電稱：「……上海租界內所稱之軍政府，除唐繼堯未辭職外，唐紹儀始終未就職，孫文業於八年八月間辭職，伍廷芳於本年三月間捲款棄職，經於五月四日由國會宣告免職，另行改選。孫、唐、伍所有宣言及一切行動，均屬無效。」

到滬議員集會也稱「國會非常會議」，七月十日通告移往雲南；八月九日在滇議決：取消岑春煊政務總裁；八月十四日補選劉顯世為政務總裁。唐繼堯不願國會、軍政府遮在頭上，把它們向四川送。八月十七日國會非常會議在滇議決：國會及軍政府移置重慶。川軍總司令呂超八月一日曾電請孫中山等入川組織政府，唐繼堯今又電促，八月廿一日孫中山、唐紹儀、伍廷芳電覆呂、唐同意赴渝組府。九月十六日在滇國會遷往重慶。不久而呂超戰敗，熊克武部隊包圍重慶，十月十四日到渝議員離去重慶，宣言另覓開會地點。孫中山乃放棄入川之行。但十天後，粵軍由閩回師已將攻抵廣州，岑春煊等十月廿四日宣言軍政府業經取消。再過月餘，而孫中山返粵恢復軍政府。

以上所述，便是舊國會、軍政府分裂後的動態。

孫陸鬥爭，第二回合是孫勝陸敗了。

十四、護法運動中的孫陸暗鬥（續七）

現在記述到粵桂戰爭了。

時局演變到了民國九年夏天，南北兩條陣線更加分明，戰爭快要爆發了。一條是直桂兩系久已結成了的，他們曾經相約同時行動，直系在北方推翻皖系控制北京政府的勢力，桂系在南方消滅粵軍的力量，以實現他們期望已久的和平統一。一條是皖系和滬孫、滇唐新結成的，他們的計劃是：段祺瑞令閩督李厚基接濟陳炯明的粵軍軍費和子彈以助粵軍反攻廣東；唐繼堯也暗約陳炯明反攻廣東，他由雲南出兵廣西，使桂軍首尾不能相顧，然後會師廣東，改組軍政府。

直皖與粵桂、各以戰止戰

直系主動和重心在吳佩孚，他屢向北京政府請求撤防北歸，一月三十日他接受了軍政府祕密接濟的開拔費（先交三十萬元，開拔時再交三十萬元），五月廿五日他率部由衡陽撤防北上，六月中旬集中河南、直隸。七月六日段祺瑞下令邊防軍由北京向保定討伐吳佩孚，七月十四日直軍和張作霖的奉軍聯合對邊防軍在北京近畿開戰，是為直皖戰爭。出乎意料，僅僅打得三天，邊防軍便完全崩潰，戰事即告結束，段祺瑞倒了！那時在粵的桂軍，因周之貞、何克夫等在江門起事，組織五路救粵軍，江防兵艦江大、江固兩艦逃出廣州前往參加，李耀漢又策動肇慶、欽廉的舊部起而響應，廣東局勢緊張，未能和北方直軍同時發動。另一方面，唐繼堯因應付川滇軍的戰爭，不能出兵廣西，陳炯明態度猶疑，並未行動。直皖戰爭經過太快，粵桂戰爭遂趕不上同時演出。

孫中山急切期望陳炯明的粵軍打倒桂系勢力，在廣東重建根據地，他和段祺瑞有了聯絡，六月廿九日由滬派朱執信、廖仲愷到漳促陳炯明回師攻粵，並許以籌款援助。陳遲疑不決，經許崇智、鄧鏗各將領再三陳說，陳才和李厚基約定：李陳以攻粵餉彈，陳把閩南交李軍接防。但陳此時只圖保全實力，原無回粵意志，他派黃強、金章等向桂系、政學系曲意交歡，黃強數次會晤莫榮新希望調和；又派吳禮和等到北京商訂條件；古應

芬、廖仲愷對陳屢爭而陳不聽；朱執信以陳反覆無常而掉頭回滬。孫再派
蔣中正於七月十六日到漳州催促，陳仍不動，蔣回去把陳的將領中葉舉、
練濱雄、陳炯光、鍾景棠、尹驥、翁式亮、楊坤如等非常跋扈，和許崇智
軍積不相能的情形報告孫中山。

　　粵軍由警衛軍二十營已發展到一百零八營，編為兩軍，總司令陳炯明
兼任第一軍軍長，駐漳州；許崇智任第二軍軍長，駐龍巖。廣東方面，以
護國軍第四軍軍長劉志陸兼潮梅槙守使，率所部駐潮汕以監視粵軍。駐詔
安的靖國軍第五軍軍長方聲濤也是傾向桂系的。這是粵桂戰爭前兩方的
概況。

桂發動攻閩、粵輕取潮汕

　　粵桂戰爭主動是在桂方。陸榮廷據莫榮新的情報，救粵軍企圖和陳炯
明軍裡應外合以掃除廣西在粵的勢力，遂在龍州召集會議討論對付閩南粵
軍問題。那時候，直系已在北方戰勝，林葆懌的海軍又和桂系合作，形勢
對桂方有利，故龍州會議決定以進攻福建北軍為名，大舉向閩南進攻。會
後就製造北軍侵犯漳浦的消息以為進兵的藉口，但陳炯明立即通電聲明並
無其事。八月十一日，軍政府下動員令進攻福建，以沈鴻英為總司令下分
三路：以桂軍劉志陸為中路司令，浙軍呂公望為右路司令，靖國軍方聲濤
為左路司令；林葆懌率領海軍前往詔安配合作戰。

　　陳炯明得到廣東動員的報告，才決心回師攻粵，八月十二日在漳州公
園誓師，分三路回粵：以第二軍任右翼，由永定、上杭、武平進攻大埔、
松口、蕉嶺、平遠，以肅清韓江上游佔領梅縣、興寧為目的，由許崇智指
揮；以第一軍的一部任中路，由小溪、平和進攻饒平而出高陂，由葉舉指
揮；另以第一軍的一部任左翼，由鄧鏗指揮，與中路會合共同肅清韓江下
游，以完全佔領豐順、潮安、汕頭為目的；而以攻佔惠州為共同目標。鄒
魯、姚雨平等以義勇軍名在潮汕應援。只留四營在後方，所遺閩南各地概
由李厚基派北軍接收。

　　雙方接觸從八月十六日開始。粵軍人人思歸，士氣旺盛。桂方劉志
陸部首當其衝，劉以不願為人作嫁（陸榮廷寵信馬濟，因粵人不滿意莫榮
新，曾發表馬濟督粵以繼莫，為劉志陸、沈鴻英所反對，馬不敢到職），
不肯力戰，兩日間，蕉嶺、大埔、饒平相繼被粵軍佔領。桂軍既潰，方聲
濤也不戰而退；林葆懌已抵汕頭遂觀望不前；呂公望的陳肇英部也按兵不
動。十八日桂軍又放棄黃崗；粵軍進佔潮安，另一路挺進三河壩以割斷潮

梅的交通。二十日汕頭發生兵變,劉志陸棄城而走;林葆懌急把艦隊撤回銅山而自回廣州;澄海、汕頭即入粵軍手中;陳炯明廿四日抵汕。由十六日到廿一日,桂軍損失步槍七千餘枝,機關槍和大炮也損失不少。

桂軍紀律,只馬濟的第一軍較嚴,其餘各軍多屬不良,為廣東人民所恨,桂軍敗訊一傳,廣東各地民軍即紛紛揭竿而起,與桂軍為敵,使桂軍應付更難。

戰爭發動時,岑春煊派文群為代表到北京接洽恢復上海和會,希冀和平交易完成。但北京卻要看粵桂戰爭結果再談,並因李純不肯擔任北方議和總代表而擱置。

桂戰線穩固、孫為粵焦勞

粵軍佔潮汕後,岑春煊用軍政府名義勸告雙方停止戰爭,但粵軍置之不理,仍然分兵兩路進攻:右路由梅縣、興寧進攻龍川、河源;左路由揭陽、普寧、惠來進攻陸豐、海豐。此時桂軍分為三路東向迎敵:右翼林虎率其護國軍第二軍在海陸豐方面迭次獲勝,官兵都抱著進到汕頭過中秋節的希望;左翼沈鴻英率其護國軍第三軍並助以李根源的海疆軍在老隆、河源也互有勝敗;中路馬濟率其護國軍第一軍防守惠州、尚屬穩固,只一次送彈藥一批赴河源,被粵軍楊坤如由紫金出來截劫。就整個戰線看,很可樂觀。

孫中山對此次粵軍作戰,異常關心,努力幫助。派朱執信向虎門要塞進行策反工作,九月六日虎門要塞司令兵渭南即宣布獨立,但朱於廿一日卻被降兵所害。九月廿四日電請李厚基迅速派兵進助陳炯明,但李部只守閩南防地。曾派何成濬赴海陸豐游說林虎,勸其脫離桂系,歸還革命陣營,但林以受陸氏使命,義不可背,如果將來不在其位,再報厚意,謝卻。十月一日電請湖南譚延闓由湘出師,直下北江,以攻桂軍,而譚正標榜湖南自治,自然不願加入。又派蔣中正由滬南下協助陳炯明,蔣十月五日到汕頭粵軍總司令部,即將作戰意見電致陳炯明,十一日到老隆和陳面晤,旋赴前敵代許崇智(時剛病假)指揮第二軍作戰。

廣州雖遠在遠方,也時有驚擾情事發生。當虎門獨立消息傳布時,廣九鐵路曾被民軍拆毀,不能通車,廣州領事團向軍政府警告,不得在廣州周圍三十里作戰,廣州一時陷於大混亂中。九月廿五日,有人送一木匣到軍政府,外寫「岑大總裁笑存」字樣,職員令打開來看,轟隆一聲,炸死了衛士三人。督軍、省長兩署也有人送上同樣的禮物,但未爆炸。因此,

軍政府大起恐慌，岑春煊、溫宗堯即由府內遷出，大小職員都紛紛避居沙面。

魏李突獨立、撤軍談判難

有實力的廣東地方軍人在後方反起來了！這是在莫榮新意料之中而又沒法阻止的事。

護國軍第五軍總司令兼廣東警察廳長魏邦平、廣惠鎮守使李福林祕密將所部由香山、佛山各處調集廣州對岸河南後，九月廿七日聯名宣布獨立，致函莫榮新云：「敬代表粵人籲請督軍解除兵柄，以粵省治權還之粵人，率師回桂，俾息兵禍。督軍率軍返桂，沿途當竭力保護，斷不冒瀆尊嚴。」那時候，桂軍在廣州還有相當大的兵力，所以魏李只用「兵諫」，不敢動武，以免廣州遭受損失。

魏李此舉，使得廣州局勢立刻嚴重起來。中間人出來奔走的最先是林葆懌，他當天下午會見了莫榮新，勸其帶兵離開廣州。莫並沒拒絕，只說此事須向陸巡閱使請示，而且桂軍也須開拔費有了著落才能成行。林向雙方建議，桂軍撤退問題，可由談判和平解決，在未談妥以前，雙方均不開砲，以免糜爛地方。

桂軍方面自然要起來防備，廿七、八兩日，在永漢馬路天天茶樓屋頂架設大炮對準河南福軍大營，觀音山各炮台也都卸下炮衣準備應敵。對方卻由虎門炮台派出飛機在廣州上空飛行示威。在戰爭氣氛中，商店紛紛閉市，人民遷地避難。莫榮新向魏李提出，要籌桂軍開拔費五百萬元，本人以桂軍總司令名義率領桂軍兩師留駐肇慶，這些條件如不接受，決不離開廣州。

廿九日廣東省議會推議長林正煊往晤莫榮新，擔任調停。莫表示：「本人決不貪戀權位，也不忍糜爛地方，一定按照貴會的意見辦事。但是必須聲明，任何人都可以接任督軍，只有陳炯明不能來接。我已經發了三道急電到惠州前線，限他們三天內消滅陳炯明的部隊。」剛由前方回來的馬濟也在一旁說：「省城桂軍尚有萬多人，請你轉告登同（李）、麗堂（魏），他們的兵力未必勝過我們，打起來吃苦頭的還是廣東人。」林正煊辭出來，在「珠江一葉」電船上找到魏邦平、李福林，魏李都同意用協商方式解決桂軍撤退問題，並請惠州方面的粵桂軍先行停戰。三十日魏李在海珠召開會議，推舉海軍次長兼海圻艦長湯廷光繼任廣東督軍。莫榮新對此也不反對。消息傳出，市民大喜，商店開市，燃放鞭炮慶祝，但第二天戰雲依然籠罩，商店又復關門。

莫榮新因桂軍在東江打了一個勝仗，十月二日召集廣州各團體代表在觀音山督軍署會議，他提出了許多問題：東江桂軍兩三萬人尚在和粵軍激戰中，此項桂軍應如何撤退、撤退後應在何處集中、如何指定路線撤回廣西？省城和各地防軍如何撤退、派何軍前來接防？桂軍欠餉在一千萬以上，此項欠餉及開拔費如何籌措、有何保證？這些問題如果不能圓滿解決，桂軍即難退出廣州，只好死守觀音山，觀音山是個攻不破的堡壘。當時謠傳陸榮廷派遣大軍東下增援，市民心情更加沉重。四日，廣州各團體代表開會討論結果，承認籌五十萬元為桂軍送行費，請莫榮新在三天內交出督軍印信，即行付款。六日，莫向各團體代表談判，認為五十萬元太少，桂軍開拔費由五百萬元遞減到二百萬元，少一個也不行。陳炯明派代表黃強此時也由香港到河南來，同意用錢買還廣州，以免化為灰燼。九日，各團體代表繼續開會，議決讓城費增加到一百五十萬元，各代表面告莫榮新，莫卻答道：「你們放心！我不下命令，我的部下斷不敢開砲。你們不要性急，性急辦不出好事情來的。」

惠陷勢難挽、軍政府取消

讓城談判無結果，莫榮新未把督軍即交出，湯廷光不再等待就於十月八日在河南接任廣東督軍。即日，桂軍將領散發傳單不承認湯廷光為廣東督軍，在傳單上署名的為：第一軍總司令馬濟、旅長唐紹慧、卓瀛洲、第二軍總司令兼肇陽羅鎮守使林虎、第三軍總司令兼南韶連鎮守使沈鴻英、旅長沈榮光、莫正聰、第六軍總司令劉達慶、××鎮守使林俊廷、欽廉鎮守使陸蘭清、廣東陸軍第一師師長陳坤培、旅長盧焱山、憲兵司令謝卓英、衛戍司令陳日新、××督辦馮銘階等，但只是傳單而已。湯不理會桂軍反對，隨即成立「海珠和會」以討論桂軍撤退問題。湯和各方相約，桂軍未撤退以前，各路民軍不許開入省城。岑春煊或是由於莫榮新所授意，還向海珠和會提出軍政府不撤銷、國會不解散、兩廣巡閱使繼續存在作為粵人治粵、桂軍在六個月內分批撤回廣西的交換條件，但沒人理會。林葆懌於十一日突然宣布「南北海軍統一」；新任督軍湯廷光是林的部將，因而牽涉到湯何去何從的問題；隨後海軍下級軍官都反對海軍北歸，事才停息，算是林放了一個空炮。

廣州各團體耽心廣東內部情形複雜，為避免兵禍計，決定接受莫榮新的要求，於十月十二日籌足二百萬元為桂軍的開拔費，存入銀行，等候桂軍開拔時提用。但莫榮新因東江戰局穩定而有恃無恐，從新提出四條：

（一）不承認湯廷光為廣東督軍，須由岑春煊、陸榮廷任命沈鴻英為粵督；（二）桂軍須留兩師長期駐粵；（三）陳炯明退回漳州，魏邦平退回香山，但李福林仍可留駐河南；（四）廣東須承認陸榮廷為兩廣巡閱使。到此粵人才知道莫榮新對撤兵毫無誠意，海珠和會也就從此停開。

桂軍的東江戰線本來是穩固的，不料卻因馬濟而告崩潰。馬濟恃寵擅權，久為桂軍各將領所不滿，他守惠州，前線無事，不時回廣州看看，因而在督軍署越俎代庖，發號施令，有時逕用「馬濟」署名發電給林虎、沈鴻英各總司令，指揮作戰。莫榮新奈何他不得，空自發發牢騷。林虎世故較深，善於忍耐。沈鴻英卻大為忿怒道：「我不能為馬家打天下。」即把前線部隊撤退。同在左翼的海疆軍不願獨任其難，跟著也退。因左翼不戰，中路和右翼遂被牽動。粵軍尾隨沿東江而下，直抵惠州，十月二十日由飛鵝嶺炮擊惠州城，廿二日即被攻佔。廿三日陳炯明到惠州，決定三路進攻廣州。

惠州既失，大事已去，十月廿四日，岑春煊、陸榮廷、林葆懌、溫宗堯聯名通電解除軍政府總裁職務，取消軍政府。溫宗堯當日即離開廣州。廿五日粵軍佔領石龍。廿六日莫榮新通電廣東取消自主，並稱：「在中央政府未任專員以前，先率將士讓出廣州市區，地方治安由粵民所舉之新督軍負責。」廿六日虎門炮台派飛機在廣州上空盤旋示威，並向觀音山投彈，引起廣州大混亂。廿七日岑春煊離粵赴滬。當日飛機又來投彈，莫榮新當夜離廣州赴北江依沈鴻英，因其子莫正聰在沈軍任旅長，留馬濟、林虎收容前方潰軍。廿八日馬濟等曾和魏邦平、李福林見面，承認領到開拔費即行。但各團體見桂軍已難立足，並未按照前議二百萬元數目付款，馬濟只領到為數不多的伙食費，即率所有在廣州的桂軍循粵漢鐵路北行，經銀盞坳過四會沿西江而返梧州。沈鴻英部卻由北江經陽山返賀縣。這一場粵桂戰爭，到此告一段落。

陳炯明十一月二日抵廣州，不承認湯廷光為廣東督軍，湯遂於六日宣布解除督軍職務。

十五、護法運動中的孫陸暗鬥（續八）

　　孫中山因岑春煊、陸榮廷等與北京政府將簽訂南北和約，遂和唐紹儀、伍廷芳於十月廿三日在上海發表第三次宣言，反對南北軍閥捨棄正式公開的和會而私相勾結謀和。卅一日北京政府宣布南北和平統一，並表示可依照民元八月公布的國會組織法與兩院議員選舉法改選國會。孫中山、唐紹儀、伍廷芳、唐繼堯立即於當日聯名通電中外，軍政府依然存在，謂「最近粵軍回粵，岑莫敗亡，乃於相率逃亡之餘，輒為取消自主之說，初不意北方遽引為口實，遂有偽統一之宣布。似此舉動，過於滑稽兒戲。惟察北方用意，思以偽統一借取外債，延長命脈。此等宣言，文等決不承認。」十一月一日，陳炯明通電否認廣東取消自主。五日，唐繼堯也通電否認統一。惟廣西督軍譚浩明卻於四日宣布廣西取消自主。

孫重建軍府、北扶桂對粵

　　十一月五日，孫中山、伍廷芳聯電北京政府國務總理靳雲鵬，主張繼續和議，謀事實上的統一。十日，孫中山在軍政府駐滬辦事處下令任命陳炯明為廣東省長兼粵軍總司令，廢除督軍。

　　十一月廿二日上海孫宅舉行會議，孫中山、唐紹儀、伍廷芳決定同返廣州重組軍政府，廿五日由滬動身，廿八日到達廣州，廿九日通電復開軍政府政務會議，推定孫文兼任內政部長，唐紹儀兼任財政部長，伍廷芳兼任外交部長，唐繼堯兼任交通部長，陳炯明兼任陸軍部長，徐謙為司法部長，李烈鈞為參謀部長，湯廷光為海軍部長（林葆懌已於十一月十日通電離粵）。交通部長唐繼堯未到任前，命王伯群署理；參謀部長李烈鈞現正出差，以次長蔣尊簋暫行代理部務。又任命馬君武為秘書廳長。軍政府雖重建，但西南數省，廣西仍在桂系手中，湖南和四川並宣告自治，貴州只不服從北京政府，與軍政府並無關係，雲南雖表示合作，實貌合神離，故勢力所及，不過廣東一省。

　　屢經流離轉徙的國會議員，此時也再在廣州集會，僅得二百二十餘人。

北京政府於十二月廿九日派陸榮廷督辦粵邊防務，任命譚浩明為廣西督軍，李靜誠為廣西省長；卅一日令，授陸榮廷以九獅軍刀一柄。這表示直系要繼續用桂以對粵。

南北兩條陣線，都因戰後友好一方失敗，致妥協不成。陸未倒而孫已有實力，實偪處此，粵桂戰爭終再繼續。

對建府北伐、粵內部參商

本節記述民十夏間桂軍反攻廣東反被粵軍攻佔廣西的情形，這是粵桂戰爭的第二階段，也是孫陸鬥爭的最後一幕。

開戰前粵桂雙方的動態，得先作概述。在粵方，因戰勝而內部醞釀分裂。陳炯明收復廣東後，恃功而驕，他兼任陸軍總長，但從來不出席軍政府政務會議，卻以廣東總司令兼省長名義發號施令，不把軍政府放在眼內。孫中山為削減陳的實權，劃廣州市為直轄市，二月十五日任孫科為市政廳廳長，不受省長管轄。孫中山又改任許崇智為國防第一軍軍長，另委黃大偉為國防第二軍軍長，這兩軍都歸軍政府直轄，不受廣東總司令節制。為了擴充實力，孫中山設立了不少招兵機構，這些機構，經常被陳炯明派兵加以解散，兩個國防軍未能正式成立。

在全局問題或對桂問題上，孫中山和陳炯明之間存在著嚴重的歧見。在全局問題，孫以革命事業不能偏安一隅，軍政府應當繼續北伐。一月六日他和唐紹儀、伍廷芳、唐繼堯第二次宣言，願與北京繼續和，而北方竟無反響，二月間，他乃限令陳炯明於一個月內籌足北伐軍費二百萬元，準備北伐。他又感覺護法已不能解決根本問題，在民十元旦致詞中主張建立正式政府；一因護法不過矯正北京政府的非法行為，對內仍承認北京政府為中央政府，對外亦不發生國際上地位的效力；二因護法區域愈縮愈小，顯見護法已不適宜；三因徐世昌去年十月已下令以舊國會選舉法選舉新總統，是公然承認他的總統為非法選出，公然不敢自命為正式政府，故應另建正式政府；四因外交團不肯將關稅餘款百分之十三交付軍政府，而徐世昌事事以總統名義行使職權，向外借款，南方更有成立正式政府的必要。此事經過三個月的排除阻礙工夫，舊國會（一月十二日在廣州復會）才得於四月二日決議取消軍政府，七日議決中華民國政府組織大綱，十日選舉非常大總統，孫文在二二二票中以二一八票當選。孫不理北京公使團的否認和北方與桂系將領聯名的反對，五月五日宣布就大總統職，任命各部部長：外交伍廷芳、財政唐紹儀、陸軍兼內政陳炯明、海軍湯廷光、參謀李

烈鈞、秘書長馬君武、總參議兼文官長及政治部長胡漢民；八日孫函勸徐世昌退位。陳炯明反對北伐而贊成聯省自治。他主張保境息民，並窺測四鄰意旨，聯防互保，以免受兵；如此，則退可據粵，進可合利害相同的實力者把持國事，可不煩用兵而國內自定。孫斥他為幻想。陳又反對選舉總統成立政府，謂議員不足法定人數，並唆使軍警同袍社反對，更運動湖南紛紛來電反對，事實上是他不願有個總統壓在頭上，致妨礙他獨霸廣東。

孫決意攻桂、陳竭力阻撓

　　在對桂問題，孫中山於恢復軍政府後，即下令通緝岑春煊、陸榮廷、莫榮新、楊永泰、李根源和桂軍將領多人，並擬乘勝進攻廣西，消滅桂系勢力，免為後患。但陳炯明對攻桂並不熱心，他顧慮如果自己率兵攻桂，則廣東將歸他人所有，豈不是得不償失？孫因總統問題阻力重重，曾打算退一步在主席總裁上加個大元帥銜，自己率兵攻桂，但陳又顧慮到這樣做將要帶走一部分粵軍，而且餉械仍由廣東負擔，對他有害無利，故竭力加以阻撓。孫一再受制於陳，非常忿怒，屢次想削減陳的權力，或者免其省長兼職使之不能續握財權，或者免其陸軍總長兼職而以唐繼堯（唐被顧品珍所迫於二月七日離雲南，三月四日孫中山、唐紹儀、伍廷芳電請其來粵共商大計，唐三月九日到廣州，卅一日第一次出席政務會議）繼任，但都被汪精衛等勸阻而未實行。桂軍退出廣東後，湖南趙恆惕（湖南督軍譚延闓已於九月十一月廿三日宣布廢除督軍、民選省長，即日解除軍民兩職，廿六日趙恆惕就任湖南總司令，民選省長林支宇廿八日就職）曾以調人姿態力勸陸榮廷宣布廣西自治，並保證兩廣可因志同道合而永息爭端。三月十三日，陳炯明通電贊成趙的意見，並保證「兩粵一家，不生兵戎。」三月十九日，陳又致電廣西督軍譚浩明，表示願與桂軍「各守邊防，毋相侵犯。」孫看到了陳的電報，大為震怒，打算撇開陳炯明，改派唐繼堯為「援桂總司令」，令唐把蒙自一帶的滇軍進攻百色，自己也率一部分粵軍進攻梧州。陳炳焜在梧州集中兵力，陳炯明雖有「我不犯人，人必犯我」的感覺，但他仍幻想和陳炳焜成立「粵桂息爭條約」，陳炳焜卻把梧州宣布為軍事戒嚴區，因此陳炯明也不得不把西江自肇慶以上宣布為軍事戒嚴區。陳炯明還希望陸榮廷能夠表示兩粵息爭的態度，陸卻提出「陳競存哪一天驅逐孫文出境，我就哪一天和他棄怨修好。」直到桂軍發動進攻，粵軍不得不起而應戰，陳和孫的對桂行動才趨一致。

為消弭內爭、桂圖復取粵

在桂方，因失掉了廣東使得內部發生困難。首先是大批軍隊由廣東敗退回到窮苦的家鄉，軍餉難以供給。其次是陳炳焜、莫榮新都做過廣東督軍，沈鴻英兵最多野心最大，也早想做督軍，陸榮廷對他們的權力地位都無法安排。為了避免內部破裂，只有恢復廣東地盤一條路，因此保持著多年來的直桂合作，一月卅一日北京政府改派陸榮廷督辦廣西邊防軍務，陸即受命；趙恆惕請陸宣布廣西自治、粵桂息爭，陸予拒絕；四月廿七日，北方將領曹錕、張作霖、王占元、陳光遠、盧永祥、李厚基、齊燮元、田中玉、閻錫山、曹銳、馬福祥、吳佩孚、何豐林等反對廣州國會另組政府、選舉孫文為總統的通電（皖系盧李何三人都事前未徵求其同意，代為列名，大為不滿），陸榮廷和譚浩明都列名其中。

北京政府因廣州政府與其對峙，破壞統一，遂於五月二十日下討伐南方令，並令陸榮廷出兵援粵。陸向北京保薦陳炳焜為廣西護軍使，率兵駐梧州；並催請北京政府三路出兵援粵（陳光遠由江西出兵，李厚基由福建出兵，另派海軍南下），及接濟廣西餉械。但北方對三路出兵辦不到，補助軍餉也辦不到，只能接濟一批軍火，由小山丸裝載出口，不料還沒有開出上海就被盧永祥、何豐林等扣留，因皖系和孫中山的聯絡未斷，以此助粵。

陸榮廷在發動前於南寧召集高級將領會議，陳炳焜力主攻粵；粵桂邊防軍總司令林虎以桂軍新敗，絕難取勝，但疏不間親，明知說也無用，遂默然不言；會議決定攻粵。會後林虎託馬濟請陸派其使湘說趙助桂，藉此離省，置身事外。陸曾令馬濟再編部隊擔任作戰，但馬自知眾不附已，不敢奉命。莫榮新歸隱故鄉，不再參加此役。

戰事尚未發動，雙方都先進行策反工作。陳炯明知沈鴻英和馬濟平日意見很深，曾派人到平樂勸沈驅逐陸榮廷，宣布廣西自治，願以餉械相助。沈接受條件，待機行動。陸榮廷也派人運動曾被粵軍收編的桂軍殘部在高、雷、欽、廉一帶倒戈起事，這是六月初旬的事。

桂先攻粵北、粵首取梧州

桂軍的作戰部署：陳炳焜率韋榮昌、韓彩鳳、陸福祥各部由梧州向西江；林虎所部尤其第一支隊司令黃業興代為指揮，輔以唐紹慧旅（原屬

馬濟），由陸川攻高州；沈鴻英部由賀縣向北江；邊防第一師師長馬鍪由橫縣南鄉攻靈山；譚浩明率廣西陸軍第一師的第三（團長陸雲高）、第四（團長譚儒翰）兩團駐鬱林，策應各方。粵軍方面陳炯明以葉舉任中路，指揮洪兆麟、楊坤如、熊略等部由肇慶向梧州；以許崇智任右路，由北江向賀縣、平樂、桂林；以翁式亮任左路，向南路。

戰爭開始，由桂軍沈鴻英部先動。沈本已受粵方煽動，因高雷欽廉一帶的桂軍收編殘部向粵倒戈起事，遂溪、廉江也有民軍揭竿而起，認為廣東有隙可乘，所以他又聽陸榮廷命令，六月十三日派兵由賀縣攻入連山、連縣、陽山，北江防軍李烈鈞舊屬賴世璜、李明揚等部都向韶關敗退。

戰事起後，六月二十日陳炯明出發到肇慶督師，廿六日孫中山發表他為援桂軍總司令。陳炳焜所部劉震寰先通款於粵方，引粵軍由木雙攻襲梧州背後，守軍不戰而潰，陳炳焜退往桂林，六月廿六日粵軍遂佔領梧州。孫任命劉震寰為桂軍第一師師長。

梧州得手，陳炯明仍不敢輕視桂軍，六月廿七日他根據湘粵聯防條約（陳以粵軍不參加北伐為條件和趙訂互不侵犯條約），電請趙恆惕出兵桂林，搗桂軍的後路。那時陸榮廷的代表林虎先已到湘，根據多年來湘桂同盟的關係，請求湘軍出兵北江，助桂一臂。趙陳訂盟原為對孫而非對陸，趙此時感到左右為難了，乃發起由川湘滇黔四省共同調停粵桂之爭，並再請廣西宣布自治，與西南各省一致。趙的建議，僅得四川劉湘贊同。雲南顧品珍因為唐繼堯殘部胡若愚、李友勛兩旅已由迤南開入廣西邊境，為了共同對付唐繼堯，他和陸榮廷建立了祕密同盟。貴州盧燾因陸榮廷收容貴州逃將王華裔，已派黔軍谷正倫、胡瑛兩旅開入黔桂邊境，與陸處於敵對地位。因此，四省調停計劃不能實現。

陸榮廷為補救梧州失陷，令沈鴻英進攻英德、三水，黃業興迅速由高州北進，這種鉗形攻勢，不但可以威脅廣州，且可截斷梧州粵軍的後路。但沈此時看見形勢不利，許崇智又派胡朝俊（號章民，曾任沈的參謀長）向其煽動，遂不戰而退。粵軍一路由北江向西進迫，一路由信都向北包抄，從七月三日到八日，陽山、連縣、連山都被粵軍收復，信都也被佔領。九日，退往富川、賀縣的沈軍司令黃日高、沈榮光等推舉沈鴻英為「救桂軍總司令」，宣布廣西自治，與陸榮廷脫離關係。黃業興部在高州方面也終於不能支持而退向鬱林。陸的救梧計劃遂成畫餅。

陸失敗下野、鬥爭乃告終

到七月初，桂北和桂西也起了變化：黔軍谷正倫、胡瑛兩旅沿盤江南下，唐繼堯舊部胡若愚、李友勛兩旅由迤南開進，李烈鈞所屬朱培德、楊益謙兩旅由湘西開到，贛軍彭程萬部由××開來，都集中在桂西北一帶。為了統一指揮，唐繼堯、盧燾把他們的部隊撥歸李烈鈞指揮，贛軍也加入，因此，李號稱為「滇黔贛討陸聯軍總司令」，準備向桂林、柳州進攻。趙恆惕因陳炯明一再請求，七月五日派謝國光、羅先闓兩旅入桂，但又不願結怨於陸榮廷，請陸先行讓出桂林，聲明對桂軍並不採取敵對行為，只作和平佔領。

粵軍由梧州西進，並未遇到堅強的抵抗，佔領藤縣、平南、桂平、容縣、北流，向鬱林進攻。譚浩明親率第一師兩團迎擊於茂林橋，為粵軍所敗，譚即逕返南寧。黃業興隨後也退到鬱林，他邀集到鬱各部將領會商，決定守鬱，分派任務，各去部署，但各部都悄悄地向後開走了，黃只得退駐興業、橫縣。

沈軍宣布自主後，各地桂軍繼起響應，七月十二日廣西陸軍第一師第一旅旅長賁克昭在柳州自稱柳慶救桂軍總司令，十四日統領秦步衢逐走陳炳焜（入湖南走天津）、桂林鎮守使李祥祿而自稱桂林救桂軍總司令，韋榮昌（桂平鎮守使）、劉達慶、韓彩鳳自貴縣陷落後也都宣言自治。陸榮廷、譚浩明在南寧見大勢已去，十六日通電下野，即赴龍州，令龍州鎮守使黃培桂在南寧籌款照料敗歸的部隊並指定其駐地，陸認為親信的部隊才准開往龍州。黃培桂於陸譚去後，也自稱救桂軍；韋榮昌到南寧後，黃一切由韋主持以等待粵軍來到。

許崇智認為沈軍宣布自治是詐降計，仍然繼續進攻，七月廿四日沈軍退出賀縣、富川。那時，湘軍已經開進桂林，滇軍李友勛、黔軍谷正倫兩部也已攻入懷遠、慶遠，桂軍韋榮昌、林俊廷、劉達慶、劉炳宇、李祥祿等都退到柳州來。八月三日湘軍由桂林撤走，沈軍一度佔領桂林，廿一日滇軍胡若愚會同粵第二軍旅長吳忠信、贛軍彭程萬等部攻佔桂林，沈軍敗走全州，後竄湘東。

柳州桂軍表示願意停止戰鬥，接受改編，即退往南寧。陳炯明委韋榮昌為廣西善後督辦、黃培桂為會辦，主持桂軍改編事宜。粵軍先頭洪兆麟第二師李雲復旅受到南寧總商會和各團體代表前往貴縣歡迎，於八月四日和平進入南寧。孫中山任命馬君武為廣西省長，八月十日就職。又以劉震

寰為桂軍總司令。

　　陸榮廷在龍州收集敗殘部隊，粵軍憂其復起，派何國良、黃大偉、黃明堂等由欽州方面進攻，九月三十日佔領龍州，陸榮廷、譚浩明逃入越南。到此，粵桂戰爭才告結束；歷時六年的孫陸鬥爭也就此結束！

護法倒護法、吳以制徐孫

　　現述護法運動的結果。

　　民十秋冬，聯省自治潮流日盛。十二月廿三日旅居北京的舊國會議員忽然發表一道宣言，主張仍由舊國會完成憲法，促進自治。各方的實力派對此初未十分動念。吳景濂、王家襄等一派懷抱鐵碗目的的議員窺破曹錕、吳佩孚的意旨，既想使已不喜歡的徐世昌下台，更想早日拔去孫中山護法的旗幟，遂和熱河都統張紹曾祕密密商洽，以恢復法統的計劃向曹、吳建議，得到了曹吳的同意。曹、吳於十一年五月五日戰勝奉軍獨霸北方後，便按照計劃演出：五月十四日吳佩孚通電各省徵求恢復舊國會的意見；十五日即由吳屬下長江上游總司令孫傳芳承吳意旨與所部將校聯名通電主張恢復法統，請黎元洪回任，召集六年解散的舊國會，速制憲法，以謀南北統一。曹、吳十九日又和直系各督聯電向各方徵求意見說：「近來國內人士有倡恢復六年國會者，有倡召集新新國會者，有倡國民會議協同制憲聯省自治者，究以何者為宜？」這是掩飾他們尚無成見。但廿四日，民六舊國會議員已在天津開籌備成立會，擬定進行方法，通電自行集會了。廿八日，孫傳芳通電勸請南北兩總統同時退位。同日，曹、吳通電贊成恢復舊國會。六月一日舊國會議員一百五十人在天津宣言即日行使職權，取消南北兩政府，另組新政府。二日，徐世昌通電辭職。同日，曹、吳即領銜聯合十省區督軍、省長電請黎元洪復職。六日，黎提出要廢督裁兵，才允就職。曹、吳等無不答應。十一日，黎入京復任總統。孫中山六月六日在廣州發表「兵工計劃」的宣言，要直系諸將先將所部軍隊半數由政府改為工兵，才承認他們尊重法紀是出於誠意，不則僅屬「譸張為幻」的陰謀，決不為所欺。直系當然不能履行這種條件。但陳炯明已入直系的彀中，六月十六日，他背叛孫中山而把孫趕走，消滅了廣州的中華民國政府，護法運動於此告終。

　　後來北京政府再派陸榮廷為廣西邊防督辦，孫中山也討平陳炯明而回粵任大元帥，但陸在桂仍不能立足，孫也另有策劃，均與護法無關了。

十六、模範營在護法中的演變（上）

　　廣西陸軍模範營是我離開學校最初服務的部隊。它成立於護法運動將開始時，部隊很小，在整個護法運動中自然不能發生甚麼作用。但就它的本身說，無論訓練方面、紀律方面，都很認真，確有成就，在當時實不愧模範的美名。它在五年中，屢換稱號，茲詳記其演變的經過和工作的表現。至其竟以此為基礎而發展為廣西的革命武力，實為當初所意想不到的事，但為時代進步必然的結果。

當局喜舊軍、學生無出路

　　廣西陸軍模範營是新式陸軍。但廣西編練新軍在清末已經開始，由廣西巡撫向省外調用許多新軍人才，先辦陸軍小學、講武堂、幹部學堂、學兵營等以造就下級幹部；嗣成立混成協；並將巡防營一部分改編為兩標，分駐南寧、龍州兩地，所以當時稱為邕標、龍標。新舊軍在省內素不相容，辛亥革命起後廣西響應宣布獨立，值漢口、漢陽相繼失守，湖北軍政府向獨立各省請兵赴援，廣西都督沈秉堃，乃以趙恆惕為廣西北伐軍統領，率混成協和學生軍由桂林出發北伐，直趨湖北；邕龍兩標則由陳裕時率領乘船到廣州轉乘海輪到南京，此部曾參加天寶城的攻擊，為當時所稱許。此時不特省內新軍因北伐而完全調離廣西，連歷年調用的外省新軍人才也相率他去。陸榮廷繼任廣西都督，他和所屬的將領都是舊軍出身的人，他們的部隊自然以舊軍為主。舊軍的編制沿習前清巡防營的組織：每營分前後中左右五哨，每哨官兵一百名，設正副哨官，下設哨長，每哨八棚，正哨四棚，副哨四棚；五哨為大營，三哨為小營，邊防用大營，內地用小營；統領統轄兩營至六營，幫統統轄兩營至五營，督帶統轄兩營至三營，管帶統轄一營，以後復將統領、幫統、督帶等改為正、副司令。民初改編一部分舊軍為廣西陸軍混成旅，嗣後又增編為第一、第二兩師，陳炳焜、譚浩明分任師長。廣西陸軍速成學校和保定軍官學校畢業的學生，照例分派到這些師裡做見習官，部隊長官本應領導這些見習官細心去學習學校中所無的部隊實際問題和實際生活，然而沒有，長官總是採取放任的態

度，聽由你自己去摸索，使得有些僅僅學得一點軍隊實際的生活，甚至是一種壞的生活，反而把學校裡得來的學術都荒廢了。學生們和舊軍官們臭味既不相投，即使部隊遇有缺出，也決補不到學生出身的見習官，因此，保定軍官生第三期、第二期、甚至第一期民國六年都還是當見習官，大家找不到出路，徬徨失望。李宗仁便是民二畢業廣西陸軍速成學校後，見習期滿無事，逼著去當體操教員，民五廣東討龍事起，林虎在梧州募兵才得機會自往投效的。

這是模範營成立時的廣西軍界背景。

模範營表現、名實允相符

廣西陸軍模範營由發動建議到成立主持，完全由馬曉軍一手經理。

馬氏為廣西容縣人，前清光緒甲辰秀才、知科舉將廢，已不能由此謀出路，乃投筆從戎，由省選送保定陸軍速成學堂肄業。再由陸軍部選送日本振武學校補習普通科三年，轉入聯隊為入伍生。受訓期滿而辛亥革命起，回國任南京留守府參謀兼學生軍隊長。留守府結束後，回省任廣西陸軍混成旅參謀。癸丑二次革命失敗，以隸國民黨籍致遭猜忌，復往日本入士官學校第十期步兵科。民五畢業後返北京，分派在陸軍第十師見習。袁世凱稱帝，回桂，和一班舊軍人格格不相入，幾經遷就，才得任廣西都督府中校參謀，隨軍討袁入湘。這是他和廣西當局的關係狀況。

馬氏為全省唯一的留日士官生，混在舊式軍界中，鬱鬱不得志，常常微吟「萬綠叢中紅一點」那句詩流露感慨。民六陳炳焜任廣西督軍，馬氏向其建議創辦廣西陸軍模範營以容納陸軍各校的本省畢業學生，經過多方陳說，竭盡委曲，才被採納。陳督即委馬曉軍為廣西陸軍模範營營長，負責進行，並委馬軍毅（陸大四期生）為營附，羅經（廣西講武堂生）為副官，闞宗驊（北京陸軍軍需生）為軍需，朱為鉁、曾志沂、黃旭初、龍振麟（四人均陸大四期生）為第一、二、三、四連連長，白崇禧、黃紹竑、夏威、徐啟明、余志芳、鄭昌溶、周己任、李先復、梁朝璣、黃中驄、陳雄（以上均保定軍官生）、張守義、陽鑑、況永、陽應照、潘啟堅、杜柏、陽幹、況淑、徐耀祖、馮毅剛、黃駿、廖光（以上均廣西陸軍速成生）、許漢深（廣西講武堂生）等廿四人為連附。連附比之普通營編制多一倍，全為容納沒有工作的學生而設的。成立前，由廣西陸軍第一師抽調優秀士兵先期加以訓練，派充班長。招考學兵五百餘人，其中很多高小畢業生和中學生。六年五月一日在南寧東門外舊標營成立，訓練開始。

因幹部和學兵，程度頗為整齊；各連的連長、連附幾乎全是同學，意志協同；而且都是初次帶兵的，大家對管理、訓練各方面都很用心去研究學習；故見者都認為模範營名稱其實。

這是模範營創始和初期的情形。

援湘任護從、參戰乏機會

民六秋間，護法軍起，廣西督軍譚浩明統率兩粵的桂軍援湘，到湖南後並指揮湘軍，稱湘粵桂聯軍總司令。模範營第一期教育完畢，即奉令改為「湘粵桂聯軍總司令部衛隊第一營」，出發湖南；九月廿四日起程，由南寧乘輪到平南和濛江登陸，經蒙山、荔浦、陽朔到桂林；在桂林稍事休息，再經靈川、興安、全縣於十二月二日到達湖南零陵駐防。為顧慮學兵因取消模範營名稱而消極不滿，到湘後才宣布新改隊號。學兵年輕體弱，訓練未久，官長經驗又淺，在此次長途行軍中暴露了許多缺點，而以士兵落伍為最顯著。但軍紀風紀還好，凡宿營店鋪或民家，必打掃收拾整潔而後離去。在零陵繼續訓練，並增設機關鎗隊一隊，第一連白崇禧、第二連夏威、第三連黃紹竑三位連附自請調任該隊隊附，因隊長無適當人選，遂不設置，凡事都由他們三人商量辦理，辦事都很順利，實開部隊不用首長的先例，為合作精神最好的表現。不久，第三、四兩連由營附馬軍毅率領調駐祁陽，黃紹竑仍歸還第三連、第四連連長龍振麟第一期教育未畢即在營病故，由蘇瑞繼任。祁、永兩處駐防任務只為維護後方交通安全，未發生過何等事故。

譚浩明聯軍總司令當時通稱為譚聯帥，他到長沙後，因原有衛隊都是防營舊軍，難免貽笑大方，他的左右獻議：聯軍總部應有訓練成熟、紀律良好的部隊做衛隊，以壯觀瞻。民國七年二月初旬我營遂被調赴長沙，除任總司令部的警衛外，並糾察市區的軍紀風紀，市民頗予以好評。三月十七、八兩日，聯軍在平江、岳陽前線為北軍所敗而潰退，廿四日譚聯帥即離長沙退歸衡陽，我營也由長沙經湘潭、衡山而到衡陽。北軍入長沙後，南進很緩，譚聯帥四月廿二日才離衡陽向零陵，我營跟著也退到零陵。北軍向衡永路的為直軍吳佩孚所部，南進到祁陽、零陵間的黃姑嶺便行停止。從此時起，在湘桂軍大部便撤回廣東，譚聯帥也回廣西。我營奉令移駐零陵屬東湘橋，五月十六日到達。譚延闓得陸榮廷兩廣巡閱使的同意，派張其鍠到衡陽和吳佩孚商洽和平，六月十五日湘直兩軍成立了停戰協定，桂直兩軍跟著也和平相處，從此湘南無戰事，譚延闓七月間回到零陵重任西南方面的湖南督軍。

桂軍自經此次失敗，漸感舊軍不能作戰，對新軍觀念稍微改善，因此由我營調很多學兵到舊軍去充當教練，並調若干官長到部隊去當參謀，使得我營人事頗為更動。十一月廿四日，我營奉命改編為護國軍第一支隊第一營，馬曉軍升任支隊司令，仍兼本營營長，我升為營附，馮毅剛升為副官，白崇禧、張守義、黃紹竑、廖光升為第一、二、三、四連連長，夏威升為機關鎗隊長。

　　東湘橋為湘桂大道上的小鎮，少廟宇公所，軍民雜處，有如家人，毫無隔閡，一駐數月。八年二月十二日我營奉命回駐湘桂邊界的黃沙河，四月八日又移桂林，六月廿一日再移南寧，乃結束了護從援湘之行。此行並無參加戰鬥的機會。

十七、模範營在護法中的演變（下）

　　我在南寧北較場駐訓月餘，當局因左江土匪猖獗，同正、扶南、左縣、崇善、綏淥五縣情勢很急，派馬曉君司令率隊進勦。我們大家都毫無勦匪的經驗，故奉命後，兢兢業業，謹慎從事。八年八月廿七日由南寧出發，司令部設在五縣中心的馱盧墟。初到時，因諜報布置未妥，地形不明，無從著手，土匪劫掠如故。地方人對於陸軍學生所訓練的新軍，多認為不能勦匪，橫加譏笑。

左江初剿匪、遠襲奏膚功

　　這幾縣土匪總共僅有數百，卻分為十數幫，日散夜聚，目標難找。尤其在駐有軍隊附近的匪幫，早已散而歸農，民匪難辦。我們費了一個月的工夫，才把匪情弄清楚，並想出最有效的勦匪方法是夜間遠襲。第一次夜襲，選定離我們駐定四十餘里從來沒有軍隊到過的匪窟崟午、崟鄧為目標，隊伍在夜裡十一時出發，經過許多崎嶇危險的山隘。到達目的地時已將天亮，幾十個土匪正在夢中，無法抵抗，而被我們攻破，匪眾散匿於附近山地，入夜後復集合起來向我們駐地襲擊，幸得我們警戒嚴密，不致為其所乘，在很短時間就將其擊散。但是土匪不過數十人，而我們使用兵力卻有三連之多，雖勝不武。次日，在匪村內搜得破槍數枝，並拘捕庇匪的村甲長數人。馱盧水上警察署長劉穗，似深通官僚術，用他的水警扒船請馬司令乘坐進到匪窟鄰近說是督戰，回來後他指點馬司令對此次進勦情形多方渲染，中間帶上他出力協助的一筆，向軍政當局報捷，竟邀嘉獎。我們很鄙視他作偽邀功的作風，從此不敢再和他親近。經此役後，我們確信夜間遠襲收效，土匪根本不能正式抵抗官軍，從此更不敢和我們的部隊對戰，愈避愈遠，我們將部隊以連為單位分開使用，範圍也愈襲愈遠。一次；連長黃紹竑親率其第三連在一夜之間行九十里，遠襲匪巢，將匪首拿獲，次日仍回到原駐地。各連在駐地周圍六、七十里半徑內，只要偵實股匪蹤跡，即用此法襲擊，股匪既無從防備，也不能逃避，實施勦辦只費兩月工夫就把五縣的土匪全部肅清了。我們紀律很嚴，第一是不准燒房屋；

第二是不准亂開槍；第三是不准擄財物，當軍隊入屋搜查時，必要保甲長隨同監視，任務完畢離村前，必將隊伍集合，召集村民公開檢查後，才率隊回防。這次剿匪，未燒過一間房屋，未妄殺過一個人民，未擄過一分財物；而所有土匪頭目，除了兩個遠逃外，都被擒獲正法，五縣從此平靜了數年。十二月五日。剿匪事務全部結束，部隊開返南寧，五縣人民都派代表到營舉行盛大愉快的歡送，甚至有為馬司令建生祠的。此役官兵沒有一個陣亡，但患惡性瘧疾而死的士兵，卻在百人以上，可見左右兩江瘧蚊為患的厲害，並不是甚麼瘴氣。

到肇震奇聞、發財勵士氣

馬曉軍司令因剿匪成功得當局的信任，八年十二月十六日調任廣西陸軍第一師（師長陸裕光）第一旅（旅長賁克昭）步兵第二團團長，並將護國軍第一支隊第一營併入該團編為第三營，仍由馬兼該營營長。我被調任該團團附。九年一月十二日，馬率第三營到柳州北郊馬場和該團第一、二兩營同駐。

在柳駐訓不到兩月，又奉命開赴肇慶，三月九日離柳，乘輪下駛，十七日到肇，團本部駐城外梅庵。我旋被派兼任該團第一營營長。

肇慶原為護國軍第二軍總司令兼肇陽羅鎮守使林虎的防地，廣東多事，林部時時出防，故派我團來接替。

當時桂軍在粵，時遭粵人和粵軍的反對。陳炯明率粵軍在閩南，不時有反攻回粵的謠傳。因和桂軍不睦而下台的廣東省長李耀漢，粵督莫榮新恐其與陳炯明勾結，遂派兵向李的家鄉新興縣天堂進攻，以期斬草除根。我們到肇時，正值攻李部隊勝利歸來，只見每隊都擄了很多戰利品，衣服布疋、傢俬用具、豬牛雞犬，無所不有。黃紹竑聽見第二軍一位軍官說：「從前討龍之戰，有護國名義，入湘之戰，有護法名義。師出有名，所有官兵都很勇敢，紀律容易維持。這次作戰。沒有什麼名義可說，只有准許他們發洋財才可以鼓勵士兵的勇氣。」他這番理論。說軍隊要師出有名，士氣才易振作，軍紀才易維持，這點很對；但以發洋財的辦法來鼓勵士氣，未免太矛盾了。這位軍官的見解，真可代表當時大部分駐粵桂軍的風氣，當然要引起人民的嫉惡和反抗了。我們不禁為之耽心！

初次試身手、攔路敵清除

我團在肇駐了大半年，約莫中秋節左右，忽然奉命開赴廣州。因為粵桂戰爭發生，桂軍入閩想消滅粵軍，反為所敗，陳炯明率所部攻陷潮梅，桂軍紛紛調赴東江，故令我團協防廣州，駐東郊農林試驗場，向瘦狗嶺、石牌方面警戒。

粵人久處桂軍積威之下，值陳炯明聲勢甚銳，且信言粵人治粵，遂群起響應，桂軍中的粵籍部隊，相率脫離陸榮廷、莫榮新的關係而倒戈相向。十月廿二日惠州失陷，桂軍向廣州潰退，士無鬥志，莫榮新自動去職，軍政府星散，桂軍在粵的勢力已完全崩潰，不能再戰，分向北江、西江撤退。我團沿粵漢鐵路經軍田、銀盞坳過四會縣向肇慶退卻，在四會肇慶間的蓮塘坳遭遇粵軍在前頭攔截，但旋即為我前方友軍擊退。我團到達肇慶峽，附近一帶有林虎建築的洋灰鐵筋堅固防禦工事，原擬憑險固守，因粵軍一部從四會經石狗出祿步墟包抄肇慶後路，於是又奉令向梧州撤退。此時各高級軍官都乘船先走，各軍隊伍混亂不堪，但我團紀律仍舊很好。退到祿步墟附近，已有粵軍佔領祿步墟東南端高地，阻斷我軍退卻路線。我軍未能通過的還有萬餘人，多是由下級官長統率的隊伍。我團第三營的第一、三、四各連都未通過，白崇禧、黃紹竑、廖光他們三個連長商量結果，決意由右翼向敵側後進攻，協同正面攻擊的韓彩鳳、李宗仁等友軍作戰，激戰到黃昏時候才將敵擊退，全部安全通過。這次戰事是模範營成立後的首次作戰，除第一連因作戰時間較長，略有傷亡外，其餘都全師而退。當戰鬥中，有粵軍飛機沿江而上，飛行很低，速度很慢，並無機關鎗和炸彈，只用駁殼槍向我軍射擊，我軍並不覺得可怕，飛到德慶，即被我軍散兵的步槍所擊落。黃紹竑等到祿步墟時已是黑夜，敵人是沒有，街市的道路卻被大火所阻斷，成千成萬沒有官長的兵夫混作一團，民眾一個也看不見。只有打鬥聲、火燒爆炸聲夾雜有槍聲交響著，要通過這首屋焚人亂的火線，比通過敵人的火線還要困難，好容易繞道墟後才出了險，官兵才各自陸續還所屬的隊伍。次日到悅城墟，景和沿途市鎮遭受兵劫的完全不同，因為龍母廟在此，任何無紀律的兵，到此都敬畏龍母，不敢亂來，民眾一點驚慌也沒有。粵軍並沒追過祿步以西。我軍退到都城，精神上才脫離了粵軍的威脅。我團進入省境，暫駐戎墟；十二月廿二日移駐桂平。

脫離舊關係、轉入新前途

民國十年二月五日，我們第二團被調往百色駐防。百色是廣西西北一個要衝地方，也是滇黔兩省煙土及貨物入口的集中地點。我們揣度當局調這部新軍到百色去，用意不外兩個：第一、當時販運鴉片，表面上仍是禁止的，或者需要新軍去擔任禁煙的工作；然而不像，因為當局絕無澈底禁煙的意思。第二、當局懷疑這部分新軍人員會與粵軍勾結，所以把他們調往滇黔邊境，使與粵邊隔絕；這個用意，後來被證實了。

六月初，我被調任為廣西督軍署參謀，遂和共同生活四年多的老模範營分手。不到半月，而粵桂戰爭復起。

桂軍在粵失敗，除一部分粵籍軍官所統率的部隊投降粵軍外，其餘退回省內的還有數萬人，貧窮的廣西當然養不起這許多軍隊；而且戰事雖一時停止，但政治上的根本矛盾並未解決，甚至日益增加；使得陸榮廷在北京政府支持下終於再來一次粵桂戰爭。六月中旬，桂軍沈鴻英先向粵北進攻，粵方陳炯明乃親率粵軍第一軍附以江防艦和飛機數架，溯江西上，集中都城，首破大坡山的桂軍防線，直趨梧州上游的戎墟。陳炳焜在梧州腹背受敵，以無險可守，倉皇逃去；其所部劉震寰先已通款粵方，由梧州背後的木雙出來擾亂；韋榮昌部稍抗即退。粵軍遂佔梧州。北江方面，許崇智率粵軍第二軍向富川、賀縣西進。沈鴻英為許崇智所煽誘，通電宣布廣西自治，請陸榮廷下野，意欲取而代之，但內既得不到各軍推戴，外又受粵軍責為詐降而進攻，只得逃入湖南，後依吳佩孚。許部遂進駐平樂、桂林。李烈鈞率滇黔贛軍先擊走沈軍而佔領桂林的。南路方面，桂軍雖一度攻到高州、化州，後也敗歸。陳炯明揮軍由梧州再進，只在藤縣稍遇抵抗，遂直迫桂平、貴縣。陸榮廷見四面受敵，孤立無援，乃宣布下野，率其親信由南寧退往龍州，其餘則聽其各自為謀，桂局由此瓦解。在邕將領以大勢已去，為維持地方計，遣使行成，迎粵軍入南寧。九月底，粵軍入龍州。粵軍圖哄桂軍受編後悉予繳械，桂軍遂散匿各處不出，乃演成後來自治軍局面。

當戰事吃緊時，馬曉軍部原來第二團的兩營被調去作戰，只把一個馬團長和原來的模範營留在百色，並派蒙仁潛的舊軍同駐一地，形同監視。粵軍入南寧後，馬君武任廣西省長，劉震寰為桂軍總司令。馬省長委馬曉軍為田南道各屬警備司令。馬司令把他原有的部隊和由南寧追來平日意氣相投的韋雲淞工兵營、陳秉文管帶的水警隊及陳濟桓等部合編為三營，以

黃紹竑為第一營營長，白崇禧為第二營營長。夏威為第三營營長，韋雲淞為工兵營營長，陳雄為機關鎗連長，此外，復收編許炳章一營，約共五營多的兵力，駐紮百色城和附近各縣。從此以後，這批新軍人物便脫離了陸、譚的部屬關係，而轉入一個新的前途。

十八、新軍在舊軍分崩中合流

在陸榮廷統治廣西時期，由各處陸軍學校畢業的廣西學生，因受舊軍的嫉視，很難有發展的機會。全省部隊中，陸軍學生較為集中而能直接帶兵略有實力的，只有馬曉軍模範營和林虎所部的一部。舊軍的勢力，因粵桂戰爭失敗陸榮廷下野而告崩潰，其後雖因粵軍處理無方而不被消滅，更因粵軍放棄廣西而得乘機復起，但已不能回復統治全省的權力，只更增加政治的紛亂而已。馬曉軍模範營和林虎一部所留貽的新軍種子，乃在此紛亂時期中，由黃紹竑、李宗仁兩人繼承結合而發育為重新統一廣西的力量。本篇特為詳述其間經過的情形。

舊軍敗戰後、流為自治軍

廣西邊防軍務督辦陸榮廷和廣西督軍譚浩明因民十粵桂戰爭失敗下野出亡，其所屬部隊數萬人，在此戰役過程中陸續發生了變化，情形概略如下：

劉震寰部是最先在梧州防線上通款粵軍的。初被粵軍編為桂軍第一師，其後又吸收李祥祿的混成旅和若干小部隊，劉升任桂軍總司令兼廣西綏靖督辦。

沈鴻英部人數最多，沈很早已被粵方所煽動，因其為人反覆無常，他宣布脫離陸榮廷關係，粵軍以為詐，聯合滇贛各軍繼續向其進攻，沈由桂林敗逃入湘，展轉流徙於湘贛兩省間。

馬曉軍部收容陸軍第一師的工營，唐紹慧旅一部分和水警隊由馬君武省長編為田南道警備司令的部隊。

林虎所部在陸譚下野後發生分化，粵籍軍官降粵，部隊編入粵軍；桂籍軍官所率的部隊，由李宗仁統率受粵軍編其為粵桂邊防軍第三路司令，駐北流縣。

其餘各部，陳炯明於佔領南寧後即以韋榮昌為廣西善後督辦、黃培桂為會辦，想藉他們和各部舊軍的關係，號召各部出來受編；又設編遣委員會（委員五，粵三桂二。粵委之一為羅紹雄，桂委為張震歐、曾植銘）

以辦理編遣事務；意在澈底消滅陸譚殘餘力量，待各部出編後即收繳武器遣散官兵。但消息為桂軍所聞，遂相率不出而嘯聚各處。陸譚的親信部隊多退集龍州方面，一次，由省派黃培桂為安撫使，輔以和陸譚有鄉土私誼和多年部屬關係的譚儒翰、甘尚賢、甘偉賢、黃彤階、羅傳英、唐紹慧、何其多、梁培、農葆謨（餘三人姓名已忘）等十二人，到龍州和譚浩清等接洽收編。譚浩清恨譚儒翰這批人附粵，稱他們為反骨仔，於是請招撫使在龍休息，而招呼十二位招撫員同赴下凍說是點驗部隊，當夜竟把他們圍攻屠殺，僅羅傳英臨時因病留龍倖免。粵方招撫既告失敗，加以粵軍在桂紀律極壞，燒殺極慘，若起人民憤恨，民間鎗枝也多，一經團結，立時可以起事，自治軍的名義和組織遂應時出現。自治軍為地方強烈仇恨意識的表現，以反對客軍入境作號召，無論粵軍、滇軍、黔軍，都無妥協的餘地，發展非常迅速，數月間已遍及全省。粵軍對這些自治軍，毫無辦法以善其後。

上面所述便是粵桂戰爭結束後的廣西部隊情形。以下將專述林虎、馬曉軍兩部由李宗仁、黃紹竑繼承和結合的經過。

開賭寧賣鎗、爭傳為異事

林虎所部也受粵軍收編，但情形和劉震寰、馬曉軍兩部完全不同。林虎在桂軍將發動攻粵時，陸榮廷派他赴湘求助。其所部當時稱粵桂邊防軍，由第一支隊司令黃業興代林指揮，進攻高州，因梧州失陷的影響，退駐興業、橫縣間。陸譚既通電下野，粵方說黃投降，黃和多數粵籍軍官遂率隊降粵編入粵軍，惟李宗仁和桂籍軍官拒絕附粵。

李宗仁民五入林虎部為排長，由梧州東下討龍濟光，攻石井兵工廠時，其連長某托病不前，李奉委代理連長，率隊進攻，擊退敵人，面部受傷，遂實授連長。民七林部護法援湘，在安仁縣垾田墟和北軍張懷芝部作戰，李腿部受傷，升任營長。民十隨黃業興攻粵時，初在第二支隊司令蘇世安、統領蔣琦屬下任幫統兼營長，後升統領。從粵退歸跟隨李宗仁一致行動的，尚有直屬總司令部的機關鎗連（連長伍廷颺），總司令部副司處長李石愚。此外，還有從粵軍陳覺民部叛投過來的何武（原在廣東第四混成旅莫正聰部任砲兵連長，民九桂軍在粵敗歸後投降陳覺民的）。他們既不願附粵，李宗仁乃率領避入六萬山中，存款僅有二千四百元，不久便久用完，得興業富戶梁重熙接濟維持，為粵軍所知，將梁家搗毀以斷李的餉源，更多方加以壓迫。李委屈待時，乃接受粵方的粵桂邊防軍第三路司

令委令，將所部編為兩支隊、一砲兵連、一連珠鎗連、一機關鎗連。第一支隊司令李石愚，轄步兵第一至第三營，營長為俞作柏、鍾祖培、林竹舫（粵人，原俞營連長）。第二支隊司令何武，轄步兵第四至第六營，營長為陸超、伍廷颺、劉志忠。全部武器：步鎗九百枝，砲六門，連珠鎗二挺，機關鎗四挺。編後奉令開往南寧，粵軍要在南寧將其繳械，不料，武鳴、龍州兩方面的桂軍正因編遣發生反抗情事，李部素稱能戰，如在邕惹出亂子，反為不美，所以當李部才到橫縣對河時，陳炯明適由南寧乘輪到橫縣，立即阻止李部不許過河，令開往距城二十里地方宿營，翌日令李率部回駐北流，並密令新駐鬱林粵軍胡漢卿部對李嚴為監視。粵軍屢次令李把那幾門砲繳出，他都敷衍拖延，並請馬省長向陳炯明疏解，陳炯明不敢用力壓迫，只扣餉不發來扼他。軍餉發生困難，部屬有建議可用開賭、派捐各種方法籌餉的，李一概拒絕，竟變賣步鎗一百枝給民團，以作購買士兵冬衣和暫維軍食，地方人爭傳此事以為奇聞。

黔軍死惡瘧、蘭人苦散兵

馬曉軍部的遭遇，有許多可記的事。

馬受任田南警備司令後，仍駐百色。其部隊都集中百色城區附近，工兵營和第二營的一連駐百色通貴州大道上。他對各方面的情形多不很明瞭。十年七月間，貴州旅長胡瑛率領三團由南籠、八渡、邏里、凌雲開向百色，宣稱奉令入桂討伐陸譚，但馬部事前並未得到南寧方面的通知，而且胡旅到時陸譚已經下野。馬既易幟，胡無所藉口，但彼此戒備非常緊張，戰機有一觸即發之勢。後因胡部有兩團長陸蔭楫、劉莘農和馬部營長黃紹竑、白崇禧、夏威都是保定軍官學校同學，由學誼的關係，感情才日漸融洽。粵軍蘇廷有部那時也同駐百色，互為排解。且陸譚殘部紛紛向百色方面集中，雙方同感威脅，乃將相併之意化為相倚之勢。百色一帶夏秋間瘧疾猖獗，黔軍病死半數，所餘都有病兵，已不能行軍作戰，乃奉令由水路乘船開往柳州轉回貴州，在途復遭陸譚殘部襲擊，戰死病死的很多，聞只剩八百人到柳，很慘！

自粵軍入邕後，陸譚殘部多向左右兩江地區退走。有一部數百人逃到東蘭縣，散兵無餉無食，劫掠自所難免。東蘭屬田南警備範圍，馬司令派黃紹竑率其本營和許炳章營往剿。當地人民久受散兵蹂躪，對於進剿部隊非常幫忙，飲食伕役，盡力供應，情緒的熱烈，黃紹竑嘆為他帶兵以來所僅見，他雖因墜馬受傷很重，不想辜負人民的渴望，仍扶傷進剿，經數小

時的激戰，即將散軍驅逐。因尚有其他方面的散軍多向百色集中，黃奉令回駐百色以固根本，撤回時人民恐慌萬狀，憂散軍會來報復，無政府保障的人民，真難！黃回到百色時，駐色粵軍已退往下游。

收編遭反噬、脫險各流離

自治軍劉日福、陸雲桂、馬玉成各部被粵軍從南寧、武鳴和龍州、靖西兩方面進攻，都向百色附近聚集。他們的人數兩倍於馬曉軍部，初到時，因彼此同屬桂人，尚覺相安，但新舊界限極深，易幟尤為他們所恨。馬省長委鄧鼎封為第十警備司令，派他和馬曉軍司令由邕赴色收編散軍，船到果化，馬聞譚浩澄在平馬，知其痛恨反骨仔，不敢再進，讓鄧先行。鄧到平馬晤譚，譚在談話中果然露對招撫者必殺意，鄧不敢暴露自己身分和任務，急下船赴色。鄧到色，說服劉日福答允收編。馬接鄧通知，才來百色，並令黃紹竑營入城，派步哨登城警戒。不料，因此引起劉日福等驚疑，將馬部圍攻繳械。馬曉軍避入天主堂向鄧求援，鄧為調解，馬才得脫退往下游。白崇禧、夏威、陳雄都先後脫險走到工兵營韋雲淞處即率殘部移向黔南的坂墟暫避。劉日福派隊追來，佔領舊州、西隆，並將主力屯駐西隆以北的北樓，防堵白部南下。北樓和坂墟僅融南盤江，兩方旗幟彼此可以望見。一日，白等議定次日拂曉渡江襲擊北樓，當夜，白聞士兵聚賭聲音，親往捉賭，跌傷左腳，襲擊計劃受阻。為避免與敵衝突，白將部隊再北移到坡腳，馬司令的消息仍舊渺然，餉項無著，困苦萬分，嗣得黔軍縱隊長劉瑞棠增加兩連援兵，安龍商會和團務局籌助伙食，士氣復振。白不待傷愈，即揮軍南下，將北樓、西隆、舊州次第克復，直抵潞城，才和黃紹竑會合。

黃紹竑從百色城中逃出被陸雲桂部所獲，監視很嚴，陸本有將黃鎗殺的意思，黃想盡了方法才得逃往離百色百餘里的黃蘭鄉下，僅有士兵兩名跟隨。此時黃蘭上下都有自治軍把守，黃無法再進和白、夏、韋、陳他們會合，就在黃蘭附近糾合凌雲、西林的紳士岑學三、黃炳煊等將民團編為隊伍，不久即集合了兩三百人。事為自治軍所聞，遂派人四出緝拿，黃夜行晝伏，艱苦備嘗，幸未再為自治軍所獲。同時他發現白等在西隆方為擊退自治軍，正繼續南下中。熊略已指揮粵軍向百色進攻，並令馬曉軍隨往指揮所部會師百色。馬令黃紹竑、白崇禧將部隊向凌雲縣附近集中。此時的部隊，合舊有新收不過八九百人，乃分為兩統領：黃紹竑為第一統領，轄馮春霖、黃炳煊、岑潤博三營；白崇禧為第二統領，轄夏威、陸炎、韋

雲淞三營。他們以新軍的典型、一變而為民軍的作風，自己想起都覺得有點滑稽。

遇唐過凌雲、改編駐平馬

黃紹竑等在凌雲集中部隊時，遇唐繼堯率兵回雲南驅逐顧品珍，也路過凌雲。原來孫中山自粵軍控制廣西後，即決定假道湖南北伐，在桂林組織大本營，屢召唐繼堯赴桂林任大本營參謀長。而唐不願就，要求率在廣西的滇軍回滇軍顧後，聯絡川黔兩省擔任北伐軍的左翼。孫因滇軍為北伐軍的主力，唐若帶走，北伐必不成，故不能允許。到了十年十月下旬，唐忽表示願就大本營參謀長職，實際上唐是藉此作煙幕而暗中勾結駐桂林的滇軍回滇。十二月五日唐由香港到梧州，不往桂林而往柳州。滇軍李友勛、胡若愚兩旅原駐柳州，唐到柳後，駐桂林楊益謙旅也開拔來柳。十一年一月十八日唐在柳組織滇軍總司令部，廿一日委李友勛、田鍾穀、胡若愚、楊益謙為靖國軍第一、二、三、四軍軍長。一月廿八日開始由柳出發，經慶遠、都安、東蘭、鳳山而到凌雲。人數號稱數萬，實不過萬餘。黃紹竑等派代表和唐連絡，因得知其概況。唐卒遂顧而重握雲南的政權。

黃紹竑、白崇禧率部開抵百色時，劉日福自治軍已為熊略所擊潰，分向各邊地逃走。省署已另委莫昌藩為田南警備司令，而改委馬曉軍為第七警備司令，調駐平馬。

馬部到平馬後，白崇禧因足傷，乘船赴邕轉廣州醫治，途中為自治軍所獲，幾遭不測。白所部也由黃紹竑統率。不久，百色的粵軍全部撤回南寧，左江方面，交由馬司令和莫司令負責。莫全無基本隊伍，所收部隊，時時都在動盤中。馬部也很殘缺。所以粵軍退後，各處自治軍復紛紛起來，希圖重佔百色平馬兩地，一部且迫近平馬北面七里墟，馬司令派黃紹竑率馮營將其擊退，但上至百色，下至南寧，道路都被自治軍所阻斷，糧餉無著，形勢非常危急。此時，全省各地自治軍風起雲湧，普及全面，粵軍僅能在一點駐守，各方交通完全梗阻，應付非常困難。

俞攔劫省長、劉放棄南寧

陳炯明為阻撓孫中山北伐，放棄廣西，盡撤在桂粵軍回粵。十一年四月廿一日，陳部將領葉舉、熊略、翁式亮、陳炯光、楊坤如、陳章甫、邱耀西、羅紹雄等聯名通電由南寧回師廣州。駐鬱林粵軍走後，鬱林五屬人民

即觀迎李宗仁司令移駐鬱林，保護五屬。李又奉令派隊分駐貴縣，他即派俞作柏、陸超兩營到貴駐防。馬省長因粵軍既撤，省局不安，五月初旬，率其衛隊營由南寧乘電輪兩艘東下，準備到梧州暫設省長行署。經貴縣時，俞作柏請馬省長留駐貴縣，意欲挾天子以令諸侯，否則請將武器留下再走。糾纏了兩天，被馬堅決拒絕。晚間，俞派隊圍馬座船，先對天空放鎗，威嚇船上繳械。船上衛隊抵抗還擊，戰鬥遂起。馬省長的彭如夫人和馬的賓客石某都中彈死。船上武器財物被劫一空。俞作柏和陸超為爭奪戰利贓物，又相打起來。李司令在鬱林得報，飛馬趕到貴縣，對俞陸兩人痛加斥責，然已補救不及。他見了馬省長，只有彼此同哭一場。他幫助把死的安葬、傷的治療，照料馬改乘郵局的專輪赴梧。五月廿二日，馬即電辭廣西省長職。

馬省長離省，南寧僅有劉震寰所部駐守，兵力單薄，乃調馬曉軍部和龍州黃明堂部回邕。馬部五月六日由平馬沿江而下，經果德、果化、隆安，沿途為自治軍攔截，非作戰不能通過。隆安以下，一日須經兩三次戰鬥才能到達目的地。一方面須掩護船上的行李眷屬，一方面又要作戰，行程很緩。行抵三江口時，兩岸都有敵人，又無船隻可渡，而後面自治軍仍緊追不捨，情形危險已極。黃紹竑乃下令全部反攻，將追兵擊退，然後退集左右兩江間的狹小正面，扼險防守，等待行李船隻的到來。入夜後，黃抽精幹官兵親自率領乘行李船祕密渡過右江左岸，將士兵一字排開，齊上刺刀，並禁止開鎗，向敵人所佔的山嶺進撲，到達時敵人尚在夢中，除被擒擊斃的外，餘悉潛逃，遂確佔領該山，掩護全部渡江，渡完天才黎明。過了右江便向南寧進發，沿途尚有小接觸，到西鄉塘停止。馬司令偕黃紹竑入城謁劉震寰總司令請示。這時候，自治軍林俊廷、陸福祥、陸雲高、蒙仁潛等自武鳴方面攻來，劉部節節敗退，敵軍先頭已到三塘，城內可聞鎗聲，各方面都開始準備撤退，秩序非常混亂。馬、黃此來未得要領，並見大勢已去，趕急回西鄉塘，徵集船隻渡過邕江南岸。劉部、黃明堂部、李蔭軒部也同時撤退，南寧遂為自治軍所佔領，時為五月廿二日。其時馬部隨隊的高級官長，只有馬曉軍、黃紹竑、韋雲淞、馮春霖、陸炎，其餘都因病因事不能相隨。

交爭稱自治、保境且安民

粵軍東撤，只乃佔梧州，省內各處都是自治軍旗幟。劉日福在百色稱自治軍第一路總司令，於是各地部分自治軍和鬱林五屬民眾團體遂推李宗

仁為自治軍第二路總司令。並由李宗仁、劉日福、陸福祥、陸雲高、蒙仁潛在南寧會議，推舉林俊廷為廣西自治軍總司令，為最高指揮官。不料。蒙仁潛、陸雲高心懷叵測，各自攫奪省長、財政廳長印信，自稱省長、財政廳長，李看了這幕醜劇，知此輩都非為廣西造福者，不可與共謀大事，遂返鬱林，不復過問他們的事。所以那時，李名為自治軍而實際極不滿其他的自治軍，也不服從粵軍，而只是一個地方性的司令，無形中成為保境安民，人不犯我，我不犯人的中立者。故他對兩方面都敷衍，兩方面都派人來聯絡他，頗有舉足輕重之勢。

這時期，李宗仁將所部改編為兩個支隊：第一支隊司令李石愚，轄兩個統領：第一統領俞作柏，轄李明瑞、林竹舫兩營；第二統領鍾祖培，轄劉志忠一營、自兼一營。第二支隊司令何武，轄兩統領：第一統領伍廷颺，轄尹承綱一營，自兼一營；第二統領陸超，轄×××一營，自兼一營。

李部力能控制的區域為鬱林、北流、陸川、博白、興業、貴縣、容縣各縣。

行乞到靈山、途窮走香港

馬曉軍率部由西鄉塘渡過邕江南岸後，次日，本擬和劉震寰部向欽州、廉州前進，但行到吳村墟以後，見隊伍混亂，紀律毫無，人民逃避，而且餉項全無，沿途伙食也成問題，於是決定轉向東行，預定到靈山縣城暫駐，稍微休息整頓。可是行到那馬墟時，自治軍已經追到，前面有河，雨後水漲，渡過很難。乃令馮春霖營拒止追兵，掩護渡河。全部將要渡過，馮營長最後渡過，彼敵猛擊，覆舟陣亡。過了那馬河，進入廣東界，自治軍不再越境追擊，是夜宿營粵邊那樓墟。敵軍的威脅雖去，軍食的威脅又來，孤軍退入異省，既無負責的長官，又不能依賴政府設法籌措，新敗遇此，淒楚可想。但他們不顧一切，仍向靈山前進。每日到宿營地時，必整肅軍容，申明紀律，並嚴為戒備，使人民不恐怖、不逃避，然後派代表向商會或紳士說明原因，請其資助，要求數目不多，僅以官兵兩日所需伙食為限，一次乞作兩日食。軍隊食用有著，紀律甚佳，人民負擔不多，樂於相助。自南寧退出，到鬱林為止，軍行數百里，歷時一月餘，都是用這方法來維持。途次陸屋墟，派陳雄去欽州見劉震寰總司令請示以後行動和補助餉項。陳回報說：「劉部即開赴梧州，劉希望我部也同行。至於餉項，他說自顧不暇，愛莫能助。」隊伍到了靈山縣，馬對前途很感徬徨，密派陳雄、劉劍奇赴鬱林和李宗仁商洽，欲將所部寄託李下，暫獲給養，

以圖生存，他個人避去目標，以免衝突。李欣然同意。馬即將部隊交黃紹
竑統率，而隻身經北海赴香港，從此脫離部隊。

李同氣相求、黃聞聲響應

　　黃紹竑決心率部向梧州，近家鄉易想辦法，但不與劉震寰部同行，
防其吞併。他在靈山把部隊休息整頓了半個月，然後經由北塞墟、武利
墟、張黃墟、公館墟、白沙墟、山口墟、青坪墟而到廉江城。在城附近，
黃忽碰見他同胞四兄天擇，非常詫異，又不好當眾問他來幹甚麼。到了晚
上，天擇才悄悄告訴他，是受了李宗仁司令的委託祕密來此等候，已經在
此等了好多天了；又告訴他以鬱林方面的情形，和那些朋友盼望他回去的
好意，自己為了朋友之誼、手足之情，特意來此。黃和李為廣西陸軍小學
同學，聽了非常感動，即召集重要幹部會議，將情形告知他們，都一致贊
成。議決後秘不宣布。黃一路都說是要經高州、信宜、容縣到梧州的，次
日，不動聲色地仍向信宜方向前進，晚間宿營石角墟。第二天，他忽下令
向廣西博白縣的車田墟前進，說因粵軍對我不懷好意，要繳我們的械，所
以要到廣西境內暫避。大家因前日到廉江縣時，駐軍不許進城，只准我軍
駐在城外，而且戒備很嚴，聽了也就相信，於是在很緊張的情形渡過了正
漲大水的石角河，不久就到了廣西境，當晚在車田墟宿營。車田附近的人
多是姓黃，和紹竑同祖，天擇和他們都相識，因此大受歡迎，對黃部予以
種種的幫助。李宗仁續派夏威送伙食來接濟，並委黃紹竑為第三支隊司
令。黃到此才把歸李情事向所部公開宣布。內中有由南寧同時退出的統領
陸清，欽州人，革命老同志，沿途得其助力不少，他說黃事前不相告，把
他騙賣。黃為防萬一，將陸部百餘人繳械。又馮營有一班長帶兵數名逃
去，黃派人追去勸他，他說：「如果要在廣西當自治軍，就不必退出南
寧，行乞到這裡了。」黃也覺他說的有理，常耿耿不忘。黃部在陸川改編
為李部第三支隊，不設統領，直轄三營，以夏威、陸炎、韋雲淞為第一、
二、三營營長。開到容縣駐防。
　　這便是李、黃兩部合流經過的情形。廣西繼續有三年的紛亂，黃部曾
一度由李部分出去獨自發展，不久即復合，以統一全省。

十九、新軍接受了革命領導（一）

　　民國十一年五月以後的國內情勢：在南方，孫中山總統由桂林回師廣東，改道江西北伐，遭六月十六日陳炯明背叛，廣州中華民國政府被顛覆。孫八月九日離粵赴滬，陳炯明掌握了廣東。冬間，孫派員聯絡在廣西的滇、桂、粵各軍聯合討伐陳炯明，十二年一月十六日克廣州，陳下野。孫受各軍歡迎於二月廿一日返抵廣州，改稱大元帥，設立大本營，從事討賊，從此在粵立穩了根基。更全力改組中國國民黨，宣傳三民主義理論，逐漸養成了國民革命的力量。因北方軍閥不肯實行化兵為工政策，乃繼續北伐。在北方，直系完全操縱北京政府，舊國會和黎元洪總統都成了直系的工具。十二年六月又迫黎下台，十月五日賄選曹錕為總統。自長江以北都為直系所控制，但力量總達不到廣東，時刻謀打倒孫中山，陸榮廷的殘餘力量因此也被其利用以對粵。

　　廣西處在這種客觀情勢下，舊軍乘廣東無暇西顧和直系勾結相扶，得以死灰復燃；新軍也趁舊軍墮落交爭和中山光明號召，得以趨向革命。本篇特述舊軍和新軍在這時期中的消長。

割據時軍政、令不出省垣

　　廣西政局，自陳炯明十一年五月撤回在桂粵軍後即發生變化。自治軍林俊廷、陸福祥、陸雲高、蒙仁潛各部由武鳴方面進攻省會，五月廿二日廣西綏靖督辦劉震寰不能支持，放棄南寧退往欽州，自治軍遂入南寧，五月廿四日林俊廷即通電維持廣西治安。六月，林俊廷被自治軍各將領公推為廣西自治軍總司令；蒙仁潛自任廣西省長，陸雲高自任財政廳長。北京政府旋任林俊廷為廣西綏靖督辦。

　　那時梧州仍為粵軍所據，七月四日，駐梧軍隊推薦廣西省長公署政務廳長楊愿公為代理廣西省長。

　　九月，陸榮廷由越南返龍州，九月十二日在龍通電就任北京政府所委的廣西邊防督辦。他曾作兩項措施：一為發行邊防紙幣以維持開支，因無基金，自無信用；一為將自治軍中素所親信的若干部隊編為邊防軍，如韓

彩鳳、陸福祥等，以供他直接指揮使用。他長駐龍州。

十二年二月十三日，邊防軍將領韓彩鳳等以武力脅迫蒙仁潛去省長職。十四日蒙通電卸職，將省長印信交廣西自治軍總司令林俊廷。三月廿一日，北京政府派林俊廷暫行兼代廣西省長；其後更以張其鍠為廣西省長，張於六月廿二日到邕就職。這時期的軍政首長，無論是誰，命令都是不出省垣的。

林俊廷於十二年二月間，將自治軍未被編為邊防軍各部改編為廣西陸軍，以旅為單位，如劉日福部為第二獨立旅，李宗仁部為第五獨立旅等。每旅三團。李宗仁為改旅事召集幹部會議討論，大家主張旅司令部下仍舊維持三個支隊，只將三團編制呈報備案，並未實施。

軍各懷所圖、乘亂集桂境

廣西境內的軍隊，在十一年冬間最為複雜，計有桂軍三起：一為以林俊廷為首的自治軍，二為由南寧繞道欽廉退到梧州附近的廣州中央直轄劉震寰桂軍第一師，三為沈鴻英部；有滇軍兩起：一為朱培德部，二為張開儒部；有粵軍一起，即駐梧粵軍第四師。其中的來歷有須說明的如下：

張開儒這一起，為雲南顧品珍被唐繼堯擊敗身死後，其所遺張開儒、楊希閔、范石生、楊如軒、楊池生、蔣光亮各部逃入貴州，擁護盧燾（桂籍，貴州總司令，被袁祖銘所逐）率領入廣西，七月中旬到達柳州，給養困難，盧無法籌措，也不願為其籌措，逼留了三個月，帶來的煙土又賣不出去，於是離柳州開往平南。他們自入桂境，自治軍以為又是客軍侵略，沿途加以襲擊，李宗仁也派俞作柏參加。經武宣時，和劉炳宇、劉達慶部激戰頗烈，達慶旋指定其開往平南的路線。楊希閔過桂平特訪劉達慶，兩人竟成為好友。

朱培德部參加北伐軍攻江西，陳炯明背叛孫中山後，北伐軍撤退，九月五日孫中山令朱部繞道湘南向桂林。朱部十月一日到桂林，自治軍梁華堂部退避出去。到沈鴻英部回桂，朱被沈驅逐，轉往平南。

沈鴻英自十年夏在桂敗退入湘，趙恆惕不敢要他，後由吳佩孚收編，令駐平江。北伐軍攻江西，吳調沈部入贛援助北軍。北伐軍撤退後，沈於十月六日在贛南通電回師廣西，十一月一日沈率部抵桂林，趕走了朱培德部。十一月九日，北京政府任沈鴻英為桂林鎮守使，沈遂據有桂林、平樂各屬和柳州一部。

因垂涎粵利、共聽命討陳

桂境這些龐雜部隊，對桂是個大麻煩，對粵卻起了大作用，因其在孫陳鬥爭中舉足輕重。陳炯明最怕滇軍入粵，曾派代表致函李宗仁，請其出兵去打滇軍，牽制使其不能下，許以在梧撥給子彈十萬發，並不談名議和隸屬問題。李正急需子彈，答應出兵，但派統領陸超率兵出岑溪去接護子彈，竟空走一場，毫無所獲。滇軍將離柳時張開儒已失勢，實權落在楊希閔手中。他們在桂無法發展，不回滇只有入粵了。十月下旬，孫中山由滬派鄒魯到香港聯絡滇桂粵各軍討陳，密委楊希閔為討賊軍滇軍總司令。陳炯明也派林虎到梧州收買滇軍，滇軍遂揚言即離平南，取道柳州回滇，竟騙得陳炯明非常滿意而助以一批餉彈。

岑春煊聯絡直系陰謀使沈鴻英藉討陳而取廣東，他在上海令莫榮新向沈鴻英約妥後，即通知孫中山謂可促沈協助討陳。孫當然同意。沈又聯絡劉達慶共同行動。

劉震寰因陳炯明將廣西交林虎全權處理而極不滿，於是通過鄒魯受孫中山討賊軍桂軍總司令的委任。

駐梧粵軍中級軍官陳濟棠、鄧演達、莫雄等早和廣西境內討賊軍祕密聯繫，約定戰事發動後詐敗退卻，退到相當地點，即倒戈起而策應。

各軍聯絡後，楊希閔十二月六日在白馬召集會議，交換情報，規定聯絡訊號，定期十日發動。劉達慶親自參加，他推楊為討賊軍滇桂聯軍總司令，請楊指揮他的部隊。

各軍如期發動，滇桂聯軍由大河北岸，劉震寰部由大河南岸向梧州進攻，粵軍第四團團長呂春榮首先響應，十二月十二日討賊軍入梧州。劉震寰派呂春榮為粵軍第四師師長，呂遂推劉為討賊軍粵桂聯軍總司令。各軍相繼東下，沈鴻英的李易標部隨後也經梧跟進。十二年一月八日克肇慶，十六日克廣州，陳炯明下野返惠州。因沈鴻英一月廿六日鬧江防司令部會議事變，所以孫中山遲至二月廿一日方由上海返抵廣州，設大元帥府，繼續討賊。

朱培德部在江防會議後經梧州入粵。從此梧州為沈鴻英部所據。

困居陳遠謀、慨助遂大願

黃紹竑自加入李宗仁部經過了數月的共同生活，他認為這個團體裡的人，都希望做好，不要錢，不怕死，有血性，富進取。對地方努力剿匪，

使人民得以安居。對內部財政公開，使部屬苦樂平均。這基礎是很好的。但他覺得：第一、鬱林轄境的收入雖可勉強養活現有的部隊，但要發展卻很困難，尤其是械彈無法補充。第二、保境安民，形同中立，終久不是個辦法，必須有光明的途徑，嶄新的作風，才能開展。第三、他在百色受過自治軍的恥辱，總想打倒他們。廣東方面總要比自治軍好些，要接近廣東，必須出到梧州，必接近廣東才可以打開新局面。他把這些念頭藏在心裡。不久，在廣州養傷的白崇禧有信給他，對他暫時率部回鬱是贊成的，同時希望有機會同李宗仁全部出梧州來，廣東方面由他擔任聯絡，並取得名義。白的意見正和黃的念頭不謀而合。

沈鴻英把梧州為後方基地，派師長鄧瑞徵駐鎮。沈不僅志在廣東，對廣西也時刻不能忘情，故極力拉攏廣西部隊，以圖擴充實力。黃紹竑有族兄紹愷在沈幕內當秘書，尤其介紹於沈，委黃為第八旅旅長，令黃率隊到梧。時機已相當成熟，黃才將此中的經過和他的判斷與決心向李宗仁詳細商談。李見黃坦白相告，不失為道義之交，也很感動，默察黃乃不羈之才，強留也必無效，不如成全他的志願為佳。經商討後，李囑黃：「暫受委狀，必即就職，待沈軍敗已成，才利用這名義以接近梧州，一舉而奪過來。發動時，你兵少力薄，我可撥兵相助。」黃很高興地回容縣去，只帶一營赴梧州，經岑溪、藤縣、蒼梧境內，股匪如毛，每日非打不能通過。到了戒墟，將隊伍嚴密布置。黃單身赴梧，由紹愷介紹見鄧瑞徵，鄧希望黃全部開赴梧州，黃正是求之不得，滿口應承，鄧十分滿意，盛筵款待。數日後逢端午節，白崇禧、陳雄由廣州到梧，在紹愷寓所將在廣州和許崇智、廖仲愷、李濟深接洽經過，粵軍要肅清西江沈軍，希望我軍迅速佔領梧州，斷沈退路各情告黃，並將孫大元帥委黃為廣西討賊軍總指揮的委狀、關防都帶來了。黃決定接受委令，和粵軍合作，令陳先返粵約定，自己即日偕白離梧回容，將和沈粵兩方接洽情形並決定出兵梧州向李宗仁報告，並請李派隊援助。黃率所部三營先行。李派司令李石愚率俞作柏、林竹航、劉志忠三營相助。林劉兩營長不知原委，疑為黃俞勾結叛離團體，中途乘夜拔隊回鬱。黃以粵軍正在發動，遇此意外，非常著急，乃派白崇禧偕李石愚趕回鬱林請兵。經過容縣，白、李邀龔傑元同行；過北流，又約伍廷颺同行。同見李宗仁，白先說，李未允；龔再剖析利害，李才許派伍廷颺營，即顧我（時任李旅參謀）照寫命令。伍請出發費五千元，軍需黃維報告：五百現也難籌。幾經商討，推龔在容籌墊，伍營乃成行。黃將部隊祕密集結戒墟、新地墟附近待機。鄧瑞徵催其就職，將部隊開往梧州前方。黃推說後隊尚未到齊，就職後，鬱方疑，便難行動了。鄧也沒法。

會師清敗寇、革命有同袍

　　十二年三月二十日，北京政府任命沈鴻英督理廣東軍務善後事宜，楊希閔幫辦廣東軍務善後事宜。這是曹錕、吳佩孚向孫中山公開挑戰。三月廿八日沈鴻英表示遵照孫大元帥令移防西江。四月十日沈軍以移防為名，集中新街、韶關，連開祕密軍事會議。四月十六日沈在新街就北京任命督理廣東軍務職，令李易標在廣州發動戰事。從此，沈軍和粵軍、滇軍在西江、北江混戰。西江方面，沈軍先敗，退向梧州。北江方面，沈於敗後聯絡北軍方本仁、粵叛將謝文炳反攻韶關一次，八月下旬孫才將沈平定。

　　沈軍在廣東敗了。當梧州方面已有沈軍好些輜重船隻退到時，黃紹竑認為機不可失，即時發動：在一天拂曉，將同駐戎墟的沈軍黃炳勳旅五百餘人全部繳械；將上游下梧的船隻一律扣留；由梧上來的船隻，多半是沈軍的行李輜重，都被俘獲；又派俞作柏率兵一部由陸路進至撫河右岸。將沈軍向平樂、桂林退卻的水路截斷。鄧瑞徵知黃紹竑有變，一面通知沈鴻英和部隊不可退向梧州，他自己也連夜向賀縣逃走。七月十八日黃率部沿江而下，到達梧州對岸三角嘴，已遠望見下游粵軍的兵艦和運兵船隻，沿江上溯到雞籠洲了。黃即派員先往聯絡，隨後親謁粵軍總指揮魏邦平於永翔兵艦。陳雄也隨粵軍同來。魏的參謀長楊言昌為黃在保定軍校的戰術教官，經楊介紹，彼此即儼如一家，不因初見而稍存客氣和隔閡。其後續部隊和長官相繼到達，計有陸軍第一軍軍長梁鴻楷，第一師師長李濟深，第三師師長鄭潤琦。粵軍重要幹部陳銘樞、陳濟棠、張發奎、鄧演達、戴戟、繆培堃、黃鎮球、薛岳、徐景唐、蔣光鼐、李揚敬、李漢魂、嚴重、錢大鈞、陳誠、黃琪翔、何彤、李民欣、鄧世增、馮祝萬、馮寶森、香翰屏、蔡廷鍇、陳勁節、陳策、金彥文、孫祥夫等，都因這次在梧會師，使黃紹竑和他們有相見的機會。彼此都以除舊革新為目的，意氣相投；多數又是前後同學，情誼更洽。這點和後來兩廣局面的發展很有關係。

　　黃紹竑到梧州後，即組織廣西討賊軍總指揮部。黃任總指揮，以白崇禧為參謀長，黃玉培為祕書長，龔傑元為參謀處長，呂競存為副官處長，白志鯤為軍法處長，黃維為軍需處長，胡宗鐸為總參議，陳雄為駐廣州代表。並將部隊編為三團，以俞作柏、伍廷颺、夏威為第一、二、三團長。這是他們初到梧州時的陣容。

　　不久，粵軍先後回粵，大本營乃任命李濟深為西江善後督辦，在梧設署，以統一軍政號令。並留其第一師大部分駐梧。李為梧州人，在粵軍中

資望很高，他駐梧非常適當。他對以後統一廣西的工作，實為幕外最關重要的人。

鴻門宴肅奸、策源地安固

當黃紹竑部和粵軍會師時，原駐梧州的沈軍旅長馮葆初，因不能撤退，且不願放棄梧州的地盤，不得已向粵方投誠。黃紹竑以馮善於取巧拉攏，投誠非出本意；其所部數量不少，而紀律極壞，留之必為後患；遂商請李濟深召集馮祝萬、鄧演達、黃鎮球商定，將馮部繳械。但黃紹竑的部隊都駐在三角嘴和戎墟，而馮部多駐市內，為免發生戰鬥損及市民，決定將馮誘擒後迫其下令繳械。時鄧演達以第一師第三團團長率部擔任梧州軍警督察處的任務，乃假傳命令，將鄧團調向廣州，而以黃部接替任務，進駐梧市。部隊布置就緒，在花舫設宴為鄧餞行。並邀馮和陸海軍將領、商界領袖作陪。花舫宴會例在午夜舉行，有通宵達旦的，他們原擬將馮葆初羈縻到拂曉，等候部隊部置完妥，再行宣布將其扣留。不料，事機不密，正在飲酒的時候，馮已得到報告，決意興辭離席。經多方解釋挽留，都無效果。黃紹竑見時機已迫，即起立拔鎗指馮令其繳下隨身武器。馮竟毫不畏怯，向黃力撲，搶他手鎗。為要將馮生擒，黃又不能開鎗；且來賓的隨從衛士很多，開鎗必引起互射。同席各人不知內容，疑為酒醉互毆，都來勸解。後經鄧演達說明，並率同衛士將馮擒住，加以綑綁。一時城內黃部進攻和馮部抵抗的鎗聲，斷續地響著。好在馮已被擒，其所部無人指揮，天明後，黃部便將其全部解決。商民尚未受到若何損失。從此，梧州才成為純粹的革命策源地。

取藤進路、謁孫受箴言

自解決馮葆初後，梧州本身已無顧慮，粵軍第一師的重心向肇慶移動，其目的在廣東的改革；黃紹竑部的目光卻向梧州上游移動，展開軍事行動。那時，藤縣駐有梧州鎮守使蒙仁潛和旅長盧得洋、司令黃超武，平南、桂平、貴縣沿江更有陸雲高。黃紹竑的第一期作戰目標，要解決這些部隊，佔領沿江富饒的縣分，以充裕餉源，並可與鬱林方面水陸打成一片，然後再作第二期打算。於是他首先進攻藤縣。

藤縣城在大河、北流河的合流點，依山臨水，形勢險要。蒙仁潛率盧、黃兩部駐此，即為扼守大河水道，阻止梧州方面的進攻，故由水路正

面攻擊，實非容易。如果從陸路進攻，卻有渡過大河、北流河的困難；且遠道行軍，易為敵知而先防備。他們再三籌議，決定利用河水漲和船隻多，並請粵方派兩小兵艦掩護；將第一、三兩團先在戎墟集中，於次日半夜登船按一、三團次序出發，預定黎明時到達藤縣城江面。黃紹竑、白崇禧、俞作柏、夏威都隨隊指揮。船隊到了縣城下游附近，乃下令將船靠近大河左岸，開足馬力，向敵人火線衝過。兵艦兩艘列在船隊左側掩護。發砲轟擊岸上守軍。但多數敵軍尚在夢中，船隊通過竟毫無傷亡，越過縣城上游五里附近，已入敵陣後方，乃靠岸一湧登陸，佔領城後一帶高地，背水為陣，士懷必死，勇氣倍增。敵後路已斷盧得洋率部出城迎擊，戰敗，盧陣亡，其殘部奪路向上游逃走，為溪水所阻，黃部追到將其全部繳械。正準備攻城，黃超武因和黃紹竑相識，願受編，遂改編為討賊軍第四團。當日戰事結束。蒙仁潛先赴桂平，當時不在藤縣。

　　黃紹竑解決馮葆，佔領藤縣，漸為各方所重視。駐粵代表陳雄請其謁孫大元帥求濟械彈，為第二步討賊工作的準備。在梧粵方陸海軍將領也主張他向孫報告討賊經過。黃遂偕胡宗鐸、陳雄、孫祥夫乘海軍差遣艦東下。黃部以前許多事都是向財政廳長廖仲愷交涉，黃到廣州，先往訪廖。廖介紹黃見孫大元帥於河南士敏土廠，報告奉命討賊的經過，並請接濟餉彈和指示機宜。廖並從旁加以補充。孫聽了頗為欣慰，並指示說：「革命黨是不要一切憑藉的，一切都要自家去創造，自家去發展。革命主義、革命精神、革命黨員就是本黨一切力量的源泉。你們決心參加革命，首先要明白這道理。其餘的問題，可與廖先生去商量。」辭出過海，在電船中，廖告黃以廣東財政困難情形，言外之意，財政並不在財政廳手裡，而是在滇桂軍隊的手裡。但廖仍撥助黃款兩萬元，子彈兩萬發。黃深為感謝。黃又見過粵滇湘桂各軍首長許崇智、楊希閔、譚延闓、劉震寰和大本營秘書長楊庶堪、軍政部長程潛，然後回梧。

合作試初回、梧潯成一片

　　黃紹竑出來梧州四個月，尚未正式派人向李宗仁報告，到了十月，他決定要解決陸雲高部，於是派伍廷颺到鬱林向李說明過去的一切，並商量合力對陸問題。李對過去悉予諒解，並派鍾祖培到梧聯絡，順便觀察實際情形。黃因獨力不能擊敗陸雲高，現鬱梧合作形勢既成，遂商定對陸的共同作戰計劃。

陸雲高自張其鍠任廣西省長後，即離去財政廳，就任陸榮廷保薦的桂平鎮守使，而退據賓陽、橫縣、貴縣（原為李宗仁轄區，李部主力駐鬱，只留少數部隊駐貴，陸雲高見有機可乘，遂示意讓貴縣為其防地，李以自己實力單薄，不想作無謂的犧牲，遂慨然允諾，以避衝突，貴遂屬陸）、桂平、平南數縣，大有進犯梧州之勢。而且扼守全省交通重要地區，為梧州西進的當前最大障礙。陸有兵三團，鎗械充足，且有若干經過訓練的隊伍，必鬱梧合力才有取勝保握。陸部東至平南的大安墟，西至賓陽、橫縣，其主力卻在桂平、江口間。李、黃決定先將貴縣以東地區解決；李部由興業進兵貴縣，然後順流而下，直搗桂平；黃部溯江而上，會師桂平。李親率所部於十一月廿三日驅逐陸部佔領貴縣，廿五日攻桂平，陸部營長黃飛虎投誠，即收編其為營長。黃部分兩路：一由夏威指揮第三、四兩團及機砲連從藤縣循陸路向大安墟；一由白崇禧指揮第三、四兩團乘輪到白馬登陸進攻平南。夏部到大安，敵軍不多，稍戰即退，遂渡江和白部會合，同向平南。到平南後，探悉陸雲高全部集中江口，白乘其部署未定，急行強襲。陸由桂平初到，猝不及備，倉皇應戰，不久即潰，因桂平已失，陸引殘部向蒙山方面逃走，復遭俞作柏團在馬練墟附近阻截，陸和旅長張春如轉入鵬化，據險頑抗，李派隊合力攻擊，陸潰向傜山逃蒙山，往依沈鴻英。是役，黃部獲大小砲共九門，大鵬兵艦一艘，陸部營長蒙志、王贊斌率部來歸。陸雲高實力損失大半，從此一蹶不振。

戰事告終，李宗仁即將廣西陸軍第五獨立旅司令部由鬱林移駐桂平。與討賊軍合力肅清貴縣、梧州間沿河土匪，商旅暢通，稅收增加。

討賊軍自經藤縣、潯州兩次勝利，聲威驟振，大河一帶的散軍紛請收編，黃紹竑編其為游擊部隊，以示與基本各團有別，計有馬夏軍、何正明、封輔軍、蔡振雲、黃桂丹、陳錦華、盧文駒、陳濟桓等八個游擊司令。各部人數多的千餘，少的數百，鎗械也參差不齊。

二十、新軍接受了革命領導（二）

　　陸榮廷以廣西邊防督辦的名義，侷處龍州一年多，不能有所作為，乃授意軍民長官舉他為廣西全省善後督辦，於十二年十二月移駐南寧。廣西自治軍總司令林俊廷以陸氏此舉侵奪其職權，極為不滿，負氣辭職回籍，避而不與陸氏見面，後經多方疏通，才又言歸於好。

討梧令不行、巡桂計得售

　　十三年一月間，陸榮廷派陳秉仁代表到桂平見李宗仁，要李宗仁為討逆軍總指揮，撥陸福祥、韓彩鳳兩部歸其節制，責成其討伐黃紹竑。李表示就目前情勢看，攻梧絕無取勝把握，不敢奉命。並建議：「老帥（當時桂人對陸通稱為陸老帥）此時宜出巡柳、桂，撫綏軍民，溝通湘鄂，獲得北方接濟，然後相機東下，不止梧州，廣東也可恢復，往年的聲威也可重振。」李因沈鴻英在粵敗歸，盤據桂林、平樂一帶，陸望沈仍為己用，極意撫慰，但沈卻別懷異志，故指使陸沈接近，必起衝突，陸自無暇再問梧州，且給我們以可乘的機會。陳代表照李意電陸，而陸不納，仍迫李受命攻梧。李堅決拒絕。陸以計不行，轉而稱善李的意見，即率韓彩鳳部直往桂林。沈鴻英推病，讓出桂林，避歸賀縣，不和陸見面。一月三十日，北京政府改任陸榮廷為廣西軍務督辦，桂林地方紳商攀龍附鳳，捐款舞獅唱戲，舉行盛大歡迎，一連十天。同時盛傳馬濟率部不日回桂，為陸虛張聲勢。

在粵難發展、圖梧遭覆亡

　　在粵的桂籍部隊，除劉震寰部外，還有直屬大本營的劉玉山第七軍。劉玉山也是廣西的革命老同志。第七軍陳天太師，實力頗為充足，陳以在粵不能發展，時時都想回桂，尤其想得梧州，而苦無藉口。十三年三月下旬，陳天太借名開赴南路，暗中將部隊集中都城，並約自治軍陳先覺等為內應。既無大本營的命令，都城又非赴南路必經的地點，黃紹竑和李濟深都已先得情報，到此更明瞭陳的陰謀，遂商定決心會同將其解決，粵軍第

一師以海軍協助，由都城下游登陸進攻，黃部由梧州向都城進攻。黃將梧州上游的部隊悉數調回城墟集中，因兵力單薄，並請李宗仁派得力部隊到梧增援。黃部除留伍廷颺團駐梧防陳先覺外，其餘都向大坡山集結，再分三路指向都城：俞作柏第一團任右路，夏威第三團任中路，白崇禧率黃超武第四團和蔡振雲部為左部。黃紹竑親在中路指揮。次日黎明，各路都到了都城以北地區。中路路程較近，接觸較早，節節進展，已逼近都城，但左右翼還沒趕到。陳天太遂集中兵力，三面向我突出的中路猛烈反攻。夏部前隊兵單，立腳未穩，遂被擊退，傷亡很大，一直退到黃紹竑指揮所在處。黃急將僅有的預備隊一連就地展開，以掩護前面退下的部隊。陳天太率隊緊追，相距不過一二百米，黃若再退，敵中央突破，轉而繞攻左右兩路的側後，必至全軍潰敗，那時右路已在相持，左路和粵軍尚未到達，黃將隨身衛士二十餘人展開，他自己也加入火線射擊，敵屢次衝鋒，終被遏止，成為相持局面。遙見左路已到，並分向敵後挺進。敵抽調主力向我左路迎擊，僅留一部與黃相持。黃見敵人動搖，乃率未傷亡的官兵反攻，夏威收容餘部和右路也一齊反攻，陳部不能支持，向都城潰退。這時粵軍第一師已由下游迫近都城，都天太遂率部突圍向梧州方面逃走。黃因敵逃向梧州方向，急率死傷過半的第三團乘船趕回梧州，以白崇禧率左右兩路和粵軍第一部跟蹤追擊。陳部逃到大洲墟附近，飢疲不堪，復被民團所阻，白部追到，遂將其全部繳械，自陳天太以下官兵二十餘人悉被俘虜，解到梧州，將士兵分發各部補充，對陳天太和他的高級官長特別優待，發給川資放回廣州。李宗仁應黃請求，派統領鍾祖培率部星夜馳援，鍾在途中得知陳部已完全解決，即折回桂平。四月二日，孫大元帥下令制止西江將領對陳天太的行動。但事件已成過去。

幟別主張同、名殊運用便

李宗仁部自出桂平即改稱定桂軍；李自任定桂軍總指揮，以黃旭初為參謀長，黃鍾岳為秘書長；用黑邊紅心的方形旗幟，中寫黑地「李」字。黃紹竑的討賊定，用白邊紅心的方形旗幟，中寫白地「黃」字。這都是沿用舊軍的封建習慣，各以主官的姓來代表他們統率的隊伍。

定桂、討賊兩軍各有它的防地，定桂軍轄鬱林、北流、陸川、博白、興業、貴縣、桂平七縣，討賊軍轄蒼梧、藤縣、容縣、岑溪、平南、信都六縣。兩軍在自己的防地內，不論軍事上、政治上，凡用人行政，各有其系統，各有其作風，而不相統屬。但彼此在此階段中，根本的主張和目標

都一致，對共同的主張和目標，都各本團結的精神，為最大的努力。其在軍事上所表現的事實，在解決陸雲高、陳天太兩役的合作，充分顯出了患難與共的精神，比之同名義、同系統的並無遜色，或更過之。這是當時兩軍的特點。

名義不同，事實上有其必要。民十粵軍入桂，因紀律太差，遭桂人全體反對，因此，凡接近廣東方面的，無一不受桂人和自治軍的盲目攻擊，劉震寰不能在廣西立足，馬曉軍、黃紹竑等幾成眾矢之的，都是這個緣故。自治軍對李宗仁尚無若何惡感，倘李用粵方的名義，必然增加它們的反對。雙方為求工作進行順利，名義雖然不同，但相約互為表裡，對廣東，由黃出面負責，對自治軍，由李出面敷衍。在實力未充、時機未到的時候，用這種手段，分途並進，目前既可減少反對的目標，事後仍可收統一的效果。

陸被圍在桂、我乘虛襲邕

陸榮廷逗留桂林兩月，似要久駐下去。沈鴻英憤其防地被佔，三月間突然由平樂回師圍攻桂林。陸、沈果然衝突起來了！桂林城堅固異常，沈軍久攻不下。陸氏雖外路援兵，但馬濟部進至興安、譚浩明部進至金竹坳、陸福祥部進至永福，都遭沈軍拒阻而無法達到桂林。湖南趙恆惕應陸乞援，派葉琪旅入桂，也止於全州。五月十八日，北京政府又任沈鴻英為粵桂邊防督辦，沈陸分庭抗禮。戰事相持，無法解決，趙恆惕乃出而調停，主張桂林仍歸沈軍，陸率所部退回原防。

李宗仁一聞湘趙調停陸沈消息，立即電邀黃紹竑、白崇禧來桂平商討乘機發難起義大計，以免時機稍縱即逝。黃、白到後，以我力量既小，不能同時與陸沈為敵，必須乘其火併，速起行動，各個擊破，一致認為當然，不必再加考慮。所應商討的，只先對陸抑先對沈的問題。黃、白以為就政略說，陸在省內號召的力量，比沈要大得多，不能使其再有得勢機會，現在必須趁其失勢，制止其復起；就戰略說，陸正被沈所困，我此時聯沈以共同對陸，實事半而功倍；主張先倒陸為上策。李卻以沈反覆無常，兩粵軍民恨之入骨，先打倒他，人心必然大快；陸豪爽忠厚，護國護法不無貢獻，省內人民對他並無惡感，乘危而打倒他，實在有點不忍。黃說：「德公：我們要成大事，就不應顧區區的小節了。」李乃表示同意。決定先取南寧，掌握這全省政治的中心，使陸失卻號召的憑藉；且陸的主要兵力遠在桂柳，南寧方面頗為空虛，攻之勝算可操。

當時陸氏的部隊，林俊廷、蒙仁潛兩部駐南寧；劉日福部駐百色；譚浩澄、李紹英兩部駐龍州；陸福祥部是由永福折回柳州後，聞我軍有進攻南寧消息，乃移駐遷江的；劉錦華、曾昭廷兩部駐賓陽；各部合計約有一萬四五千人，因分駐各處，每處都是二三千人而已。定桂、討賊兩軍合計可用兵力不過八千餘人，故必須集中使用，先破南寧，再向各處。六月，將兩軍主力集中貴縣附近，隨分為左右兩路：左路軍由李宗仁指揮討賊軍伍廷颺、夏威、蔡振雲各部和定桂軍李石愚部，沿江而上，直攻南寧。右路軍由白崇禧指揮定桂軍何武、鍾祖培、劉權中（擊陸雲高時所收編）各部和討賊軍俞作柏部，攻擊賓陽、遷江、上林，佔領後轉向武鳴和左路軍會攻南寧。兩軍其餘各部，由黃紹竑指揮，作為策應，兼顧後方，黃仍駐梧州。這是又一次的兩軍聯合作戰。

已到邕會師、遂入湘待變

定桂、討賊聯軍對隊作戰準備完妥，左右兩路就於六月廿一日同時發動，由貴縣開始前進。過了兩天，廿三日，李宗仁、黃紹竑才各發討陸通電，兩電對陸氏都不作謾罵，李電諷其想光復故業，實屬徒勞，請其即日下野；黃電輕描淡寫，措詞更為含蓄。

左路軍乘船上溯，李宗仁乘西成輪跟進指揮，我同船行。廿二日在伏波灘下遇我胞兄萌初乘興平輪下來，他在劉日福部任軍法，六月十七日劉電李求助子彈，十八日李覆電允助，劉即派他十九日由百色乘輪赴桂平接領，他二十夜到南寧，廿一夜到平塘江，聞下游有警，仍前進，廿二日上午十時到百合墟，遇我軍先頭部隊，問知李總指揮隨後來，午刻遂和我們相遇。他過船謁李，李將一般情勢和我軍行動詳告他，希望他勸劉日福和我軍一致行動。他深表同情，謂劉必能一致。遂相偕上駛，夜泊橫州，廿三夜泊永淳，廿四夜泊蒲廟，廿五日午刻到南寧。一路並無戰事，林俊廷聞風率部先逃往欽州依申葆藩，蒙仁潛逃往右江。廿六日李約萌初兄商定給劉日福以定桂軍第一獨立旅旅長名義，仍駐原防，並派參議楊慶祥送給劉子彈一萬。兄即電劉。三十日劉覆電受命，七月二日劉宣布就定桂軍第一獨立旅旅長職。

右路軍由貴縣向賓陽進攻，敵也聞風先逃，劉錦華部逃向隆山，曾超部退往遷江。白氏即部署攻遷江：以劉權中部由黎塘經陶鄧至橫墟，堵截遷江的東南；令來賓的韋肇隆司令（新墟附定桂軍的）堵截遷江的東北；白率主力經石陵向遷江。六月廿七日，各部次第進展，在遷激戰後，陸福

祥經金釵、曾超廷經上林分向都安退走。白廿八日遂佔領邐江。右路軍任務既完成，即向南寧和左路軍會師。

我軍會師南寧如此迅速順利，原因有三：一由陸氏部隊散漫頹喪，各自為謀，陸歸號召領導，依然不能振奮團結。二由陸沈相持，陸只注意沈軍，對我不很重視，不料我們異軍突起，竟覆其根本。三由我們用兵祕密而神速，集結而銳利，使其戰前不知預防，戰時不能援應。

陸沈接受湘趙調停，六月廿六日媾和，桂林圍解。陸因南寧已失，乃入湘以待我和沈軍衝突的機會而期再起。

統軍齊擁李、主政共推張

左右路軍會師南寧後，許多複雜問題跟著發生。關於政治的：南寧為全省政治中心，對於政治如何處理，不僅有關整個對外的號召力量，也很容易引起內部的爭端。事實上因財政和機關問題，各級幹部已發生爭奪，幾置當面敵人於不顧，急待解決。關於軍事的：以前一時的局部的合作辦法，已難應付此後複雜而擴大的局面，必須有統一的指揮機構，才能集中意志和力量，進行全省統一的工作。對這些問題，李宗仁身當其衝，非常焦急，電促黃紹竑來共商解決。黃七月三日到南寧。俞作柏祕密請黃火併定桂軍，引起定桂軍幹部暗中戒嚴，幾釀大禍，幸李不許妄動，黃也拒斥俞，乃告無事。李黃因敵我尚在對峙狀態中，於是先討論軍事統一指揮問題，決定組織定桂、討賊聯軍總指揮部。七月九日，由李、黃召集兩軍重要將領聚餐，席間，黃起立說明必須組織聯軍總指揮部的理由，並推戴李為聯軍總指揮，黃自願為副總指揮，並說：「我原是德公的部下，因為出兵梧州，權宜自樹一幟，今既會師南寧，正宜乘機恢復舊時的組織，以期統一指揮，進一步而統一廣西。要是彼此不能相下，必至自相火併，而與舊軍閥無異。我們今天幸乘陸沈相持，佔領南寧，獲得勝利，陸沈前車的覆轍是不可再蹈的。故我們無論在任何狀況之下，也只得服從李總指揮，才是合情合理。我的部下如有不服從李總指揮的，就等於不服從我一樣，必為團體所共棄。共擲碎手中玻璃酒杯為誓，表示誠意。全場鼓掌，一致感動，毫無異議。繼由李起立致訓，勉以精神團結，共成統一廣西的大業。李、黃七月十六日就聯軍總、副指揮職，再通電促陸榮廷下野。在舊督軍署成立定桂討賊聯軍總指揮部，以白崇禧為參謀長兼前敵總指揮，黃旭初為副參謀長，胡宗鐸為總參議，李石愚、何武、鍾祖培、劉權中，韋肇隆等為定桂軍縱隊司令，俞作柏、伍廷颺、夏威、蔡振雲、呂煥炎等為

討賊軍縱隊司令，陣容一新。

至於政治問題，北京所委的省長張其鍠，自聯軍到邕後，即等候移交，七月十一日他不耐久候，離邕而去。李、黃以現在軍事時期，還談不到建設；大家對政治都無經驗，也無興趣，而且都要指揮軍隊作戰，無法分身去管理政務；以為不如物色較有名望的文人去當省長，以避免所謂軍人干預政治的指摘。那時，廣西省參議會名義尚在，議長張一氣聲望還好，就在張其鍠離邕後，由省參議會、各法團、軍事首長公推張一氣為廣西臨時省長，和聯軍總副指揮同時就職。

殘兵被肅清、老帥再下野

自軍政機構在南寧成立，省內人士觀感大變，李黃聲望地位增高，陸氏部隊日漸動搖，因此，決定趁機加速對其進攻，以促其瓦解。作戰計劃將軍隊分為三路：左路軍由白崇禧指揮夏威、何武、鍾祖培、韋肇隆各部，並與沈軍聯絡，進攻柳州。這路定桂軍部隊較多，我被派遣隨同出發，以便照顧。柳州守兵不多，八月十一日即被我軍佔領，殘敵逃向慶遠。次日我軍向柳城、慶遠前進。白到了柳城，探悉韓彩鳳率譚占榮、黃日高、鄧定邦等數千人由桂林來，已經到達中渡、東泉，乃令向慶遠部隊停止西進，轉而向東迎擊。韓軍知我回師，遂佔領大茂橋、上雷一帶陣地。韓為上雷人，既佔地利，又得人和，所部本極耐戰，八月十五日，白氏經過極艱苦的攻擊，才將其擊退。彼此傷亡都很重大。韓部退集大埔、沙埔，扼險固守，以待慶遠援軍來到，再行反攻。我軍此時在柳城附近，處在前後受敵形勢，乃將主力撤回柳州。

沈軍對我本無好感，現因一時利害關係，聯合作戰，志取得柳州，而柳州為我先得，故其師長楊子德、旅長沈錫剛駐軍鹿寨，觀望不前。白氏以大敵當前，必須沈軍積極參加，才能化險為夷，首先要使其知道韓軍已為我所敗，消除其畏韓心理，但正面通告難以取信，白乃通話大塘和我接談，而把通楊子德的電話塞子也接連上，使他們偷聽得韓在東泉已被我軍所敗，並答應解決韓軍後，將柳州歸其管轄。他們見有機可乘、有利可得，遂進兵中渡，八月廿七日攻擊大埔、沙埔韓軍側翼；我軍同時由正面猛攻。韓軍受創極重，敗退慶遠。我軍跟追擊，在三岔墟、機樹腳連次敗敵，九月六日圍攻慶遠城，次日即破，俘獲很多。當我主力向慶遠時，派尹承綱支隊由柳城向融縣、長安進攻，結果，收編何中權部歸定桂軍。陸榮廷在柳慶的勢力，至此遂完全崩潰。

中路方面，因陸福祥、蒙仁潛等據那馬、都安，令俞作柏指揮其第一縱隊和蔡振雲第四縱隊進攻。八月初旬，俞率所部攻那馬，陸福祥親自督戰，非常激烈，雙方傷亡都很重大；陸腿部旅受傷，率殘部經果德渡過右江逃往鎮結、靖西，隻身入越南，其所部陸得標、許輝生兩團受編。我軍攻都安，蒙仁潛敗逃黔邊，乃捨而不追。

左路由胡宗鐸指揮呂煥炎、劉權中兩縱隊溯左江直搗龍州，只在崇善稍有接觸，李紹英、譚浩澄先後逃往越南，其所部除受編外，餘悉逃散。胡八月中旬入龍州，戰事結束，即以胡為廣西全邊對汛督辦。

我們這次對陸戰事，自六月發動，九月即結束，以八千人掃蕩倍我的敵軍，底定了全省四分之三的土地，可說是政略戰略配合得宜，兩軍精誠團結，勇敢犧牲所致。

陸榮廷覺得完全絕望，九月廿一日在湘通電再度下野。

先進讓後進、異名終同名

馮玉祥於十三年十月廿三日在直奉戰爭中發動北京政變，幽禁曹錕；廿九日段祺瑞通電響應。馮、段先後來電邀請孫中山北上。孫決定北上，十一月四日，令胡漢民留守廣州，代行大元帥職權；六日任命劉震寰為廣西省長，令率所部回廣西。

劉震寰與楊希閔挾桂滇兩軍的力量，把持廣東財政，假革命軍名義橫徵暴斂，大本營對他們也無法裁制，這次長桂命令，意在要劉離開廣東。消息傳到省內，商民熟聞劉氏在粵的作為，大起恐慌，紛紛表示反對。各法團又推李宗仁為廣西善後督辦、黃紹竑為會辦，於十一月十一日就職，以示對劉回省的不受歡迎。胡漢民、許崇智特為此事電李宗仁、黃紹竑赴粵商洽。李以由黃往洽為便，推他赴粵。當時廣州屢有謠言，說黃和北洋政府聯絡，反對革命；或說黃是地方主義者，只知有廣西、有個人，而不知有革命政府。謠言都是陳天太所散播，意圖中傷。那時黃尚未加入中國國民黨，尤為攻擊他的主要理由。粵軍第一師的朋友都勸他到廣州去解釋，即在廣州入黨。黃以入黨不成問題，但顧慮陳天太在廣州有武力；其他桂軍將領自以為廣西的革命先進，無機會過問廣西的事，反由年輕後輩的我們將有統一全省之勢，因妒生恨，對自己也無好感；個人安全實成問題。陳濟棠負責保護，和黃鎮球、陳雄、葉潔如陪黃東下。到了廣州，陳濟棠伴黃見胡漢民代帥，許崇智、廖仲愷也在座。黃先陳述工作的經過，嗣談廣西以後的問題。大本營方面，對我們的發展極表欣慰。並希望

我們在革命政府之下統一起來，將聯軍總指揮部和定桂軍、討賊軍的名義取消，由大本營另給名義。商量結果，以李宗仁為廣西綏靖督辦兼廣西陸軍第一軍軍長，黃紹竑為會辦兼第二軍軍長（十一月廿五日明令發表）。許、廖並答應為黃的入黨介紹人，定次日宣誓入黨。當日夜半，黃和陳濟棠同宿東亞酒店二○五號房，遭陳天太率三十人來襲擊，黃僅有衛士六名，激戰了數十分鐘，陳查悉從後窗可以翻過先施公司後樓，即翻過去，化裝步出，請公司中人帶路到潮音街警察署，陳打電話報告粵軍總司令部，即有汽車來接他們到省議會粵軍總部，然後脫險。次日，軍政要人多來向黃慰問，劉震寰握黃手大笑道：「我早防到有此事，好在你已脫險，事情你也明白，不然，這個膏藥又要貼到我身上了。」許、廖問黃：入黨是否舉行？黃道：只要我尚未死，一定入黨，決不因此而稍有猶豫。即填入黨表和志願書，由許、廖簽名介紹，在大禮堂舉行宣誓儀式，由胡漢民監誓。翌日，黃離穗返梧。後來胡、許以陳天太行刺未遂，將其革職；十二月十六日大本營任劉震寰兼建國桂軍第三軍軍長。

李宗仁、黃紹竑十二月一日在南寧就廣西綏靖署督、會辦兼軍長職；以白崇禧為綏靖公署參謀長並兼第二軍參謀長，編兩個警衛團，以郭鳳崗、陶鈞分任第一、第二團團長。定桂軍改為廣西陸軍第一軍；黃旭初為參謀長；編六個縱隊，以李石愚、陸超、鍾祖培、劉權中，何中權、韋肇隆為第一至第六縱隊司令；一獨立旅，以劉日福為旅長；兩個統領：朱為鉁、封高英；一獨立營，營長姚洞。廣西討賊軍改為廣西陸軍第二軍；編五個縱隊，以俞作柏、伍廷颺、夏威、蔡振雲、呂煥炎為第一至第五縱隊司令；兩邊防司令：第一司令徐啟明，第二司令龍得雲；七個游擊司令：馬夏軍、何正明、陳秀華、盧文駒、余志芳、封輔軍、陳先覺；一個統領：黃桂丹；一個支隊，司令陳濟桓。這是改易面目後的新陣容。

二十一、新軍接受了革命領導（三）

自陸榮廷再度下野，省內只剩下我軍和沈鴻英兩部分，彼此都因吸收了陸氏餘部而日益強大，統一全省的企圖也日益急切，勢不兩立遂更加明顯。何況沈對黃紹竑以詐奪梧的舊恨，時刻不能忘懷呢！因此，我軍對陸戰事一結束，立即將主力部隊調回梧、潯，以防備他；並將我已佔領的柳州、慶遠也讓給他，免使即起衝突，我才得時間來準備對付他。

重梧幾失算、攻柳挽危機

柳慶防區交沈後，十三年九月廿六日我離柳州返桂平，沈軍師長鄧右文偕來訪晤李宗仁申謝。鄧和李為廣西陸軍小學第二期同學，且同參加推倒滿清祕密革命小組織的歃血盟誓。此次在潯把晤，鄧託詞久仰潯城山水秀麗，提議登城散步，李發覺鄧特別注意周圍的山川形勢，已知其醉翁之意不在酒。沈鴻英十二月一日在柳州就建國桂軍總司令職，十四年一月中旬通電以總司令名義出巡，全省軍民人等不得誤會。這是即有暴風的訊號。

當時的情勢，沈不打我，我也要打沈了。因唐繼堯派兵侵桂，已師行在途，我必須先解決沈軍，再來對唐，否則沈唐聯合，我將更難應付。

沈軍祕密將部隊分向賀縣、蒙山、柳州三處集中。黃紹竑計算，我們兩軍的兵力合起來還不及沈軍的半數，打起來勝算很少。那時粵軍第一師一部尚駐梧州，假使沈打敗我，粵軍在梧將難立足。黃及商准李濟深增援，共同出兵。黃偕白崇禧和李濟深商定對沈作戰計劃，分兩路進攻：右路軍由旅長陳濟棠指揮其粵軍第一師第二旅和我第二軍一部向信都、賀縣攻擊；左路軍由參謀長白崇禧指揮第一、二兩軍主力由濛江、平南、江口向蒙山出荔浦，與右路軍會攻平樂和桂林；對柳州方面，只用少數兵力，由李宗仁督率固守桂平。黃、白一月廿八日由梧州乘輪到桂平將計劃出示李宗仁。李以計劃的缺點，在過於消極的顧慮梧州的安全，而忽略沈軍主力所在的柳州重要性，認為有改正的必要。黃謂修改必須和李濟深再商，部隊現已行動，在時間上絕不許可了。李心裡焦急，但不便當場劇烈反

對。晚餐後，黃須回梧，白到平南，將同船下駛。李以白路程很近，挽他多留數時，遂送黃先行。李對白重申作戰計劃的缺點太大，因據探報，沈軍的精兵和主力已屯集柳州，必順流而下，佔武宣，出江口和桂平，斷我攻蒙山軍的後路；西上可席捲南寧，和滇軍聯成一氣；東下可直搗梧州，策應廣州劉震寰、楊希閔兩部；如此，大勢去矣！現在應將在江口的鍾祖培、陸超兩縱隊和郭鳳崗團，在江口下的呂煥炎縱隊，一概折向新墟到武宣集中；橋墟李石愚縱隊，領經貴縣、桐嶺到武宣對岸候命；此路即由兄指揮。蒙山一路改由俞作柏指揮，信都一路依照原擬。白對修改各點深表同意。時已夜半，乃利用電報線為電話線，立刻命令鍾、陸、郭、呂各部改向武宣。並由白電黃報告改變向柳進攻的重要理由。黃不反對既成事實。後將賀縣、蒙山兩路改為第一路，黃任總指揮；柳州一路為第二路，李任總指揮，白為副總指揮。

節節收賀平、遲遲取桂嶺

各路進攻都很順利。現在從右翼說起。

陳濟棠率其第二旅和我第二軍陳秀華、何正明、許漢深三司令所部於二月二日開始北進，五日在信都縣西北的宮步橋遭遇沈榮光部，被我前衛展開一擊即向賀縣潰退。沈鴻英率隊由八步增援，在賀縣南的梅花街佔領陣地，拒止我軍。二月十四日我軍猛攻數小時即將梅花街陣地突破。沈鴻英率領殘軍退入桂嶺。我遂佔領賀縣。

俞作柏指揮其第一縱隊、夏威縱隊、蔡振雲縱隊、徐啟明司令等部由平南指向蒙山。沈軍陳春光、陸雲高兩旅正由蒙山南下向藤縣。一月廿七日敵我在太平墟遭遇，僅激戰兩小時，敵即北逃，在均常佔領陣地拒我。二月一日我軍攻均常，戰五小時，敵傷亡數百，潰退水秀，尚有二千餘人，憑河而守。四日我軍攻水秀，一擊敵即潰，俘虜百餘，跟蹤追擊，正午佔領蒙山。六日進佔荔浦。九日追到栗木，敵鄧傳林旅由陽朔來援，血戰竟日，沈軍官兵死三百餘，被俘二百餘，潰退平樂。我軍十日進至龍鶴墟，十一日渡灕江襲平樂，敵分向沙子街、八步兩方潰逃。

沈鴻英率三千人據桂嶺，以小部佔鍾山。二月廿四日夏威率其縱隊和徐啟明部由平樂向鍾山掃蕩，直趨八步，同時令許漢深部也由公會向八步。三月二日夏縱隊由黃田、里松跟蹤追擊，陳濟棠旅由大凝墟向桂嶺東南攻擊，都因隘路作戰，久無進展。黃紹竑下令限期攻下。三月二十日施行總攻，夏縱隊突破官山、坪地敵陣，進逼桂嶺西北，陳旅也擊破當面沈

軍，向桂嶺。沈鴻英逃入湘境。桂嶺平，陳濟棠率部回梧州，夏縱隊仍回平樂。

這是第一路作戰的經過。

桂氛方掃蕩、柳警又飛傳

第二路方面，沈軍精銳和主力果由柳州向武宣，幸白果決有魄力，迅速執行李所修正的作戰計劃，大錯乃免。白一月廿八夜在桂平忙完了下令和報告，立刻偕鍾祖培連夜乘輪向武宣。武宣原為第一軍統領朱為鉁率四百人駐守。白廿九日午後一時到後，和鍾、朱視察城郊地形，突被沈軍大隊來襲，險遭不測，遂閉城堅守。李宗仁廿九日晨率姚洞特務營三連（另一連留守桂平）也乘輪向武宣，到達武宣下游的卅里處，陸小同學李瀾柱和村民大聲呼告武宣昨日已被沈軍圍困，乃停船登岸繞山間小徑夜行到四塘。二月一日我鍾、陸、呂、李各縱隊都已集中武宣，二日即向沈軍鄧瑞徵第一師、鄧右文第三師的二塘陣地進攻，激戰至午，沈軍傷亡很重，大部向縣，一部向石龍潰退。三日，李、白率主力向縣、派李石愚縱隊向石龍同時追擊。沈軍在金雞墟設防抵拒，又被我擊潰，當夜我軍即佔縣。李縱隊七日進抵柳州附近，沈軍羅浩忠部受編，李石愚九日入柳州。李、白主力由縣北進，經四排、七排、矮嶺出羅錦，並派隊於十一日到中渡，收編沈軍千餘人，十二日到黃冕，經永福、蘇橋同向桂林。十六日到六塘，敵被擊敗退良豐。沈軍旅長莫顯成在良豐築有工事頑強抵抗，激戰後莫陣亡，所部投降或被俘，幾乎全滅。十七日進圍桂林城。鄧瑞徵、鄧右文由城內遣使假降，故延時日，廿三日乘夜北逃。白率隊追到全縣的梅溪口，鄧瑞徵逃向湖南城步，鄧右文逃向貴州，白留陳濟桓支隊在梅溪口外監視而還。李以侯人松為桂林善後處長，以呂煥炎縱隊和新編的梁華堂旅鎮守桂林，即率姚洞營經柳州先回桂平，候范石生西上共同研究兩軍聯合對唐軍作戰計劃。陸榮廷殘部韓彩鳳在長安、融縣一帶嘯聚，糾合鄧右文遺下的敗卒共三千人，乘我北追沈部南顧唐軍的空隙，回據東泉、上雷，圖襲柳州。白氏聞報，改以陳濟桓部守桂林，親率李、陸、鍾、呂各縱隊和郭鳳崗團由桂回擊；四月二日到中渡，鄧部五百餘人聞風先逃往鹿寨；三日攻東泉，韓敗退上雷；四日攻上雷，韓又潰退沙埔；正欲派隊向沙浦、鹿寨追擊，而平樂、桂林失陷報到，只好停止。

沈捲土重來、白指揮若定

　　沈鴻英逃伏湘邊，整理殘部，乘我回師禦唐，桂林守備薄弱，潛師歸襲。他先派葉靈芝襲佔賀縣的公會鎮，以誘平樂守軍夏縱隊往救，大隊即由湘邊入恭城，乃派沈榮光南襲平樂，而他自己北襲桂林。平樂余志芳司令兵少，桂林守軍疏忽無備，都被陷落。同時鄧右文也率隊由湘黔邊界分兩路向桂：楊子德、沈錫剛一路二千餘人由古化出黃寨取兩江；沈健飛、邱發吉一路千餘人由龍勝取義寧。沈軍一時數路，捲土重來，聲勢頗大。白崇禧趕急由柳回兵救桂。幸得夏威很快便收復了公會、平樂，沈榮光逃入桂林，夏尾追而來，沈氏父子不敢固守，四月十×日棄桂林城逃依鄧右文去了。

　　白先令陳濟桓部到義寧整理，蔡振雲縱隊向桂林開進擔任守備。原擬向丁嶺坳、金竹坳進攻，但他四月廿二日察看後，以金竹坳太險峻，攻擊必曠日持久，不利。乃置鍾、夏兩縱隊於義寧，支援梁華山、陳濟桓兩支隊和梁華堂旅攻丁嶺坳，作向龍勝移動姿態，以誘金竹坳敵軍乘虛出取桂林，好在平原將其打擊。廿三日擊破丁嶺坳敵軍，即行佔領。金竹坳敵軍果然出佔兩江墟。廿四日我埋伏高唐的郭鳳崗、陶鈞兩警衛團和徐吞明部即襲擊兩江，白親率鍾、夏兩縱隊即午趕到向敵兩翼包圍，敵不支後退，值河水暴漲，浮橋沖斷，被溺死的很多，俘虜七百，殘餘又經金竹坳逃向古化。我於是派隊分向龍勝、古化兩路窮追，殘敵逃向黔邊，為數無多，不能為大患了。

二十二、新軍接受了革命領導（四）

　　唐繼堯自勢力退出川黔，只餘雲南一省，不能滿足他的野心。值孫中山北上，兩廣局勢混亂，便以解決入粵滇軍為名，定假道廣西、進取廣東的計劃，想染指桂粵。他以為陸、沈餘部總有多少可供利用，李宗仁、黃紹竑也會震於他的聲威而受委就範。十三年冬即派代表入桂遊說，李、黃都曾憶述其情形，如下：

用威唐誘嚇、雪恨范來援

　　黃紹竑云：「十三年冬天，我在梧州，忽由雲南來了一位姓文的同學，並帶來唐繼堯的信，信內無非是些應酬聯絡的話，並沒有甚麼重要的表示。我料他上來必然是在窺察兩廣的情形，只好敷衍著。不久，又來一位姓高的同學，帶有川滇黔聯軍總司令的委任狀，擬委德鄰和我為他的部屬。並和我商量，共同出兵入粵，解決在粵的滇軍。同時還帶著煽惑恐嚇的口氣說：『沈軍和在粵的滇軍桂軍內部，都已有祕密的聯絡。』態度非常傲慢，而且開口聯帥，閉口聯帥，好像我們已經是他部下似的。我們那時因對沈軍事正待發動，只好隱忍和他鬼混。同時密電廣州方面預籌對策。到了對沈軍事發動，姓高的知事無望，悄然往港。」

　　李宗仁云：「唐繼堯派代表文俊逸率隨員數人到南寧，神氣十足，無異欽差大臣，盛氣凌人，令人作嘔。他逢著熟人便說，只要李黃二公接受唐聯帥的兩軍長委狀，通電擁護唐聯帥會師廣州的主張，滇雖缺乏現金，願送煙土四百萬兩為滇軍假道入粵的謝禮。於是幹部中有人主張：騙得煙土，再拒其軍隊通過；或待其通過時，沿大河兩岸埋伏截擊，使名利雙收。俞作柏對後一說最感興趣。我深怕決策未定，夜長夢多，也怕內部易生攜貳，危險實甚。徬徨繞室，內心不安。適文代表接唐氏覆電，特攜來督辦處謁見，由衣袋裡掏出電報大聲宣讀。要點是：本帥大計已定，師行在途，不便中止，仰該代表轉李黃兩君知照等語。我聽了不禁氣憤填胸，冥冥中靈機觸發，該電既明言師行在途，是滇軍入境，在指顧間，不容再事敷衍，和戰不定，自取失敗。乃拍案震怒，痛責唐氏夜郎自大，拒

絕逆耳忠言，破壞西南革命勢力。令總務處長周祖晃將文代表扣押，聽候處置。文頓時面如土色，手足顫動，謂兩國相爭，不斬來使，哀求從輕發落，以免累及無辜。前倨後恭，判若兩人，殊堪發噱。我隨即召集高級幹部會議，闡明時機急迫萬分，不容不堅定革命立場，表明態度，所以如此處置文代表。並議決即行動員，迅速集中兵力，擊滅沈部，克復桂柳，再將越境深入的唐軍各個擊破。邕垣只留伍縱隊和警察維持治安，敵若進逼，應保持接觸，明瞭敵情，逐次退回遷江方面。」

廣州大本營接我們的報告，認為情形嚴重，若待唐軍迫近廣東才來堵擊，內部反多問題，遂決定派滇軍第二軍軍長范石生率部四旅一萬五千人援桂，因范為顧品珍舊部，反唐最堅決，向來主張滇軍回滇。

野戰捷欣聞、攻城砲苦缺

入桂唐軍分為三路，用建國滇軍名義。第二路總指揮為第五軍軍長龍雲、率盧漢、孟友聞、朱旭、張沖、張鳳春五個混成旅二萬五千人最先入境，十四年一月廿四日到百色，二月廿三日入南寧。省長張一氣和財政廳長蘇紹章遷往桂平設行署。南寧守軍向賓陽逐步移動。調俞作柏縱隊由桂林方面趕向遷江。電大本營催范軍西上。唐軍隨伍縱隊撤退而步步進逼，前鋒到達賓陽附近。大本營三月一日令范部西開梧州。九日李宗仁、黃紹竑、白崇禧、范石生、楊蓁聯名發表討唐通電。十一日范部由梧開往貴縣，黃紹竑率羅浩忠、鄧竹林兩部偕范石生到貴，會商作戰計劃。此時俞部已到遷江和伍部聯絡。我們以為范軍可任拒止此路唐軍的主力，以減少我軍後顧之憂，不料范軍兵驕將悍，軍紀廢弛，軍行所至，人先逃避，故行軍遲滯。我軍急要先破當面敵人，好轉移兵力對付由黔侵柳的唐軍，不得已擔任主力去攻正面，請范任助攻，派一挺進隊包抄八塘敵後，也竟做不到。敵軍撤回高回墟一帶據險扼守，我伍部向其進攻。黃紹竑到前線視察，認為正面山高地險，不易進展，即令俞作柏率其一、四兩團由右翼繞攻古漏關，直搗崑崙關，深入敵軍側背，敵遂倉皇撤退。我軍尾追到八塘，又與敵增援部隊展開激戰，雖又將其擊破，但雙方傷亡都很慘重。此時，黃接李宗仁電，唐繼虞、吳學顯三萬餘人已離貴陽向桂邊，沈軍殘部也由黔邊回擾，柳州兵單，望抽兵回柳。范軍這時才陸續到達。黃和范商，希望其接替我軍續向南寧攻擊。范見我軍連勝，敵並不強，謂貴軍只須留少數到邕，足維治安便可，其餘儘可抽調。黃即令俞部回柳，留伍、羅、鄧三部作為范軍第二線部隊，協同作戰。唐軍由八塘撤到二塘，和南

寧部隊會合，重新部署防禦。四月二日范軍攻擊，由晨到晚未能得手，急通報黃，望我軍參加。我軍協同攻擊，翌日午後四時才將敵驅入城中。於是攻城，范軍攻東門、北門和鎮寧砲台，我軍攻南門和水閘門，因無大砲，步兵雖屢到城邊，費時半月而不能破，且傷亡很大。

不出驚奇襲、迴旋利撤圍

　　唐軍第三路總指揮為第二軍軍長胡若愚，率楊瑞昌、徐繼光、歐陽永昌三混成旅萬餘人三月十三日由西隆入境，漸近南寧。黃急電李，仍將俞部由柳調回。俞部尚在途中，而胡部四月十七日已到南寧。龍雲既得援兵，突然由鎮寧砲台、北門出擊，范軍旅長楊萌陣亡，官兵傷亡慘重。我范兩軍被壓迫到邕賓路以南、邕江以北地區。范軍非常混亂，河港又多，退卻極難，幸敵不敢猛追。退到下游蒲廟對岸，利用船多，渡過南岸休息整理。我軍黑夜靜肅迅速渡過。范軍每兵兩槍（一為煙槍），燈（煙燈）光照耀，擾攘終夜，天明尚未渡完。

　　唐軍尾追，我范兩軍已在南岸，沿河船隻又盡為我控制，只好退回南寧，卻在城南架浮橋渡江向蒲廟攻來。黃見范軍布置不及，不利迎敵，提議：乘敵城內空虛，兩軍連夜渡江，由我軍輕裝進襲南寧，范軍跟隨前進。勝，可反客為主，我固守而將敵逼退；偷襲不成，敵主力也須回救，不能追逼我了。范、楊同意。即刻行動。伍縱隊次日黎明到達城門附近，敵閉門，衝不進，我范兩軍復圍城。敵軍到達蒲廟撲空，急趕回城，從此不敢再行離城追擊。

　　俞部到後，參加攻城，仍不能破，乃用范軍總指揮楊蓁的計劃，撤去圍城，兵力盡移到城西北方高峰隘至甘墟一帶高地擇險扼守，並遮斷唐對百色、龍州的交通路線。此計劃好處有三：一、我放開正面，敵如東下，我即攻南寧而躡其後，成為前後夾擊。二、敵若攻我，即使我敗，可退向西北，敵如追我而倒回西北，便與其東下目的相反。三、地險兵少易守，可以休息整頓，成相持局面，使我軍在其他方面有迴旋轉動的餘地。

　　黃紹竑此時因病回梧休養，由李宗仁率鍾祖培縱隊前來接替。范軍經失敗後，乃竭力整訓，官兵一律戒煙。

　　這個期間有關唐繼堯異動情事不少：三月十八日唐在滇就副元帥職。孫大元帥上年十月十三日發表此項任命，唐置之不理，到孫逝剛過數日，唐即就職，想繼承大元帥職權。中國國民黨中央執行委員會三月二十日遂通電對唐聲討。唐任林俊廷為建國聯軍粵桂邊防軍務督辦，林三月卅

一日在武鳴就職，四月二日入南寧。劉震寰四月八日宣言反對中央執委會討唐，準備率部回桂；不久，唐即用副元帥名義任劉為廣西全省軍務督辦兼省長，劉擬由北江回桂，五月十二日大本營令滇軍朱培德部予以截阻；六月五日更將劉和楊希閔免職、宣布罪狀、討伐，劉、楊敗逃香港。

解圍先破吳、決勝因待白

　　唐軍第一路總指揮為第一軍軍長唐繼虞，率二萬五千人於五月中旬由貴州入境，沈軍鄧右文部跟隨而來。李石愚部在三江阻拒，眾寡不敵，節節敗退。黃紹竑令白崇禧率部回柳；電李宗仁將伍鍾兩縱隊由邕調柳；令李石愚固守柳州待援。不幸，李石愚在融縣陣亡，柳州僅得張任民、石化龍，石楚琛一班幕僚主持；白部只呂縱隊趕到，餘尚在途中。黃因柳州指揮無人，兵單勢危，逼著力疾乘輪赴柳。此時唐部前鋒吳學顯部七八千人已圍攻柳州數日，唐繼虞主力已到長安附近，形勢愈險。幸伍鍾兩部已到，黃乃決心不等白部到來，先破吳部以解柳圍，否則白到唐也到，仍少勝算。當晚即下令出擊，以一部由南岸繞到馬廠附近渡河攻敵側後，主力在拂曉時分兩路突圍而出。敵軍猝不及防，倉皇退走，被我擊斃很多，後經我馬廠附近的部隊包圍伏擊，遂潰不成軍，向沙塘、沙埔逃去。柳圍乃解。

　　黃以一部仍舊固守柳州，六月三日親率伍、鍾、呂、林（名竹舫，原李石愚部）各縱隊向沙埔追擊。到上雷，知唐繼虞主力已過長安，因留一小部向沙埔警戒，將主力移向東泉，期與白部靠攏，免受各個擊破。黃到東泉第二日，白才到達中渡。當晚，黃走了卅餘里黑路和白在電話中商辯很久，決定以主力進攻沙埔，以小部迂迴包抄敵後。回來已過夜半，即下令進攻沙埔，鍾部任左翼，林部任中央，伍部任右翼，呂部為總預備隊。次早已在沙埔以南地區接觸，戰鬥劇烈，林部被抑制在小河下，伍部爭白馬山五得五失，午後二時總預備隊用完，情況未有進展，而敵仍不斷渡過沙埔河增加。午後三時白部夏縱隊兩團先到，令其增加右翼，才確實佔領白馬山，砲兵趕到山上放列。黃、白同到砲兵陣地指揮，即下令全線進攻，並令鍾部分兵繞攻沙埔敵後。同時砲擊敵方浮橋和增援部隊，都很準確。敵見左右側後被我包圍，正面攻擊猛烈，遂不支潰退，浮橋已斷，溺死二千餘人，被俘二千五百，殘部向北逃竄。

　　鄧右文部圖經古化襲桂林，沙埔戰後，白電徐啟明到古化指揮梁華山、曾軍偉兩部進擊。梁部六月十四日擊敗鄧部於淑母河，十八日追到長安，鄧逃背江，不復成軍。

唐部殘餘尚近萬人，退集融縣一帶，因周西成反對他們，不敢再向黔境而西竄慶遠。我們防其向南寧會合，不再尾追，主力撤回柳城在其南側並行西進。將沙埔俘虜送給范軍補充，並放少數入南寧城以亂敵軍心。黃到柳城復病，將追敵任務交白而返梧州。白六月廿四日在慶遠、廿五日在懷遠復將唐部兩次擊敗。唐只餘五六千人，逃經東蘭、鳳山、凌雲回滇去了。

黃回梧醫病，也為籌餉，正苦羅掘俱窮，恰好截獲南寧敵軍偷運出的煙土廿餘萬兩，得以渡過難關。

鎩羽懲侵略、及鋒試信誠

柳慶戰事既了，調夏部回平樂，伍部回梧州，鍾部留慶遠，林呂兩部和郭陶兩警衛團調往南寧。桂林、平樂、柳州、慶遠各屬善後事宜，由白主持辦理。

南寧的唐軍，既不敢東下，又不敢攻我新陣地。死於惡性瘧疾經南寧商會代埋的已四千人，久住下去，死必更多。既知其第一路在柳敗歸，希望已絕，六月廿四五兩日大部隊陸續渡河到亭子墟各處駐紮，準備離去。我軍已有慶遠回師作後援，廿六日遂兩路進迫：左翼陸劉兩縱隊由邕賓路的八塘向五塘，右翼俞縱隊由高峰隘向么塘，都逐漸逼近城外。七月七日夜間，唐軍棄城逃向左江，經馱盧北渡，入靖西而回雲南。龍胡西部經戰死病亡，所剩不到半數。林俊廷逃往欽州。我軍八日入城，李宗仁十日到南寧。范石生十日率部赴百色入滇，我軍協同追擊唐軍出境而還。因熊克武川軍壓境，我須回顧桂北，未能同范深入。

廣西亂了五年，現才客軍離境，內部肅清，復歸統一。

大元帥府七月一日改組為國民政府。八月六日，國府裁撤廣西總司令（？）暨省長，令於籌備改組之前，所有廣西全省軍政、民政、財政，著李宗仁、黃紹竑以廣西全省綏靖處名義負責處理。

是年冬，國府兩次命令廣西出師，都奏凱而歸。一、熊克武勾結陳炯明謀叛，國府將熊扣留，熊部由粵北回竄湘西，國府令桂截擊。十一月初，李、黃派白崇禧指揮部隊在連山、江華、全州數度邀擊，驅之遠遁，然後班師。二、粵既救平東江，尚餘鄧本殷據三羅、兩陽、高雷，申葆藩據欽廉，國府派李濟深指揮粵桂聯軍進剿。粵軍陳章甫部攻三國，陳銘樞部攻兩陽、雷州；桂軍俞作柏部攻高州、廉州，胡宗鐸、黃旭初兩部攻欽州。十一月初出兵，十二月中旬順利結束。這是受革命領導後首次的表現。

二十三、兩廣革命的統一告成

　　民國十四年秋天，廣西全省從新統一了。那時期國內的情勢：在北方，自曹錕為馮玉祥幽禁而被迫辭職後，已無總統，馮玉祥和張作霖推段祺瑞為臨時執政，攝行總統職權。吳佩孚雖已跟著曹錕倒下，但長江幾省仍屬直系勢力，馮玉祥軍據有京畿和西北，張作霖的力量已由東北漸次伸入關內，彼此鬥爭劇烈。段對北方區域並不能自由行使職權，對南方更是很難過問。在南方，孫中山大元帥逝世後不久，中國國民黨即改大元帥府為國民政府，採合議制，也無總統。雖然內部因容共關係也發生鬥爭，但對於民眾宣傳和對付帝國主義，卻也做得有聲有色，顯現新興蓬勃氣。從前陸榮廷一直和直系互相結合利用，李宗仁、黃紹竑等雖由陸氏部隊孕育起來，卻和直系甚至北方任何的派系都無關係；而且李、黃和其幹部，都是學生出身三十歲左右的人，自然而然地厭棄陳舊腐敗的北京政府，而傾心於有朝氣活力的國民政府了。但因發展太快，招人嫉忌，造作誹語，說李、黃力量已成，將和革命離貳。兩廣革命的統一，本已不成問題的，終於要經過雙方四次的訪問商洽，才告實現。以下是其詳情。

望整個統一、棄兩面作風

　　廣西既統一，廣西革命政權的本身，正醞釀著重大的變化。而廣西的統一又先於廣東，各方都予以重視。十四年八月中旬，國民政府特派西江善後督辦李濟深偕馮祝萬、鄧世增、李民欣到南寧。他們此來，在私交上是訪問和慰勞；在使命上是商量兩廣共同出兵南路和兩廣革命的統一。關於出兵解決鄧本殷、申葆藩的問題，因為粵軍曾助過我們解決沈鴻英，我們非常樂意藉此以示報答；而且廣西的舊軍如林俊廷等有逃避在南路的，一日不將其肅清，廣西邊界就一日不安，為人為己，都應答應，不待多作商討。關於統一問題，他們希望我們改變以前的做法，而將整個的廣西統一在革命政府的旗幟下。因為在粵的桂軍將領和做黨務工作的桂籍人士，兩三年來，隨著我們勢力的發展，散布了很多謠言，或說我們是聯省自治派，或說我們和段祺瑞等北洋派有勾結。並指李、黃各用不同的旗幟和名

稱，表面是分道揚鑣，實際是狼狼為奸，在羽毛尚未豐滿時，就用黃來接近革命政府，現在廣西統一，力量充實，不久一定會背叛革命政府。過去我們只知竭力為革命盡其最大的貢獻，不斷和很多的敵人拼命打仗，沒有閒工夫去理會他們，對他們確是太冷淡了，使他們的面子過不去，難怪他們會造謠中傷。我們為應付起初艱難的局面，梧州和鬱林確曾採用兩面不同的作風。不但對省內如此，對省外也是如此。因為在那個縱橫稗闔的時候，自己的力量又那樣薄弱，稍一不慎，必將招致極大的挫敗，到那時又有誰來同情我們、援助我們呢？李濟深和粵軍第一師的將領，曾向粵方替我們解釋過許多的誤會，可是萬一我們有了甚麼相反的轉變，他們對革命上的責任也就太重了，所以他們在公誼私交上都得來南寧一行。自廣西內部肅清後，兩面作風，已成過去，對統一原則，一致表示贊同，準備派白崇禧赴粵報聘，並作具體的商量。不料，八月二十日廖仲愷被刺案發生，李濟深等奉命匆匆回去，接著又有出兵東江的事，以致統一和其他許多問題，又延擱了相當時日。

被選表相需、紆尊催實現

十五年一月，中國國民黨第二次全國代表大會在廣州舉行，李宗仁、黃紹竑都被選為候補中央監察委員。會後，一月廿五日，中央派汪兆銘、譚延闓、甘乃光三委員乘江防艦隊的兵艦隊到梧州來。汪又是中央政治會議主席和國民政府主席，他們屈駕降臨，中央對於廣西自是頗為重視。李宗仁、黃紹竑由南寧趕到梧州來歡迎。當兵艦入口時，江邊排立著很多的行列和看熱鬧的民眾，成為梧州空前未有的一個盛會。這幾年來，梧州因受軍事的影響，景況非常冷淡，到此才充滿和諧活躍的革命空氣。他們此來，表面上雖然沒有明白表示銜有什麼使命，像是訪問巡視的性質，實在主要的目的在促成廣西對於革命統一的表面化、具體化；其次是商談出師北伐的根本問題。這些都是廣西正在準備著、期待著的幾件大事。當時還有湖南省長趙恆惕的代表葉琪、貴州省長彭漢章的代表劉星垣，都在那裡一起見面，對以後革命的進展有很大的關係。在梧州並不舉行何種正式會議，而是分別的商談。李、黃對於統一和北伐都表示完全接受中央的意旨，可以說，他們的目的已完全達到了。他們在梧州逗留了兩天，除了商談和宴會，大部分時間都用在宣傳式的演講上面。那時梧州人民團體的組織已相當發達，工會、農會、商會、婦女會都應有盡有，此外還有軍政機關的職員，沒有一處不開會歡迎他們去演講，他們也無不應邀出席。演

講的內容，無非是三民主義，聯俄、容共、扶植農工三大政策；中國國民黨的革命歷史，國民革命的前途等等，這些題，在那時是非常新鮮，很受民眾的歡迎和擁護的。他們三人之中，汪氏以魁偉的丰采，委婉的言辭，熱烈的表情，再加上親自拿炸彈去炸攝政王的那一幕動人革命史劇，自然能博得更多人尤其是一般青年的欽仰。他們本來還想到南寧去，因冬天水淺，舟行往返需要近十天的時間，汪、譚為職務上的關係，不能久留，就先回廣州去了只留下甘氏一人和李、黃去南寧。甘是廣西岑溪縣人，他這次回來，對黨務方面的責任比較多些，因為當時廣西的黨務尚未進展，需要他來指導。他到了南寧，也和在梧州一樣，開會演講，忙個不停，直到他害了肺炎，口啞聲嘶，才得停止。

　　他們這次來廣西，就各方面來看，都是很成功的。尤其是一般民眾，消除了革命軍就像民十入桂的粵軍的錯覺；聽了汪、譚、甘的言論，知道革命理論合乎人情和需要，並非像洪水猛獸的可怕。這對以後廣西黨務的展開大有關係。

因力倡統劃、被誤會求增

　　汪、譚、甘三委員回粵後，李、黃兩位在南寧召集重要的幹部會議，對統一問題加以討論。會後即派白崇禧赴粵報聘，同時商量一切具體聯合的態度。白於二月中旬到廣州，提出了澈底統一的意見。中央有也因此專設一個特別委員會來處理這個問題。二月十八日白將經過情形電告李、黃，大意是：「吾省欲負擔革命工作，完成革命任務，在理論與事實上，均非將軍民財三政與廣東鎔成一片，直受中央支配不為功。政治關係省內，抑亦關係全國，自成風氣，實不可能。軍隊更改編制，尤與財政關係密切。即以軍隊而論，廣東革命軍確實注重改良士兵生活，月餉十元至十二元，吾省若將財政自理，對於士兵生活問題，必難解決，結果必有貌合神離之。而於政治建設方面，結果亦將演成閉門造車之情境，將來必為革命之障礙，而吾國家之命運，亦必因而延滯。連日與中央諸公磋商，若吾省能將軍隊依照廣東編制，政治能接受中央策略，財政交中央支配，則一切問題，當能與中央合轍，由中央統同籌劃，互相調劑。此後對於革命任務，固屬共同負擔，而於補助接濟方面，亦已痛癢相關，不能秦越相視矣。禧知兩公革命目的在救中國，非救區之廣西也。抵粵以來，見中央對廣西，僅抱聯合態度，一切設施，規模太小，目光在粵省，不似統一全國機關，於將來革命政府之發展，諸多妨礙。已對汪、蔣、譚諸公自動提

出，先將兩廣確實統一。此種主張，駐粵各方，極端贊許，想兩公必然贊同。現因體念上級官長，以圖節省電報往來時間起見，由汪先生發議，組織一中央特別委員會，討論兩廣統一辦法。先將軍事財政統一，再及其他各件。議決案由禧帶回南寧交兩公核奪認可後，交中央軍事政治委員會議決，由國民政府執行。十八日開始討論，兩公有何意見，請速電示。」李、黃當即覆電同意。但有問題未能痛快地解決，於是白就回來了。白在電中的主張，在粵不但不能澈底的解決，反而生出若干的誤會，主要的原因，就是財政的統一和軍餉的提高問題。因為那時廣西的士兵月餉只有六元六角，官長不論階級，一律為十三元二角，如果要士兵提高到十元至十二元，便要增加三分之一以上的開支，官長的薪俸增加數目更大，在廣西當日的收入，自然負擔不起。而廣東當日的財政比廣西還要困難，自顧尚且不暇，何能再有力量來負擔廣西的軍費呢！因此就有人誤會我們的目的在要求增加廣西的軍費，所以到後來財政統一、軍餉劃一的問題，就根本不談了。

已定大前提、續商小枝節

白崇禧回南寧後，李、黃再和重要幹部從長討論那許多問題。關於統一原則，大家早已同意，不必再去考慮。急待研討的，第一是全省軍事機構的名義問題：廣東自楊劉事變之後，粵軍、桂軍、湘軍、滇軍總司令等含有地方性的軍事機關名義已一律取消，改編為國民革命軍第一、二、三、四、五、六軍，直屬軍事委員會，廣東既不設全省性的軍事機關，廣西能否單獨設立，很成問題。李的意見：廣東為國民政府軍事委員會駐在地，各種問題可由軍委會負責處理；廣西情形不同，如果沒有全省性的軍事機關負責辦理，全省治安和軍隊整理，都有許多困難，故竭力主張設置廣西全省善後督辦來擔負這種責任。理由是充足的。第二是軍隊編制問題：我們的部隊原來由定桂、討賊兩軍組成，後來又改為廣西陸軍第一軍和第二軍，我們仍希望編為國民革命軍第七軍和第八軍。第三為行政機構問題：廣西民政長公署本來是我們自己設立的，只要中央行政制度確立，即可取消，在中央行政度未確立前，暫仍其舊。第四是財政統一和軍餉劃一問題；財政統一和軍餉劃一這個原則，我們十分贊成，但若中央對此尚有顧慮時，可仍由廣西自行負責統籌統支。第五是黨務問題：此後廣西的黨務，自然要盡力展開，我們所顧慮的，是以前在廣西沒有信用的人回來把持，不但黨務無從展開，而且還要引起內部軍事上、政治上的許多糾

紛。總結起來，在一個大的轉變下，一切枝節問題，自所難免，好在大前提已經決定，那些枝節，也只好隨後陸續設法去解決。於是改由黃紹竑負責代表到廣州去，進行這個革命統一的工作。

謀事實解決、非條件要求

黃紹竑為續商統一問題，三月中旬到了廣州。他覺得廣州大大改變了，市內充滿著革命的風氣。李濟深招待他住在廣西會館國民革命軍第四軍軍部裡，對他的安全才覺放心。他在初到兩三日裡，都是和各方面口頭接洽，或是參加會議。兩廣統一委員會對統一問題始終未作最後決定，他到後繼續參加這個會議。第一對設置廣西善後督辦問題，頗多紛議。因為中央方面認為善後督辦這個名義是北洋軍伐常用的，革命政府不宜採用。十三年中央所委廣西綏靖督辦的名義，當時黃也費了很多的唇舌才得核准，這次提出這個名義，其中善後兩字，又和正在從事革新的當時情形不很相合，自然更難適用了。後來經他婉曲地陳說，才改為廣西全省軍務督辦公署，以李任督辦，黃為會辦。第二對編成兩軍問題，更覺為難。他們雖沒說出不能編為兩軍的理由，但黃很明白他們的意思，如果廣西編成兩軍的話，就無異佔有國民革命軍全部四分之一的數量。後來汪兆銘這樣說：「第七軍的番號已經決定了，自然無問題，若要再編一軍，因第八軍的番號已決定給唐孟瀟（生智），此外又不好再編。」這個理由實在勉強得很。黃以我們確實擁有兩軍的實力，原來已有兩軍的番號，如果要併為一軍，也有我們的困難，而且這一軍的軍長，由李擔任，仰由本己擔任，也頗難安排。但黃見他們內心為難的情形，就自動的提議請編為一軍（但軍內共編六個師），以李宗仁任軍長，本己自願擔任黨代表的職務。譚延闓聽了黃的建議，拍掌贊成，說：「這才是真正革命的態度啊！」黃之所以自動提出編為一軍，一來為解決當前會議席上的困難。二來他鑑於以往兩軍間，總不免有彼此的界限，不如趁此機會，混編一起，不特前隙盡除，此後必更加團結。他自己雖不任軍長，但以他過去的歷史，同李私人的關係，擔任黨代表還不是和軍長一樣的嗎！第三對行政機構問題，因為中央整個行政制度尚未確立，目前只要中央加以委任，就算了事，等到制度確立以後，再行改組。第四對財政統一和軍餉劃一問題，那時的財政當局，只要求接受中央的法令統一，在中央財政系統之下，便已滿意，因為他們明知統一以後，於中央是沒有好處的，如果財政統一軍餉劃一，還要使他們增加負擔，正如一個窮人要和有錢的人平均家產一樣，有錢的人一

定是不肯答應的，黃體念對方的困難，也就不再勉強要求，仍由廣西自收自支，以免引起中央的誤會。第五對黨務問題，自然完全統一，依照中央規定辦理；中央也允許時時顧慮地方的情形，並尊重我方的意見。各種問題，在此便順利地解決了。

決議見施行、遵令迅改組

統一問題既有相當結果，中央便指定黃紹竑出席下星期一（三月十五日）中央黨部總理紀念週報告統一的經過情形。那次參加的人特別多。由汪兆銘主席，行禮如儀後，汪即介紹黃登台報告。黃首先將奉孫大元帥任命討賊起，和李德鄰合作，出兵南路，保障革命策源地，作簡要的敘述。次說明他這次來廣州的使命，是要求革命的統一，加強革命的力量，以求革命的成功。以前廣西一般工作同志，在廣西和舊勢力苦鬥了三年多，才把革命的障礙剷除，完成廣西全省的統一。這不是為個人佔領地盤，作軍閥式的割據，也不是僅為廣西使它成為一個獨立的省分，而是想把廣西的一切力量，整個的貢獻給中國國民黨的革命政權。在廣西革命障礙未完全掃除以前，我們不願作誇大的、不現實的表示，現在廣西已經統一了，所以我們才敢對中央作切實的報告，對社會作公開的宣布。接著將統一的內容作概要的陳述，並表示我們只是磋商事實的解決，並不作為相對的條件的要求。自今以後，廣西的黨務、政治、軍事，都唯中國國民黨和國民政府的命令是從，李某、黃某只是奉行黨和政府命令的人員云。報告完後，大家報以熱烈的掌聲。汪並作補充的說明，才告禮成。

同日，中央政治委員會通過「兩粵統一案」：一、廣西省政府接受國民政府命令，處理全省政務；二、廣西軍隊全部改編為國民革命民；三、兩粵財政，受國民政府指揮監督。三月廿四日，軍事委員會任命李宗仁為國民革命軍第七軍軍長。統一問題具體化了。

黃在廣州逗留了兩個多星期，曾初次參加過中央黨部會議和最重要的北伐會議，然後偕同蘇聯的軍事顧問、一批政治工作人員和黨務工作人員回到南寧，將在廣州所決定的事情，向李宗仁和重要幹部報告。大家一致同意而且非常高興。

軍事機構易名改組的工作，很是簡單，在四月間很快地完成了。就是將廣西全省綏靖督辦公署改為廣西全省軍務督辦公署，只換了兩個字，再把定桂、討賊兩個總指揮部的老班底充實到軍務督辦公署裡去便成。另外編組一個國民革命軍第七軍軍部，準備出師北伐時負指揮責任。在後方，

概以軍務督辦公署來處理全省軍務。至於部隊，在統一戰事結束後，已整編為九個旅，尚待改編為師。在軍黨代表下設政治部，各師也設政治部，團設政治指導員。

　　廣西省政府也於六月一日改組，黃紹竑為省府主席。

二十四、廣西參加北伐貫徹始終

　　所謂北伐，就是革命政權的武力從兩廣北進打倒北方的軍閥，以掃除革命的障礙。計自民國十一年以來，四年間曾舉兵三次，都是失敗而歸，概略如下：

第一次：民十粵軍佔領廣西後，孫中山大總統十二月四日到桂林設大本營，十一年二月三日下令北伐，前鋒已入湘南。但湖南力阻北伐軍過境，陳炯明在後方又斷絕接濟，不得已於四月退兵回粵。五月改道韶關向江西進攻，連克贛州、吉安，因陳炯明六月十六日在廣州背叛而回師。

第二次：十二年二月，孫中山由滬方粵復任大元帥，七月廿六日任譚延闓為北伐軍總司令。譚八月七日在衡州就職，即行進軍，數次和趙恆惕交鋒。中間又曾議和，不成，復戰，到十一月十四日譚在宜章失利，退歸粵邊。

第三次：孫大元帥十三年秋乘蘇浙、奉直兩戰發生，聯合盧永祥、張作霖對付吳佩孚。九月四日大本營會議決定北伐，五日發表「討伐曹錕、吳佩孚告軍民書」，十二日大本營由廣州移韶關，十八日發表宣言，宣布北伐目的不僅在推倒曹吳軍閥，尤在推倒軍閥所賴以生存之帝國主義。馮玉祥十月倒戈顛覆曹吳後，孫中山應邀北上，十一月四日以譚延闓為北伐軍聯軍總司令，駐韶主持軍事。六日吳佩孚的援粵軍總司令方本仁向北伐軍輸誠，九日北伐軍克贛州，廿一日克吉安。十二月十四日段祺瑞委方本仁為江西軍務督辦，方復叛附北，十四年一月六日方本仁奪取贛州，北伐軍遂分退湘粵邊境。

　　十五年這次大舉，是第四次了，終於完成北伐大業。

群憎舊政權、渴待新局面

　　國民黨在當時必須北伐，無論客觀環境或主觀條件，都是無可避免的。先說客觀環境。北方自曹錕被囚，吳佩孚逃蟄岳州，其在北方的部隊

悉為馮玉祥、張作霖所吸收，長江數省仍為直系所據。馮玉祥的國民軍，控制京畿、京漢線北段和察、綏、甘、陝、豫數省。張作霖的奉軍，沿津榆、津浦、滬寧各線直伸至上海，其將領李景林、張宗昌、姜登選、楊宇霆分任直、魯、皖、蘇四督。到十四年十月，變化起來了！浙督孫傳芳自稱浙閩蘇皖贛五省總司令，通電討奉，鄂贛皖三省軍人立即響應，鄂督蕭耀南電岳州請吳佩孚出山。吳即通電助浙討奉，到漢口接受十四省推戴，就討賊聯軍總司令職。孫傳芳很快便奪得蘇皖兩省，只到徐州，不復北進。十一月奉軍第三軍團副團長郭松齡勾結馮玉祥在灤州反奉，僅一個月而敗，張作霖俘殺郭松齡，發兵攻馮玉祥。馮成了張吳共同的敵人，吳遂聯張共同對馮。馮為減小目標，十五年元旦辭職出國。一月，張攻入山海關，吳進攻河南，直魯聯軍（直軍李景林為馮所敗，退往山東和張宗昌魯軍相結合，同受吳佩孚委任）由山東攻天津。吳勝後北抵保定，國民軍向吳求和而吳不理，勢不能支，四月十五日撤離北京，退守南口。段祺瑞的執政政府隨而傾倒。張吳為後繼政府事爭持久而不決，六月廿八日兩人在北京會晤後，雙方決定軍事合作，才又積極合攻國民軍。

十五年夏間的情形：一、張作霖在關內據有京奉線和津浦線北段。二、吳佩孚據有湖北、河南兩省和直隸的保定大名一帶，京漢線全為其勢力範圍。三、孫傳芳以南京為根據，宰制蘇、皖、贛、浙、閩五省。孫對吳尊之而不欲居其下；和奉系也表示互不侵犯，言歸於好。張、吳、孫三大勢力和國民黨是絕不相容的。四、馮玉祥已赴蘇俄。國民軍交張之江等統率，正困守西北；東面扼守南口，和奉直軍相持；南面死爭西安，和劉鎮華相持。馮部雖為國民黨的友軍，但尚未正式入黨，此時馮以獨力難以自存，才決計加入國民黨。八月，廣州任馮玉祥為國民政府委員。五、閻錫山一向採用隨風轉舵政策，北京政權儘管變化，他緊握山西永不動搖。國民革命軍力量到達北方，他也就歸附國民黨。六、湖南省長趙恆惕，舉聯省自治的旗幟以圖自保，實際上常為吳佩孚所支配。二月間，湖南第四師師長兼湘南督辦唐生智被廣西所策動，起而驅趙，湖南遂入革命範圍。七、兩廣後方的雲南唐繼堯，去秋雖由桂敗歸，野心並未即死。

全國人心對當時的軍閥政治憎惡到了極點，渴望新局面的出現，已成為全民一致的要求。國民黨對此自不漠然狀置之。

藉緊張作戰、冀消減內爭

　　再說主觀條件。國民黨自孫中山總理逝世後，被共黨不斷地分化，指有歷史勞績號召力強的老同志為右派、為不革命，而將權力慾強的汪兆銘推引向左，擁為國民政府主席，供其利用。共黨藉廖仲愷被刺案，把右派排除離粵。右派在北京西山開會反共，在上海另行樹立中央黨部，和廣州對立。但無軍隊、群眾作後盾，不能危害廣州。共黨在廣州繼續分化，使國民黨同志不斷相鬥，以遂其操縱把持的陰謀。國民黨解厄對策，只有北伐。北伐成功，取得全國政權，自不怕共黨的搗亂，更可減少對蘇俄的倚賴而完全自主。此時若放棄聯俄，全世界更無助我的國家，以現在單薄力量，獨自進行革命，困難必將加甚。若放棄容共，無異逼共黨為我敵人。故一切都暫時隱忍，一面打擊西山會議派，一面準備北伐。但共黨因其在軍事上尚未取得決定性的權力，在國內各階層的勢力也很薄弱，北伐太早，對其不利，故極力反對。主張北伐最力的為蔣中正，共黨因蘇俄軍事代表團團長季山嘉出面阻蔣北伐無效，於是準備在蔣乘中山艦由廣州返黃埔軍校途中，將艦直駛海參威，送蔣赴俄。為蔣警覺，先行處置，是為「中山艦事件」。兩日後，三月廿二日中央政治會議決定令季山嘉等回俄，汪兆銘會後即稱病不視事。中央人事乘機調整，中央執行委員會與國民政府委員會四月十六日聯席會議，推選譚延闓為政治委員會主席，蔣中正為軍事委員會主席。胡漢民四月廿九日由蘇俄返抵廣州，五月九日即避往香港。汪兆銘也於五月十一日祕密離粵。在國民黨內具有無限權威的蘇俄顧問鮑羅廷，於國民黨第二次全國代表大會會後返蘇述職，四月底回粵，見北伐已無法阻止，中共羽毛未豐，和國民黨決裂不利，乃和蔣中正多次會商，訂定國共兩黨協定辦法。五月十五日國民黨第二屆中央執行委員會第二次全體會議，通過了甲、黨務整理案；乙、國共兩黨協定辦法案；丙、國共兩黨聯席會議組織案，使黨內暫時安定。六月四日中央執行委員會臨時會議，通過迅行出師北伐，任蔣中正為國民革命軍總司令案。五日國民政府即照發表任命。北伐大計到此才告確定。七月一日軍事委員會下北伐部隊動員令。九日蔣就國民革命軍總司令職，發布出師宣言和通電。十七日中央執行委員會常務委員會推張人傑代理中央常務委員會主席，譚延闓代理國民政府主席。後方布置完後，蔣乃於廿七日離粵入湘督師。

煽東侵不成、勸革命生效

　　廣西的領袖和幹部，傾心革命，對北伐早已發生興趣，無意中竟策動了湖南起義，參加革命陣營。

　　廣西既統一，氣一新，漸為各方所注目，時有使者來探政治行情。湖南省長趙恆惕十四年冬特派旅長葉琪為代表，來廣西游說，希望廣西贊同湖南的聯省自治主張，湖南願意幫助廣西向粵發展，趙無意過問粵省政權，只圖消滅在粵譚延闓、程潛兩部湘軍。廣西革命立場堅定，自然不受其所分化。葉為廣西人，和李宗仁、黃紹竑並許多幹部都是同學，久別重逢，無所不談，盤桓有日，葉的觀感竟為之改變。大家期望湖南參加革命，第四師師長兼湘南督辦唐生智具有魄力，請葉對唐說服。李對葉表示，唐如有此決心，廣西當以全力為其後盾，廣東革命政府也必樂於援助。葉接受李的意見，即和唐暗通消息，祕密進行。十五年一月下旬，中央派汪兆銘、譚延闓、甘乃光三委員訪問梧州，李特偕葉由邕赴梧和汪譚會談，將策動唐生智起義驅除趙恆惕的事面告。汪譚都以此舉意義重大，答應轉報中央。二月中旬，廣西派參謀長白崇禧偕葉赴粵，直接再向中央報告。中央加以鼓勵，唐遂對趙壓迫。二月廿四日趙離湘赴滬，臨行以湘事付賀耀祖、劉鉶、葉開鑫三個師長。廿八日唐誘殺劉鉶，並以兵向岳州壓迫葉開鑫。三月十一日趙向湘省議會辭省長職，並委唐生智為內務司長，代理省長。十七日唐入長沙，因趙的親信部隊不附已，不敢就職，仍請趙回湘。廿五日國民政府代表陳銘樞、白崇禧已到長沙，予以策勵，唐乃宣布就代理省長職，並以快刀斬亂麻手段削奪省內其他將領的勢力，於是葉開鑫走依吳佩孚求援。事前李宗仁應唐生智的要求，並守對葉琪的諾言，派鍾祖培的第八旅到湘桂邊境黃沙河駐防，以為聲援，並電廣州中央，請儘速利用時機，早定北伐大計。旋得覆電：「策動唐部舉義，至深嘉許，桂省出兵支援，亦表贊同。至北伐問題，關係重大，深盼李督辦來粵會商，再行決定。」那時期，中央因共產黨阻撓北伐，人事上發生暗潮，故大計未能即決。

整隊成勁旅、客卿只備員

　　廣西的部隊遵照中央命令於十五年四月改編為國民革命軍第七軍。軍長李宗仁、黨代表黃紹竑、參謀長白崇禧。共九個旅，二十一個團，一

砲兵營，一工兵營。各旅旅長：第一俞作柏（後調任中央軍事政治學校南寧分校校長，改任李明瑞），第二白崇禧兼，第三劉日福，第四黃旭初，第五伍廷颺，第六夏威，第七胡宗鐸，第八鍾祖培，第九呂煥炎。各團團長：第一李明瑞，第二龔壽儀，第三陳恩元，第四蒙志，第五張國柱，第六許宗武，第七葉叢華，第八李孟蓉，第九陸受祺，第十梁朝璣，第十一韋雲淞，第十二李朝芳，第十三陶鈞，第十四楊騰輝，第十五周祖晃，第十六尹承綱，第十七楊義，第十八林竹舫。獨立第一團團長陳濟桓，獨立第二團團長羅浩忠，入伍生團團長呂競存。砲兵營長羅傳英，工兵營長馬典符。全部官兵約四萬人。這是四年來數經淘汰整理所剩下的精銳。

在軍黨代表下設政治部，各師也設政治部，團設政治指導員。這是仿照蘇聯的制度。黨代表和軍長處於同等的地位，對於部隊，代表中央黨部，有監察的責任。軍長所下的一切命令，都要黨代表副署才發生效力。這種制度，在若干部隊裡，部隊長和黨代表常常會發生嚴重的衝突和摩擦，但在第七軍裡，李黃兩位卻精誠相見，毫無隔閡。從全軍的官兵看起來，名義上雖有不同，實際上也是一樣的服從。政治部設主任，由總政部派充。蘇聯顧問，也是國民革命軍必須設置的。第七軍的蘇聯顧問是馬邁也夫。他原是打鐵工人，後來投入紅軍，經過軍官訓練，據說當過一任旅長，曾在克里米亞作戰受傷。他頭腦簡單，在軍事上不見得有何特長，不過在當時只要能夠把一些很膚淺的技術或新式的編制介紹給我們，也就算無忝職守了。黃紹竑記得馬邁也夫初來時，馬和他只談過三三制師的編制問題，以後並無其他建議，備員而已。

這是北伐將發動時第七軍的概況。

參戰有前途、代行深互信

如果第七軍參加北伐，將由何人率領呢？這個問題，黃紹竑早已想到。他本已任了幾個月廣西民政長，對地方行政已發生了興趣，想留在廣西。三月間他在廣州商洽統一問題時，知道北伐勢在必行，因此推李宗仁任軍長，預為地步。回來後商討到北伐問題時，黃當然推舉李領導部隊出征。李自無可推辭。關於出征兵力，省內治安已無顧慮，部隊本可大量抽調，但為防備雲南唐繼堯，不宜太過空虛，可以半數用於北伐。

省內的部署大體既定，李宗仁即應召於四月間赴粵。他到廣州時，中山艦事件過後不久，中央政潮動盪，大家精神集中在安定內部，對北伐問題，見面雖有商談，一時也難得具體。唐生智被吳佩孚大舉援助趙恆惕舊

二十四、廣西參加北伐貫徹始終

155

部向其反攻，四月廿四日離長沙退衡山，向兩廣求援。第七軍鍾祖培旅尹承綱團五月中旬已參加唐部作戰，鍾親率周祖晃團廿八日抵衡陽，李宗仁更力促中央北伐。廿九日蔣中正主持軍事委員會會議，主張先撥廣西軍費二十萬元，令出發援湘。六月四日二中全會臨時會議決議迅行北伐，任蔣中正為國民革命軍總司令。李宗仁以中央大計既定，一切軍事上問題也已接洽就緒，六月十八日乃離粵返梧，蔣中正送其到石圍塘而歸。

北伐是一個新的工作目標，有遠大的前途，各級幹部都爭先恐後要求參加，不願意留在後方。幾經斟酌，才決定調第一、第二、第六、第七、第八、五個旅長，率領第一、第三、第八、第九、第十一、第十二、第十三、第十四、第十五、第十六和獨立第二等十一個團出征。因奉到中央命令時間短促，故未及依照新編制改編。第二旅旅長白崇禧被蔣總司令調任副總參謀長，以韋雲淞繼任旅長。黨代表未隨軍出發，因有半數部隊留在省內，故李軍長在前方，帶著黃黨代表的圖章，代其行使黨代表的職權，黃在後方，也帶著李的圖章，代其行使軍長的職權，並未發生窒礙。這種和諧的精神，完全是公私歷史所造成，不是其他所能做到的。軍政治部主任黃日葵，也留省內，由麥煥章在前方擔任此職。李軍長出發時，黃紹竑為其在梧州召開一個盛大的出師北伐大會，由李親自主持，到會的非常擁擠。一般民眾對北伐官兵寄予無限的期望。會後李即赴桂林督師北上。部隊除第八旅早已到湘參戰外，其餘也已由桂林一帶，陸續出發了。

第七軍出征部隊的糧餉、被服、槭彈等項，都是由廣西籌劃接濟，直到革命軍到達武漢、南京以後，這種負擔才得減輕。

鋼軍傳贛北、強敵絕江南

革命軍北伐開始時，放置張作霖，妥協孫傳芳，先打吳佩孚。唐生智得鍾祖培旅來助，在洪羅廟初勝，才就國民革命軍第八軍軍長職。第七軍胡宗鐸、李明瑞兩旅和第四軍陳銘樞、張發奎兩師續到，唐生智統率反攻，吳佩孚軍敗走，唐七月十一日收復長沙。蔣總司令以總參謀長李濟深坐鎮廣州，第一軍軍長何應欽駐潮汕防福建，魯滌平第二軍守韶關，朱培德第三軍和程潛第六軍在湘東防江西，他八月十二日到長沙，十八日令第四、七、八各軍進攻，以第一軍第一、二兩師為總預備隊，在汨羅河、汀泗橋、賀勝橋連戰皆捷。吳佩孚親赴汀泗橋、賀勝橋督戰，也莫挽敗亡。第四軍獨力攻破天險汀泗橋而得鐵軍稱號。九月二日圍攻武昌，六日克漢陽，七日吳佩孚棄漢口北遁，十八日克武勝關，雙十節破武昌城，吳佩孚

從此一蹶不復振。湘鄂這一役，第四、七兩軍的戰功最著。

孫傳芳在吳佩孚將敗時對革命軍動起來了！蔣總司令九月三日以何應欽為東路軍總司令攻福建；以程潛任北路、朱培德任中路、魯滌平任南路向江西分進合擊；更令李宗仁第七軍九月十一日從武昌入贛北，並屏障武昌下游；蔣親赴南昌指揮。孫組織鄧如琢、鄭俊彥、盧香亭、周蔭人、陳調元、顏景崇六個方面軍，只周蔭人在閩，其餘五個在贛，將主力集結南潯路，孫自乘兵艦在九江一帶指揮。革命軍攻江西，費時兩月，在武寧、南昌、德安各處經多次血戰，十一月七日全贛底定。孫軍精銳盡喪，孫逃回南京。此役第七軍以孤軍深入贛北，四面皆敵，後路已斷，兩週之間，箬溪（九月三十日）、德安（十月三日）、王家舖（十月十三日）三戰大勝。尤以德安一戰，截斷南昌、九江孫軍的交通，敵膽為寒，孫急將大冶、陽新部隊撤退。敵以李軍為飛軍，眾更譽之為鋼軍。福建也於十二月初旬為何應欽平定。

張作霖以吳、孫皆敗，十一月十一日由奉天到天津，決定以奉軍由京漢線南下援吳，直魯軍由津浦線南下援孫，藉以擴張地盤。孫傳芳知不能拒，索性聯奉，到津見張乞援，推張為安國軍總司令。張作霖十二月一日就職，委張宗昌、孫傳芳為安國軍副司令。直魯軍漸伸到上海。

蔣總司令以贛閩已定，即以東路軍取浙江，中央軍取南京，西路軍鎮武漢。東路軍總司令何應欽在閩部署未完，以白崇禧為東路軍前敵總指揮，先行出發。白氏於十六年一月廿七日由衢揮兵前進，只在桐廬激戰一次，沿途並無大敵，二月十九日白入杭州，全浙底定。

上海倡清黨、龍潭戰衛都

自中央由廣州遷到武漢後，共產黨操縱黨政，危害黨國，在滬中央委員會議乃決定四月十二日清黨。四月十八日國民政府在南京設立。這兩事廣西將領予以實力支持。

國民政府四月廿四日在敵軍由浦口砲擊中召開海陸軍領袖會議，決定完成北伐。蔣總司令以何應欽、蔣中正（由白崇禧代）、李宗仁為第一、二、三路總指揮，一路肅清江北；二路任津浦路正面作戰；三路由蕪湖渡江襲津浦路魯軍側面，並救合肥、六安被圍各軍。五月十五日開始。第三路六月一日佔領徐州、碭山、單縣；第二路九日佔領海州；第一路追擊孫軍已入魯境。

奉軍入河南，吳佩孚軍阻止而敗，吳部下靳雲鶚向武漢革命軍乞援。

四月底，唐生智、張發奎兩部入河南，連敗奉軍，六月一日佔領鄭州。馮玉祥（上年由俄回國，九月在五原稱國民軍聯軍總司令，令部隊繞道甘肅去解西安圍，出潼關，與武漢革命軍會攻河南。十一月廿八日西安圍解）五月一日在陝西改就國民革命軍聯軍總司令職，五日在潼關下令六路進軍，廿六日克洛陽，三十日追奉軍至鄭州附近，六月一日入鄭州與唐軍會師。奉軍悉退黃河以北。吳佩孚由南陽逃入四川。

戰後，馮玉祥、唐生智，汪兆銘等六月十日至十三日在鄭州會議決定：北伐由馮部擔任，唐張部隊回鎮長江上游。十六日馮玉祥到徐州，十九日與蔣中正、李宗仁、白崇禧、胡漢民等會議三日，決定蔣馮共同北伐，並同意馮的對付武漢方針。共組四路軍北伐：第一路白崇禧攻魯東；第二路李宗仁任津浦路正面；第三路王普、馬祥斌、王金韜、劉鎮華、鄭大章各部合攻濟寧，第四路孫良誠任京漢路正面。各路廿三日開始進攻。廿七日白佔臨沂，李克滕縣。三路廿九日克金鄉後，王金韜部內變，退回碭山。四路也大有進展。突因武漢發動東征，蔣急令李、白班師以固首都，李、白七月三日開始撤退。

寧漢衝突，因武漢反共和蔣下野而告合作。但孫傳芳軍復南下，八月廿六日渡江，遂發生五晝夜的有名龍潭大戰，何應欽、李宗仁、白崇禧指揮第一、七兩軍將其解決，首都乃轉危為安。

西征使命完、北伐凱歌奏

寧、漢、滬（西山會議派）三方面合作，九月十六日在南京成立國民黨中央特別委員會，尤其改組國民政府和軍事委員會。汪兆銘得不到實權，回漢唆使唐生智聲討特委會為違法篡黨，國府下令討唐，發兵西征。那時晉軍（閻錫山六月六日就國府所委北方國民革命軍總司令職，部隊照此改稱）進攻奉軍，馮軍被直魯軍大舉進攻河南，都望南京北伐。軍委會遂決定西征北伐同時並舉，分配五路總指揮任務：第一路何應欽；第二路白崇禧北伐；第三路李宗仁駐皖鄂邊境策應北伐西征兩軍；第四路程潛；第五路朱培德西征。晉軍十一月上旬退守雁門、蔚州、井陘。唐生智十一月十一日下野，三四兩路軍入武漢，退湘唐部後由白崇禧進擊收編。何應欽克蚌埠後，十二月十六日克徐州，馮部鹿鍾麟由碭山到徐會師，隴海路復歸掌握。中央特別委員會於十二月廿八日宣告結束。

蔣總司令受各將領敦促，十七年一月四日復任；十八日特任其為國民革命軍北伐全軍總司令。二月七日二屆四中全會改組國民政府，推譚延闓

為主席；改組軍事委員會，以蔣中正為主席，李濟深、李宗仁、白崇禧均任常務委員。二月廿八日改編第一路軍為第一集團軍；國民革命軍聯軍為第二集團；軍北方國民革命軍為第三集團軍，以蔣中正（兼）、馮玉祥、閻錫山分任總司令。四月八日將西征各軍、兩湖部隊改組為第四集團軍，以李宗仁為總司令。

蔣負完成北伐全責，軍隊改稱統一後，四月四日第一集團軍從津浦路，二集從京漢路，三集從正太，京綏兩路同時向敵進攻。一集五月一日克濟南，日軍製造慘案阻撓。二集十二日佔德州。三集九日克石家莊、正定、廿六日克保定，三十日佔張家口。張作霖見大勢已去，六月三日離北京返奉天，次晨在皇姑屯被炸死。張學良在北京急令軍隊退灤州，續撤出關。二集八日和平入北京城。天津十二日也和平收復，孫傳芳逃關外，張宗昌率殘部逃津東。

七月六日蔣馮閻李四總司令在北平香山碧雲寺祭告孫總理靈柩，北伐完成。

東北決用和平解決。津東殘敵，蔣以四集前敵總指揮白崇禧負責肅清。白九月一日開始向京津各國使領疏通，以免津東外兵誤會，廿三日將直魯軍完全解決。

北伐經過，在軍事上非常順利，倘無內訌妨礙，時日大可節省。吳、孫、張三軍閥一一顛覆，打倒目的已達。

廣西參加北伐，由開始直到完成，可謂貫徹始終。

二十五、黃紹竑主桂的政治設施（上）

廣西的地方行政，民國初建時，在廣西都督府內設司分掌，其後才軍民分治。二年十月廿四日，袁總統任張鳴岐為廣西民政長。袁將稱帝，制多復古，廢民政長，四年七月十三日，任命王祖同為廣西巡按使。袁死而巡按使廢，五年七月十九日黎總統任命廣西督軍陳炳焜兼署廣西省長；十月八日任命劉承恩署廣西省長。六年六月廿日兩廣宣布暫行自主，李靜誠繼任廣西省長。九年十一月四日，廣西督軍譚浩明取消自主，北京總統徐世昌十二月廿九日任命李靜誠為廣西省長。十年七月一日，孫中山非常大總統下令討伐陸榮廷，陸系政權崩潰，八月十日孫總統任命馬君武為廣西省長。十一年五月，駐桂粵軍撤退回粵，是月廿二日馬辭省長職。自治軍起六月，蒙仁潛自稱廣西省長。十二年二月十三日，邊防軍韓彩鳳等迫蒙仁潛下台，蒙將省長印信交自治軍總司令林俊廷。三月廿一日北京政府黎總統派林俊廷暫行兼代廣西省長。六月北京政府任命張其鍠為廣西省長，廿二日到職。十三年六月定桂討賊軍克南寧，張其鍠棄職去，廣西省議會推張一氣為省長。十四年二月，滇軍侵桂入邕，省署遷桂平，張一氣掛冠而去。這是廣西省行政首長職名變遷和人事更替的情形。

現述黃紹竑繼主桂政的設施，資料主要採自黃氏的《五十回憶》。

省長已被裁、民政為過渡

民十四年七月，廣西驅逐了唐繼堯侵桂的滇軍，全境肅清，復歸統一。省長張一張不復回來，只財政廳長蘇紹章繼續供職。戰後地方急須整理，省政不宜虛懸，綏靖督辦李宗仁電梧會辦黃紹竑來邕商討此事。大家都推黃紹竑出負此責。黃以自己對政治既無經驗，也無研究，力辭，終因再無適當人選而無可推卸，才就。那時國民政府也是七月初剛告成立，但已頒布用合議制不設省長的省政府組織法。又八月六日令：裁撤廣西總司令暨省長；在籌備改組之前，所有廣西全省軍政、民政、財政、著李宗仁、黃紹竑以廣西全省綏靖處名義負責辦理。」令中已明示省政要改組。中央旋派李濟深來商統一問題，廣西對統一原則已經同意，而李因廖案發

生匆匆歸去，未商得具體而擱下。全省政務殷繁，由綏靖處辦理，實在是可暫不不可久，不如早作安排。但行政首長怎樣產生呢？由省議會推舉，雖有前例，也頗困難：一、省議員因戰事星散各地，一時不易召集。二、張一氣省長是由省議會推舉的，他既未向省議會辭職，似不便要省議會另選。三、省議會的議員，可說已是三朝元老，不能代表革命的民意。黃氏以既無政制可循，只是暫時負責過渡，用廣西民政長名義，可免各方的指責，將來更改也易迴旋。大家也以為然。於是黃即自鑄廣西民政長的銀即，自定組織，九月十五日宣布就職。民政公署設政務會議，下設四廳。人員概由黃自行委用：以粟威為內務廳廳長，蘇紹章為財政廳廳長，甘浩澤為教育廳廳長，盤珠祁為建設廳廳長，朱朝森為政務會議秘書主任。因行政系統中斷已久，許多法令規章已不適用，中央又無法令頒布可循，黃氏乃自定「行政會議條例」，作為母法，其他法令規章都從這母法產出。這種創制，正是革命過程中的一種主要的工具。

金融重立信、縣政襲前清

在這個過渡時期中，民政公署最重要的工作是統一財政和民政，跟著便是整理金融和規定縣知事任用標準。

先說財政。從前定桂討賊兩軍的各別稅務系統，已由綏靖處統一起來。但民政公署接收過來後，其下級機關仍多為有力者所把持，而不易控制。後來蘇紹章辭職，黃紹竑自兼財政廳長，才得澈底統一，從事整理。金融情形，自陸譚政權崩潰，其發行的紙幣已成廢紙。加以民十以後，兩廣各地私鑄銀毫很多，成色低劣，價格混亂，急須整理。於是在梧州設立造幣廠，鑄造貳毫廣西嘉禾銀幣，統一形式，劃一成色；一面將以前各種形式不同成色參差的雜幣，按其成色，分別收回改鑄。共計鑄造了六百萬元。並於十五年五月，在梧州成立廣西銀行總行，委黃維、廖喬松為正副行長，發行五元、一元、五角、二角的紙幣，即以所鑄銀毫為發行準備金。從此省內流通的貨幣，價格劃一，在民間的信用重複建立。此次鑄造銀幣、成立銀行的資本，來源得自意外。當時廣西境內的鴉片煙是公運私禁的，私運被緝獲便充公。駐防百色的旅長劉日福緝獲一大批私煙一百多萬兩，絲毫不敢截留，全部解繳政府。除照規定犒賞他的部隊外，變賣得銀二百多萬元，全數撥充造幣和通貨發行基金。黑貨變白銀，奠定了金融基礎，黃氏很稱許劉的功績。

再說民政。在軍事時期的縣政工作，只是剿辦土匪、籌措軍餉和協助

軍事三項。因此選用縣知事的標準：一、在地方上有聲望，最好還具有相當的經濟基礎，在軍需緊急時能設法週轉或籌墊。二、在地方上擁有相當的武力，且有膽量，和地方民團有良好關係，能隨時呼應；遇到匪警或有軍事行動時，能協助軍隊，剿辦土匪，不至聞風喪膽，棄城先逃。合標準的自然以本籍的紳士為多，有些成績很好，如貴縣知事劉晉臣，民眾一致擁護他，並非有土皆豪，無紳不劣，因他能兼顧軍事要求和民眾利益兩方面，在那時此類人是不宜打倒的。全省統一後，規定縣知事要迴避本籍。民政唯一的事也只是任用縣知事。縣政一切都沿前清舊例。縣以下各級幹部的任用，用人多少，都由縣知事作主，上級並不過問。縣知事以下的人員，大都是世代相傳的書吏房科，一部分是隨縣知事來去的師爺官親。縣公署的經費採包辦制度，那時規定每月大縣五百元，中縣四百元，小縣三百元，在各縣應行解省的稅款項中扣除。縣公署的費用，不論薪俸公費，都由縣知事全權支配。此外縣裡自徵的雜捐和用途，經縣參議會通過即可動支，省裡也不去過問。各縣徵收田賦，縣知事照例坐支八厘徵收費，有的提出一部分補助機關的經費，有的全入私人的宦囊。黃氏評論：舊縣政雖有缺點，但上級監督既可執簡馭繁，縣知事也可自由發揮其才能，只要縣議會健全便無弊病發生。後來省、中央、縣參議會三管的縣制，反束縛得太緊了！

新府皆舊人、先務破迷信

十五年六月一日，廣西依照《兩廣統一案》和《省政府組織法》正式成立廣西省政府，而將民政公署結束。省政府設省務會議，為全省行政最高機關，下設秘書處，民政廳，財政廳，教育廳，建設廳。國民政府任命黃紹竑為廣西省務會議主席兼財政廳長，粟威為民政廳長，朱朝森為秘書長。民政公署的政務會議，已具合議制的雛形，現在施行省政府的合議制，又多是舊人，自然很覺順利。不過一切重大問題都由主席決定，會議只是集思廣益而已。

省府成立後第一件措施為破除迷信。那時政治改革的洪流，已滲透了全省各地，在各種政治建設尚未開始之前，先下一番工夫做這件事。七月，通令全省各縣搗毀寺廟偶像，以祛除社會迷信。除孔聖像和關岳像外，一律不准保存。這個社會運動，原屬白崇禧所首創，他在一月間驅逐川軍出境後，駐軍桂林，下令各部隊將桂林城郊附近的寺廟會館所有的神像一概搗毀。當搗毀城隍菩薩時，那些士兵都有些畏懼，但迫於命令，又

不敢不搗，先上香叩頭禱祝道：「城隍爺爺不要怪我，我是奉了軍令，身不由主的啊！」這可見迷信的力量。省令下後，除鄉僻地方仍有未能澈底執行外，大多數寺廟的偶像，尤其在城市的都已不存在了。

思想導新向、外交使越親

廣西自李宗仁、白崇禧出征北伐後，省內黨政軍的工作都由黃紹竑負責，忙到神經衰弱起來，醫生勸他轉換生活環境，於是他在八月率領行政幹部和黨務宣傳人員出巡龍州。他此行含有政治、軍事，外交各種意義。一、龍州是陸譚一系多數人物的家鄉，他們失敗後多避居安南，時在邊界滋擾，他要親往察看，以定應付方針。二、省內重要地區，他都到過，惟龍州尚未去過。三、國民黨聯俄容共農工三大政策，最為帝國主義的殖民政府所不滿和畏懼，廣西統一後，法越政府對我尚未澈底瞭解。他到後先召開民眾大會，親自報告統一廣西的經過、參加革命的必要和此後行政的方針。宣傳工作同志即展開活動，使民眾見聞大開，引他們的思想走上新的大道。其次在廣西全邊對汎督辦（呂煥炎）署招待法國領事、龍州海關稅務司和外國商人，說明中國革命目的在打倒軍閥，今後中越邦交當更親睦。他們對打倒列強的口號仍在懷疑，以為中國無此力量。但對此次宴會和中國小姐同席跳舞，說是龍州破天荒的事。最後視察鎮南關要塞防務。桂越邊界四百多公里，犬牙交錯，關、隘、卡很多，每處設有對汎員或汎兵把守，由對汎督辦管轄，專司雙方人民往來交通稽查治安事宜，性質有如邊防警察。各重要關隘都建有要塞炮台。就那時形勢說，以鎮南關為最重要。因法國的鐵路已通到鎮南關五里外的同登，由同登入關，有公路直達龍州，於是鎮南關成為交通上、商業上、政治上、軍事上的重要地區。鎮南關離龍州五十餘公里，汽車一小時可達。大連城、小連城兩要塞為各個要塞的中心，控制關南北兩側，形勢至為險要。

要塞上有很多堅固的工事兵房，歷年已久，多已崩壞還有許多門德國克虜伯廠一八八八年遠的要塞砲，口徑有廿一生的，有十五生的，都鏽廢不能用，也無人管理。中法戰役，提督馮子材即以大小連城為反攻諒山的據點，戰事初起時，我軍先受挫折，馮氏持槍佩刀在此督戰，終於反敗為勝，在我國邊防史上留下極光榮的一頁。其後提督蘇元春銳意經營，購砲築壘，完成沿邊各要塞。這種要塞，在當時確有其重大的價值，蘇氏鞏固邊防的功績，值得為後人所稱道。

范借酒澆愁、鮑訪談獻策

黃紹竑由龍州回到南寧，那時我北伐軍已進佔武漢，捷報傳來，群情歡欣，便舉行一個大規模的祝捷大會。在慶祝宴會席上，黃氏同席的范石生軍長，前由雲南敗退回來，殘部駐在平馬，這時特來南寧向黃商量接濟善後種種問題。范觸景傷情，想起廣西不能全力助其回滇，中心非常憤懣，雖沒有說出對黃不滿意的話，但黃從范的表情上是可以體察出來的。黃又不便向范訴說自己的苦衷，求其諒解。飲酒間，范定要和黃對飲一大玻璃杯茅台酒。黃因酒量已飲到差不多醉了，便請范先說明必須對飲的理由，並希望把酒減少一點。范激昂地說：「我和你同過戰場，共過患難，難道這一杯水酒就不能同飲下去？你若不飲，就夠不上朋友了！」黃知道范心中正在煩悶，要借酒澆胸中的抑鬱，便不推辭，也就借這杯烈酒向他表示歉意，希望將彼此不能以言語形容的芥蒂，都溶浸到酒裡去，乃各舉杯一飲而盡。黃當場支持不住，扶醉回家，腸痛大作，次日延醫診治，知是患盲腸炎，南寧沒有手術設備，立刻專船趕往廣州入頤養院割治。來院慰問他的人很多，他最注意國民政府蘇俄政治顧問鮑羅廷在他病室中大談廣西社會的經濟情形，尤其注意資本家、大地主。黃說：「廣西根本沒有資本家，一般都是小商人。最大的地主，每年的收入，至多也不過一兩千擔租穀，而且這樣的地主為數極少。」鮑很不以為然，駁道：「廣西一共有多少家當舖？那些都是剝奪農民利益的組合。大地主雖然沒有廣東那麼多，但是廣西的耕地也比廣東少得多。那些擁有一兩千擔租穀的人家，已可算是大地主了。」黃很詫異鮑對廣西一般的情形這樣明瞭，也許比自己所知還多一些。最後，鮑請黃注意農工的利益和農工的政策。黃到年底才回南寧。

新制殊合理、初行又撤銷

省政府在十六年春間，依照十五年十月二十日國民黨中央執行委員會暨各省市黨部聯席會議通過的省政府組織法，改組為委員制。國民政府任命黃紹竑、李宗仁、白崇禧、粟威、黃薊、伍廷颺、俞作柏、雷沛鴻、朱朝森等九人為廣西省政府委員；黃紹竑、粟威、朱朝森三人為常務委員；黃紹竑為主席並兼軍事廳廳長，粟威兼民政廳廳長，黃薊兼財政廳廳長，雷沛鴻兼教育廳廳長，伍廷颺兼建設廳廳長，俞作柏兼農工廳廳長，朱朝

森兼司法廳廳長並兼省政府秘書長。這是省制上一個重大的改革,把軍事行政和司法行政都統屬於省政府裡面。廣西全省軍務督辦公署取消。但高等法院和地方法院的訴訟判決仍是獨立的,不受行政拘束。四月清黨後,教育廳長雷沛鴻辭職,出國考察,由黃華表繼任;農工廳長俞作柏辭職,由蘇民繼任。黃紹竑以為省政府是整個國家組織中的第二級政府,其內部的機構,應為中央政府的具體而微,現使全省的政治、軍事、司法都為省政府組織的一部,形成類似中央政府的形式,這是比較合理的。可惜此種組織法並未持久貫徹實行,軍事廳和司法廳不久就撤銷,農工廳在清黨後也撤銷,其業務歸併民政建設兩廳辦理。

值時代翻新、選縣官費力

　　省政府一向都注重縣宰的選拔。十五年八月,成立課吏館。但規模簡陋,並不招收固定的學員,而是把那些類似候補知縣的失業人員,每月命一兩個課題,責成他們自己去用功研究。既無一定的授課時間,也無一定的講師指導,只就他們所呈的課藝,作文字上的考核,或口頭上的詢問。課藝是否自做,當然無從查考,也沒人去查考,所以談不上甚麼效果。

　　十六年三月,改辦廣西地方行政人員講習所,黃主席自兼所長,招收學員,集中管教。規模雖稍完備,但學員水準很低,大多只能充任縣以下各級幹部,其中才能卓異,可任縣長的,極少發現。辦了兩期,也就停辦。

　　十七年春間,舉辦縣長考試。黃主席任委員長,各廳為委員,組織縣長考試委員會主持其事。但考試結果,令人失望,應考的雖有百餘名,被取錄的僅十五名。原因是:一、有資歷、有學識的人,大都已有固定工作,而不願應考;或學殖荒疏而不敢應考。二、那時正當新舊時代交替中,新的人才尚未培養起來,養的人才多已落伍。應考的多半是落伍分子,希望僥倖博得資格為進身階梯。其試卷內容,多是些光怪陸離不合時代的陳腐濫調,實在無法取錄。考第一名的,是一個二十多歲的青年,語體文很好,近代知識也頗豐富。其餘取錄的也都是富有新知識的青年。被取的並不即以縣長任用,而是先分發到各縣去學習,學習期滿,考核他們的心得,再分別予以實際的工作。

職業須解決、娼婢自清除

娼妓是肉體的買賣，奴婢是人的買賣，在人類平等和道德的觀點上說，都非及早廢止不可。廣西省政府於十六年五月通令全省廢娼和解放婢女。但兩種結果都不圓滿。

廣西原有花捐收入，全年達二十餘萬元，政府以為不應該以那種錢來充行政經費，而毅然廢娼。事後反引起許多批評：公娼廢後，私娼更增加；公娼政府可以集中管理，私娼難管，良賤不分，性病傳染更加猖獗；廢娼後，娼妓的生活問題和嫖客的性慾需要問題，未得適當的解決，仍非合理的辦法。黃紹竑氏以為男女生活和性的需要，都是必要的條件。政府對人民的職業，尤其對女子的職業，要有解決的辦法；同時對男女的性生活，要使他們得到正確的觀念，然後禁娼問題才可迎刃而解。娼妓主要是由失業造成，禁娼自應著眼解決職業問題，但不宜因職業問題一時不能解決而諱言禁娼，因噎廢食，流弊更甚，為害社會也更大。如果職業問題解決了，男女雙方本著性的需要，自可以正當的途徑，求得共同的解決。認娼妓是正常營業，玩娼嫖妓是正常行為；認臨時的或由臨時而變為永久的自由戀愛，都是不道德行為；這些都是舊社會的錯誤觀念，必須加以糾正，禁娼才能有效。他的話是有道理的。

賣女為婢，也因失業所造成，尤其是遇到荒年。不賣她，無力養活，終要餓死。賣了她，不但她得活，連自己也得活了！賣的決不會怨買的，甚至反而感謝買的。所以買的自命這是慈善行為，不是不道德的事。因而有人認為政府解放婢女，無異虐政。這種雙方情願的買賣，不會有人來報告，也沒人願意檢舉，政府不能派許多人去稽查，即使強制執行，也決難得良好結果。但賣的只是少數人，想獲得的只是維持一家性命的代價，為數並不很大，用政府力量去救濟，並非做不到的事。政府能指導人民改良農業工業技術，生產增加，生活有著，自然無賣女慘事發生。因此，政府如果不能解決人民的職業和保障其生活，一切堂皇冠冕的政令，都是紙面文章，無裨實益。豈僅廢除娼妓和解放婢女兩事為然？這是黃氏事後檢討所得的教訓。

早改土歸流、掃殘餘封建

廣西境內，還有許多未增設縣的地方，由土司官治理。有的在土司官外，復由省另派一彈壓委員，相當於各省的設法局性質。土司官完全是封建時代的遺制。相傳宋朝狄青征服儂智高時，南寧的西北兩方，多半尚未設縣，他即劃土分封給隨征有功的將士，以為酬庸。在劃封的地域內，由受封人全權治理，這便是他的封邑。此後凡是他所需要的，無論公用私用，概向封邑內的土民攤徵。對於上級疆吏，除年終貢獻一些土儀外，沒有其他的關係。所有人民生殺予奪之權，完全操在土司官手上，其黑暗自不消說。世代相傳，並無變更。土司的祖先都是北方人隨軍南來的，並非土人，但因年湮代遠，都已土化了。「改土歸流」為歷代治邊的一貫政策，由清末到陸譚時代，都繼續執行。所以仍未盡改，其原因有二：一、因地廣人稀，改縣後經費入不敷出，要加重省方的負擔。二、以前省的權力還達不到那些偏僻地方，而土司官世襲至今，已形成一種根深蒂固的惡勢力，如果治理不當，極易引起反抗。所以歷來都是採取漸進作法，而不敢孟浪將事。黃紹竑主政後，深知這種殘餘的封建勢力，已到了沒落時期，決無復興的可能。而且在革命政府之下，更宜及早革除，使被土司官壓迫著的人民，早日得到解放。目前雖加重了省政府的負擔，但事關施政大計，不應多所顧慮。於是在十七年上半年，將欣城土司改設欣城縣；太平、安平、下雷三土司併置雷平縣；上龍，金龍峒三土司併置上金縣。

二十六、黃紹竑主桂的政治設施（下）

　　廣西有好幾種語言，但在政治設施上，並未因言語不同而有所區別。

　　廣西話可以分為土話（僮話）、官話（普通話）、白話（廣東話）、挨話（客家話）四大類。土話是土著僮族原有的話。僮族是住在廣西最早的人，後來由東北的湖南和東南的廣東方面進來許多外省人，時代愈進，移來愈多，而且文化既比土著為高，又有經濟、政治、軍事各種力量做後盾，土著自難和他們競爭，而逐漸向西北退縮到左右兩江區域。官話是湖南和北方各省傳來不同的方言，在桂林省會地方，起了一種中和的作用，經歷代的演變，而成為桂林官話，為南方官話的正宗。由桂林發展，東至富川、賀縣，南至昭平、修仁，西至柳州、南寧都是官話區域。白話是廣東人得西江交通方便，移植廣西而傳入，比官話人來得早而且多，由下游漸至上游，再由沿江兩岸向兩側深入。挨話也是由廣東從東南兩面傳入的，時代較遲，所以純粹客家區域都在南面邊境各縣。住在兩種語言交界地方的人，都能說兩種或三種話。因經濟和交通發達的關係，語言習慣會逐漸鎔冶混合的。

視民族平等、特教育苗瑤

　　土話中除了僮話，還有瑤話和苗話，是廣西兩種原始民族瑤人和苗人用的。他們都散居山僻高地或邊鄙小縣的高山上，而以平南、桂平、武宣、縣、修仁、蒙山六縣圍繞的大瑤山為僑人最集中的地區。當時的廣西地圖，特別用空白來表示大瑤山區域。因山高地僻，瑤人很少和外間往來，外人無從詳悉其內幕，成為一塊神祕的地方。苗人和瑤人都是多住高山，非貪氣候清涼，他們的祖先都是平原曠野的主人翁，後來漢人移入，他們在經濟和文化上都競爭不過漢人，不得不退到貧瘠的高山上以苟延殘喘的。從前瑤侗僮僆等字都寫成猺狪獞猥，這是漢族優越感的錯誤觀。廣西境內的苗人和瑤人有二十餘萬，省政府奉行國民黨民族平等的原則，十七年五月通令全省苗瑤縣分的縣長，參照前清平樂知府歐陽中鵠創辦瑤學的計劃，辦理瑤民學校，教育開化，使能進步，由劉介主持其事，頗有成效。

設督察委員、培基層幹部

廣西地面遼闊，人煙稀少，加以那時除了幾條勉強通行的河道外，陸路交通十分艱困。省會南寧偏在南隅，省政府對於全省九十餘縣的指揮監督，自感困難。尤以桂林、柳江、田南、鎮南各區為最甚。前清設府、道，民初設道尹（民十已廢），都是為此。但距省政府近或交通便利地方，又無須多此中間的行政組織。省政府再三研究的結果，在幾個區域設置組織很簡單的機構，派行政督察委員以監督考察區內各縣的行政，而補省政府耳目所不及。制度既定，即委張任民為桂林行政督察委員，轄桂林、平樂各縣。黃勉為柳州行政督察委員，轄柳州、慶遠各縣。鄭承典為鎮南行政督察委員，轄龍州、太平各縣。馮冠倫為田南行政督察委員，轄百色、思恩各縣。直到十八年全省的主要公路大致完成後，才將此制度撤廢。

鄉村組織和幹部，以前都是沿用舊方式和舊人員。十七年九月，省政府感覺縣政基層組織的重要，在桂林良豐創設村政學院，聘劉仁航為院長，以培養縣政基層幹部，不久，因十八年廣西政變而停辦。黃紹竑氏自己觀察，劉氏的學問道德雖好，但理論近乎迂闊，更缺實經驗。是純粹的村治主義者，將上級關係看得很輕，似近於無政府的主張。所以即使有機會實行，收效如何，並無把握。

法變官嚴選、稅增民負輕

整理財政是行政工作中最重要的。省政府在十五年做好整理貨幣和統一全省收支後，十六年才能著手此事。先決定廣西財政整理的方針：一、採用量出為入和量入為出的平衡原則，就是說政府為進行各種新建設，不能不有新支出，而這種新支出的來源，同時也須顧到人民負擔的能力和收入最高的限度。二、實行全省一次徵稅，裁撤重複的稅卡，停止重複徵稅。三、廢除不正當不名譽而害名的收入。四、實行專賣和保護稅。五、廢除包商和比較額，實行實收實解。六、收入一律改用大洋，以毫洋加二五伸算。七、頒定新稅則，採用從價徵稅。按照方針從事準備工作。首先成立整理稅務委員會，以財政廳黃黃薊為主任委員，指定對稅收有成績有研究的稅務人員數人和地方公正士紳商人數人為委員，於十六年春在梧州舉行稅務會議，研究討論決定各種進行辦法，七月一日逐步施行。在實行前，先由政府提出支出的需要數字；然後由各重要稅務機關負責人白

志鯤、黃鍾岳、蒙飛鴻、李德輔、黃仲庵等就當時的稅則加以整理，以測定收入的最高限度；如果還不能適合政府的要求，即按其差額以為加稅的標準。同時將全省原有三十個徵收機關應徵的數目，併裁於十六個機關徵收。這十六個稅務機關都設在全省貨物進出口的重要口岸，凡出入口的貨物，完納了一次稅捐，便可通行全省，毫無苛擾。此法行後，稅收增加一倍多，而人民負擔並未增加，商民又都稱便。各稅卡徵收的比較額，都是前清光緒年間所規定，現時商業發展，其應收數目自不止此。但陸譚時代，稅官能徵解七八成的，已屬難能，可知中飽驚人。我們在軍事時期，曾改為投標商包，收入較之比較額超出一倍至兩倍，而包商仍有盈餘，且盈餘數目有高過繳解政府數目的。黃紹竑氏見此情形，乃決定廢除包商，實行實收實解，嚴選稅官，嚴密監督。這次整理，曾經正法一人，監禁數人，才收良好效果。方針第一、二、五、六、七各項都貫徹了。

重率課香煙、強迫稅火水

實行方針第四，專賣事業先由紙煙辦起，將所有入口的紙煙，一律交由政府貼從價百分之七十的專賣印花，再交煙商分銷出去。那時廣西的入口紙煙，以英美煙草公司的佔大多數，華商的華成、南洋兩煙草公司僅佔一小部分。此法一行，英美煙公司就派代表到來質問，說他的煙已在上海納了統稅，不能再納第二稅。廣西不管他們反對，堅持專賣。結果英美煙公司自動撤退了，華商屈服了。廣西的煙廠也開設起來了，委蘇汝淦為廠長，出了兩三個牌子的香煙。後來因為專賣也等於收稅，反而要貼許多印花，又費手續，索性改收保護稅，值百抽七十的稅率，比以前增加十倍有多。這是在稅收上首先戰勝外國人的一件事。但外來煙稅收得那樣重，而自辦的煙廠並不因此而發達，也不能多賺錢，這完全是管理、技術、原料的問題。

其次，是火油納稅。當討賊軍駐梧州時期，對各種貨物通過，都很有規律地收很輕的保護費。商人因軍隊既把土匪剿清，不再受土匪任意勒收「行水」，也樂於繳納，連外商亞細亞、美孚、德士古的火油也不例外，歷年都無異議。可是現在政局統一，廣西要把火油徵稅，他們就提出抗議，不肯答應，要求國民政府下令制止。廣西仍舊不予理會，爭持到最後，他們屈服了，只稅率減輕一半。

那時，革命軍北伐著著勝利，漢口發生交還英租界問題，英國對我革命政府讓步，廣西對外商交涉也兩次得勝。

僅劃區禁賭、藉煙稅養兵

　　方針第三實行最難。煙、賭、娼的稅捐，都是不正當不名譽的收入。娼是廢了，效果並不圓滿，上文已經說過。且說禁賭和禁煙。

　　兩廣人好賭，很偏僻的鄉下，花會、播三萬、打天九、開肉飛、番攤、寶館、闈姓、山票、鬥雞、鬥蟋蟀、鬥畫眉等等，都常見到。麻雀牌是光緒三十年才傳入廣西的。廣西從前也曾禁過一兩次賭，但只禁雜賭，闈姓、山票、番攤、寶館等一般認為「正當的賭博」，不在禁止之列。而且禁了一年半載，又復開放。禁令也不嚴，在城市裡只徒具形式，鄉下仍和不禁一般。民國以來，竟以賭捐為正常的餉源，籌集最容易最確實，乃美其名為「防務經費」，公開徵收，全省每年約有三百萬元的鉅額。就是到了我們的軍事時期，也是以此為軍餉的重要來源。省政府於十六年訂定分區禁賭辦法，通令全省在十七年元旦起實行。除在梧州、南寧、桂林、柳州、平樂、鬱林、龍州、百色這八個城市中劃定區域，准許開設番攤、寶館兩種賭場外，其餘各縣和上述八縣的鄉間，無論何種賭博，概行禁絕。此法行後，賭的範圍和區域縮小了，管理容易，而賭捐收入並不減少。其餘大多數的城市鄉村，不再受賭博的害處。這並非根本解決的善法，比以前只此善於彼而已。

　　禁煙收入是那時廣西財政的最大財源。所謂禁煙，仍是以前寓禁於徵的辦法。廣西的土壤和氣候不適合種鴉片，所以煙土都來自雲南和貴州，從百色、龍州、柳慶各處人口，全年總在二千萬兩左右。歷年加以整理，煙稅收入達一千萬元以上。這兩千萬兩煙土，散在兩廣，平均每人可得半兩，可知為害之大，而竟飲鴆止渴，其造因固不自那時始，民國民來的中央和各地方政府，都應分任其咎的。

　　廣西財政經十六年後不斷整理，日上軌道，能維持必要的支出，而使各種建設得以齊頭並進，此乃黃薊的功績。

　　此外又清理田賦。廣西田賦在清時僅五十萬兩。民國四年六月舉行清賦，以財政廳長田承斌為總辦，朱新模為駐局總辦，各道尹為會辦。取消以丁折米的舊制，改兩為元，釐定產穀百斤徵銀一角，產雜糧百斤徵銀六分，旋又將雜糧免稅，從此全省田賦全年收入達二百餘萬元。此只徵收方法的簡化，而非地藉整理和田畝清丈。人口既年有增加，新闢田地當也不少。黃紹竑氏鑑於各項不正當的捐稅將來必須廢除，乃在田賦方面徹底整理。十七年八月成立清理田賦總局，以財政廳長黃薊兼任局長，全省清

理的經費，預算約為二千二百餘萬元，採用實地丈量法，預計三年內可完成，但因十八年政變而中輟。據邕寧縣局部清丈所得的結果，並不十分正確，因屬初辦，技術和經驗都還欠缺所致。

教育費增籌、省大學創立

對教育的重要措施，為增籌教育經費和創辦廣西大學。

廣西的教育，在陸譚時代既不重視，民十後經五年戰事的擾亂，復多所摧殘。十五年乃召開第一次全省教育會議。這個會議，開創了廣西教育的新紀元，除討論恢復原有的學校外，並力求擴展和充實。因此寬籌教育經費便成為會議中的重要問題，當經決定在全省田賦附加一部分充教育經費。省政府因這是國家的百年大計，即行核准。廣西田賦本來很輕，附加了一倍並不覺重，人民也認為這是應有的負擔。會後接著舉辦教育行政人員養成所，將各縣教育局長召集訓練，期由教育行政基層幹部的健全，以促進地方教育的發展。

十五年冬，黃主席在省府會議提議創辦廣西大學。有人說廣西中等教育還未發達，大學似宜緩辦。但黃氏以一省沒有一所大學來領導促進文化的責任，總是一個缺憾。而且廣西學生要進大學，非到廣東、上海、北京不可，也就太不經濟太不體面了。於是他遂行決定。先成立廣西大學籌備委員會，他自任委員長，教育財政建設各廳長和省內外桂籍有名望的人士為委員；由省政府即撥一百萬元為建築費，五十萬元為設備費；一切建築都是新的，絲毫都不利用舊物。校址勘定在梧州三角嘴的蝴蝶山，取其交通便利，本省學生都可順流而下，外來的教授也可溯西江而直達。同時因為此處是他進兵梧州的登陸地點，可作廣西改革的紀念。十六年三月，他親到梧州行奠基禮，到九月大部建築都已完成。聘馬君武博士為校長，盤珠祁碩士為副校長。九月十三日舉行開學典禮。第一期招收學生二百八十餘人，內分農學院、理工學院、礦冶專科，期由農工礦的發展以救廣西的貧窮。校雖初創，但建築新穎，設備完全，加以馬校長的學術名望，不特可招致省外的教授，且可吸引外省的學生。

十六年還有兩個重要的教育文化活動。夏間，省政府在桂林舉行夏令講習會，聘請省內外學術名流前往講演。令全省中等學校校長、教職員、各縣市教育局長，前往聽講，各界民眾也可自由參加。桂林山水有名，廣西又是正在革新的省分，所以到來講學的名流學者很多，如馬君武、邱大年、黃賓虹、丘景尼、唐慶增、陳欽仁、陳定模、陳鍾凡、陳柱、姜琦、

白鵬飛、鄭彰成等,都不遠千里而來,實開桂林文化的新紀元。他們對廣西也寄予無窮的希望。秋間,又在梧州舉行第一次全省運動大會,到各縣運動選手千餘人,廣東和駐在梧州的外兵也參加表演,情形很為熱烈。

四幹線公路、五千里先成

公路、市政、礦產調查、工廠設立、墾荒植桐,都是廣西的新建設。

黃紹竑氏對於廣西的建設,首從交通著手。全省公路網計劃,根據省內河道交通的分布和鄰境的需要來決定。省內河流的方向,都是由西北向東南,流經梧州入廣東,所以由西北到東南的交通,還不困難,而由東北到西南就十分不便了。對鄰境廣東的交通,暫且利用西江,也還便利,但對湖南、貴州、雲南、安南,就非開發陸路的交通不可了。省內的公路,在陸譚時代,僅有南寧到武鳴和龍州到鎮南關兩條,各長五十餘公里,不足供現時的需要。因以省會南寧為起點,決定建築四條大幹線:甲、東北幹線:自南寧經賓陽、遷江、柳州、荔浦、桂林、全縣直達邊境黃沙河,和湖南銜接。中間以柳州為中心,一經宜山、河池、南丹直達邊境六寨,向貴州銜接;一經沙浦到長安;一到柳江下游的石龍。又以荔浦為中心,一經蒙山到濛江,和西江水運相接;一經平樂、八步、賀縣、信都而到梧州,再由賀縣接至廣東的連山。乙、東南幹線:由賓陽經貴縣、鬱林、容縣、岑溪到梧州。中間一由鬱林經陸川到廣州灣;一由鬱林到博白;一由容縣經六陳、大安到武林接西江水路。丙、西南幹線:由南寧經綏淥、思樂、明江、寧明到龍州。丁、西北幹線:由南寧經武鳴、果德、平馬到百色。再由百色接至貴州的坡腳、雲南的富州,和黔滇兩省銜接。上述的計劃,除西北幹線和河池到六寨、蒙山到濛江、賀縣到梧州、賀縣到連山各段外,其餘都在十七年底十八年初完成通車,共長約五千餘里。除一小部分由人民自辦外,其餘都是政府撥款辦理,由建設廳長伍廷颺主持其事。在當時,廣西是公路最多的省分。有人說,陸地交通,鐵路為主,公路為輔,現不先築鐵路而多建公路,實欠合理,且不經濟。黃氏後來也同意這話。

市政始自梧、繼起為邕柳

廣西的都市建設,開始於十三年十一月三十日梧州大火之後。黃主席鑑於梧州的街道狹窄,救火不便,致損失重大,事後即提議把街道放寬,被焚區域和完好區域一律重新改造。贊同的都自動照辦,反對的就派兵強

制執行。特設梧州市商埠局主持此事。十六年五月，又改為梧州市政委員會，以蒙民偉為委員長。十二月成立梧州市政府，蒙民偉接任市長；下設公安、衛生、工務、財務各局。淩鴻勛、趙祖康諸氏均曾在工務局工作。街市規模完全倣照廣州市。十七年年底自來水和電燈完成後，卑濕黑暗污穢混濁的梧州，遂完全改變面目，成為嶄新的都市。南寧和柳州，也於十六年九月成立市政工程處，開築馬路。十七年冬柳州大火，燒去房屋十分之七，燒死居民三百餘人，乃將全市澈底改造。省政府因省會過偏桂南，遂議遷治柳州，以其地點適中，水陸交通又很便利。因而對柳州的市政府特別注意，除將舊城方面災區重建外，又在對河荒郊建築一百尺寬的馬路，並建築規模宏大的物品展覽會，全部建築費八十萬元。擬在展覽會閉幕後，省會即遷往柳州，展覽會全部房屋即為省政府辦公使用。旋因十八年政變而中止，展覽會房屋的建築未能完成。其餘的市政建設，在二十年仍由伍廷颺繼續完成其工作。

礦多量貧薄、銻錫尚集中

廣西礦產的蘊藏，最初由丁文江氏知其概要。十八年一月廣西建設廳在柳州召開全省建設會議。國內的地質學家丁文江、李四光，農業經濟專家鄒秉文、莫定森、鄧植儀、趙俊聲、章樹幟，工程工業專家淩鴻勛、趙祖康、陳琮、張季熙、刑士廉等，他們有的是來廣西考察的，有的是在廣西工作的，都應聘參加柳州會議。此外更有許多華僑團體不時回來考察，想從事實業的開發。這些專家和華僑到後，認為廣西的先天條件和後天條件都感缺乏，難有很大發展，華僑不敢投資而回去。丁文江氏在南寧以東地區作詳細的地質考察，事畢和黃主席詳談，他說：「廣西的地下，各種礦苗都有一些，可是樣樣都不很豐富。尤其沒有豐富的好媒，也沒有豐富的好鐵，而且分布得非常散漫，這於將來工業的發展，不免受到阻礙。金礦雖有很多地方發現，但粒小脈微，還不能用機器大量生產，而且金礦在世界上並不佔重要的地位。銻的藏量僅次於湖南，但用途少，價格低，目前尚無開採價值。只有錫的藏量，雖不算很豐富，但集中易採，是目前廣西最有價值的礦產。」他又說：「廣西一定要修築幾條鐵路。一條經桂林、全縣入湖南、因為長江以南的煤田，以寶慶為最有價值，可用火車運到廣西來應用，或者銷到廣東、香港去。另一條，北由柳州經河池、南丹而到貴州、四川，南經貴縣、鬱林而到廣州灣，四川出海的鐵路，以此線為最近，全程不過二千多公里，而且工程上比任何一線為容易。四川的農

產都很好，貴州的礦產也有希望，如果此路成功，對廣西經濟上大有益處。」黃主席當時對他的鑛藏說法，似未敢深信，最後他說：「我不過勘察了一個概況，而且南寧以西的地域還沒有看過，那裡的山脈來自雲南和安南，安南和廣西邊界不遠的地方，有很好的煤鑛，可能在南寧以西，留有很大的希望。最好組織一個地質調查所，從事詳細的調查，便能明瞭一切。」黃氏後來回想，非常佩服他。

工小廠初興、農植桐兵墾

在農業方面，那些專家也提出了兩點重要意見：一、廣西的地層多半是石灰炭構成的（尤其是柳桂一帶），下面滲漏太厲害。廣西的雨量並不算多，所以土地很易受到旱災的威脅。而且所施的肥料都被滲漏而不能積聚，不但不能變好土壤，反而一年年的枯瘦下去，所以廣西的農品大多數是不豐厚的。二、柳桂的土壤多半是石山的風化層，酸性太重，有些植物不能長成。而且害蟲很多，不易治理。要補救這種缺點，惟有人工儲水和大量製造化學肥料。因為天然肥料缺少，不夠土壤的消耗。當時建設廳本想利用梧州硫酸廠的硫酸作為製造化學肥料的基礎，但是省內又無磷礦，終於不能實現。這都是一般學者所謂廣西先天不足的原因。站在政府的立場，不因先天不足而灰心，仍勇往直前地做去，希望人定可以勝天。在那短短的時間內，工業方面，完成了三酸廠、酒精廠、機械廠、製革廠、磚廠、紙廠。農業方面，成立了全省農務處，各區設置墾荒局和兵農委員會，實行兵農政策，以伍廷颺氏擔任兵墾工作。提倡植桐，通令全省每人每年植桐十株，列為縣長的考成，黃主席親率省級公務員墾地植桐以為倡率。

黃氏以十八年事變而離桂，在任三年又九個月。他自己說是年輕而又無政治學驗的軍人，只是一面做，一面學，戰戰兢兢，小心謹慎地幹著，還勉強得了一些微小粗糙拙劣的成就。但時人把他的做法和結果與陸譚時代比較，便瞭解兩者的不同，一個是安於落後的，一個是力求進步的。

二十七、廣西黨務的初期現（上）

中國國民黨的始祖為興中會，是孫中山先生於光緒二十年（一八九四）舊曆十月在檀香山組織的。過了十年，黃興的華興會和興中會合作，於光緒卅一年舊曆七月二十日在日本東京改組為中國同盟會，孫中山被推為總理。民國成立，元年八月廿五日中國同盟會改組為國民黨，孫中山被推為理事長，孫氏旋委宋教仁代理理事長。癸丑二次革命失敗，二年十一月四日總統袁世凱下令解散國民黨，並取消國民黨籍的國會議員；同月十二日又令取消各省議會的國民黨籍議員。三年六月廿三日孫中山改國民黨為中華革命黨，在日本東京開選舉會，仍推孫中山為總理，孫七月八日就任，宣誓再舉革命。袁死，中華革命黨總部自東京遷上海，因國內外大勢和環境變遷，六年三月三十日通向海內外各支分部一律恢復國民黨名稱。八年十月十日，正式通告，中華革命黨改名中國國民黨。加中國二字以別於民元的國民黨。十二年元旦發表中國國民黨改進宣言，時已容共。十三年一月舉行第一次全國代表大會，澈底改組。這是黨的沿革概略。

現述中國國民黨在廣西的初期情形。資料主要採自黃紹竑著《五十回憶》。

對廣西黨務、入手自梧州

廣西的中國國民黨組織，以梧州市黨部為最先，那是十三年由黨中央直接派人來梧州辦理的。派來的人沒有一個是廣西的老黨員，全是一批新進青年，男的有周濟、甘立申、龍啟炎、李血淚、李家驥、黃昌佐、粟豐，女的有李立群、李聯群、李愛群、黃若珊等。他們在社會上很為活動，但和駐在梧州的軍隊，如黃紹竑的廣西討賊軍，李濟深的粵軍第一師，都是屬於革命旗幟下的，似乎都沒發生甚麼關係。市黨部辦有一個梧州《民國日報》，也算得是廣西最早的黨報。在當時聯俄、容共、扶植農工三大政策之下，一切工作人員，還都是很親愛的同志。地方當局雖然知道其中很多是紅色的朋友，但一時也不覺得有何不安的地方。他們的工作，自以盡力發展農工的組織為中心，尤以工會的組織發展更為迅速，所

以要求增加工資和罷工的問題，就不斷地發生。這都是由廣州傳播到各方的運動，並不是梧州所獨有。

五卅案示威、梧英領懼走

在十四年的「五卅」慘案紀念日，梧州的群眾（當然是市黨部在背後策動支持）對駐梧英國領事署作了一示威大運動。所有在英領署工作的華人，一律辭職退出。弄得英國領事很驚慌地逃下兵艦，退回香港，以後一直不敢回來！英政府因此常川派有兩艘小兵艦駐在梧州，保護英僑。十五年六月間，駐梧英國海軍司令費志傑派兵艦塔倫土拉號往南寧游弋，須僱用帶水（即內河的領江人），我們的工會禁止工友去受僱，因此不能開行。費志傑大怒，竟用武力封鎖梧州港口，斷絕交通二十四小時。後來經雙方協議，以後帶水工人須由工會派定，兵艦不能自由私僱，工資也由工會規定，這事才算解決。從此，梧州以上的領江權就操在我們手，外國兵艦到來游弋也就少了，因為他們顧慮工會派出的帶水，難保無立意將兵艦撞毀情事。黃紹竑主席曾把費志傑武力封鎖梧州的經過，親自寫在一張塔倫土拉號的照片上，印發全省的機關團體，作為一個國恥紀念，以資策勵。

英領事署的案件，英政府雖向廣西省政府屢次交涉，但是理由總是說不過我們。因為我們的民眾，並沒有直接侵害他們的行動，而只是在外面示威；在領署工作的人，也是自動地退出，並沒有甚麼脅迫的情形。那時的英國領事，一方面因為害怕，一方面因為沒有中國人的幫助，住在那相當高的山上，食飯挑水都成問題，即使不退出，也沒法在那山上生活，所以兩年多都不敢回來。房屋園林，沒人管理，日就傾蕪。到十七年末，駐廣州英國總領事赴廣州葵園黃紹竑主席公館向他交涉，請廣西省政府貼回建築費港幣二萬五千元，願將梧州領事署交還中國。並說這都是二三十年前的價值，有當時的單據為憑，沒有一點浮報。黃氏以事件總有一日要解決，英方既願意讓步，即等於英國的政治勢力退出了廣西，也是外交上一件有體面的事。隨即令人當面點交港幣二萬五千元，其中五百元、百元、十元、五元都有，包了一大包。英總領事很難為情，請黃改用支票。黃那時無款存放外國銀行，那裡開得出支票？說道：「鈔票和支票不是一樣嗎？而且都是匯豐銀行發行的，不會有假。你也省得去銀行支取，豈不更便利些？」他很忸怩地收下了！於是雙方簽了字，黃氏並收回了地契。英總領事臨別對黃氏說：「平生交涉的案件，這是最痛快的一次，當場現貨

成交，好似一場買賣。」黃氏打開地契一看，係當時一個痞棍所寫，僅得了地價二十四千銅錢，就把三個山頭一大塊土地賣給外國人了，當時的政府，還蒙在鼓裡呢！此等事當不獨廣西如此。

黨部代議會、人雜苦意紛

　　十三年十一月黃紹竑在廣州中央黨部宣誓入黨後，李宗仁即由李濟深、陳銘介紹，在梧州市黨部宣誓入黨。到了十四年，中央對於廣西的黨務才有具體的辦法，派李宗仁、黃紹竑為廣西省黨務特派員，指導全省的黨務進行。並派覃超、梁六度、周錫桓、黃家植、陳立亞、劉百揆、石楚琛、覃時宜、陳勉恕等為籌備委員，分別組織黨部，指導民眾運動，宣傳三民主義。並在梧州開辦宣傳工作人員養成所，以楊文炤為所長，招收青年學生加以黨的訓練，作為黨的基層幹部。畢業後，分派到各縣從事宣傳組織的工作。到了十六年，又改為廣西黨務學校，黃紹竑兼校長，李天和、張少傑先後擔任教育長。

　　十五年一月，召開廣西第一次全省代表大會。會中最重要的決議案，為撤銷省議會縣議會，而以省黨部縣黨部代行其職權。理由是：這些議會，都是陸譚時代遺留下來的機關，內容太腐敗了，既不足以代表民意，還不如乾脆代之以省縣黨部，工作也比較順利些。這並無法律的根據，大約是根據中國國民黨總章「省代表大會為省最高權力機關」那一條產生出來的。雖然解釋得很勉強，但為遷就事實起見，也沒人提出反對而通過了。省縣黨部成立後，不須另籌，一切都很便利。代表大會選舉黃紹竑、陳立亞、陳協五、黃家植、覃超、梁六度、陳勉恕、劉百揆、周錫桓等九人為廣西省第一屆執行委員，李宗仁、黃植溪、張任民、麥煥章、陳錫珖、雷沛等六人為廣西省第一屆監察委員。共由執行委員互選黃紹竑為組織部長並兼宣傳部長，陳勉恕為青年部長，陳協五為農民部長，黃家植為工人部長，陳立亞為商民部長，劉百揆為婦女部長，但劉並非女人。

　　廣西的黨務，在開始時情形便很複雜。省縣的幹部和黨員，多半是雜湊起來的。一部分是曾和同盟會有過關係，但後來又脫離或中斷了的。一部分是省縣議會的議員臨時投過來的。一部分是十三年中央派下來的。大家以前終年都是打仗，對黨務根本就不注意。現在形式上是由黃紹竑氏領導，但是內部意見非常紛歧。和同盟會發生過關係的老黨員，倚老賣老，講資格，稱前輩。和中央接近的，就以中央為後盾，談革命。議會派卻倚仗地方士紳勢力的背景，專講法律問題。彼此間顯然已有很森嚴的壁壘。

顧工人出頭、忘軍運應助

　　初期的黨務工作，自以宣傳和組織兩項為首要。宣傳工作，在表面上固然以三民主義為依歸，但當時真正瞭解三民主義的人沒有幾個。中央黨部對於的宣傳也沒有系統的指示。而且中央方面的情形比廣西尤為複雜，派到廣西指導視察黨務的人各有各的說法，令人無所適從，所以在廣西各地的宣傳工作，也就極不統一了。有些別有用心的人，言論更為歪曲。比方對工人的宣傳，就以勞工神聖為他們唯一的宣傳口號，認為他各界都不及勞工地位的高貴。在一次民眾大會裡，一位女同志出來演講，她說：「工字是不出頭的，工人一向吃人家的虧。現在是工人世界，工字要出頭了。以前是資本家說話，現在輪到工人說話了。」黃紹竑氏在旁聽了，覺得她說的實在幼稚可笑，工字出頭不成了土字嗎？在農民方面，自然以耕者有其田為最重要的口號，好像一切土地的所有權全應屬於耕田的農民，於是打倒地主和打倒土豪劣紳的口號和行動跟著發生，弄得社會上很不安起來。在十五年七月間，北伐軍隊急於出發，需要的伕子很多，軍隊因一時僱不及，在南寧附近就發生拉伕問題。廣西軍隊在省內作戰時，拉伕的事是極少見的。有個工運同志陸幾沉奔走駭汗地報告黃紹竑說：「因為軍隊拉伕，工友非常憤恨，就要罷工暴動，請立刻設法制止。」黃說：「你們沒有盡到僱伕的責任，使工友踴躍地擔任革命北伐軍的運輸。我在就派你負責辦理這件事，如果你不能盡到這個責任，就不能禁止軍隊拉伕。因為他們是為了革命北伐而急於出發，為完成革命工作而勉強少數人去擔任運輸工作，那是應該的事呵！」陸幾沉說：「他們要暴動怎麼辦呢？」黃說：「暴動！這恐怕是你說的話，或者是你要他們暴動。你不要以黨的立場來打擊黨的最重大的革命工作，更不要拿這些話來恐嚇我，我不是這些話可以嚇倒的。」自此以後，工人的氣燄（其實是那些工運人員的氣燄）低了許多。

擅行地農有、慘流血東蘭

　　在農運方面，就更成問題了。桂黔界上的東蘭縣，有個韋拔群，十三年到廣州入毛澤東辦的農民運動講習所受訓，畢業後回來。十四年春他在自己鄉下辦個農民運動講習所，招集東蘭和近鄰各縣青年訓練半年後，派他們回去宣傳打倒封建軍閥，打倒帝國主義，打倒土豪劣紳，號召農民組織起來。不久，東蘭縣各縣都組織了農民協會，有些並且組成有武裝的自

衛團。鄰近各縣也有農民協會的組織。那年唐繼堯派兵侵桂，省會南寧被滇軍佔據了大半年，省當局對韋拔群這種行動當然不知道。十五年一月七日，韋拔群用自衛團襲佔東蘭縣城，放走監犯，縣署被劫一空。並且慘殺地主，實行土地農有的辦法。省令百色劉旅長日福派團長龔壽儀和縣長黃守先將縣城收復。韋拔群退入武篆山內，繼續煽動農民，等到軍隊撤退，重複集合千餘人再陷東蘭縣城。並以東蘭農民協會名義電國民政府，說土豪劣紳勾結縣長壓迫農民和槍殺黨員，要求中央電令廣西省政府查辦。其實那裡的土豪劣紳，已被他們殺的殺了、趕的趕了，縣城也被他們佔據了。在當時正在實行容共農工兩大政策的時候，不但廣州方面對他們這種舉動很為重視，就是在本省的黨部裡面，也有很多人對他們表示同情。黃紹竑氏為審慎處理起見，於是由省政府、省黨部、第七軍司令部派員組織調查委員會，前往調查，共同處理。並定出解決東蘭農民協會韋拔群等的農紳鬥爭辦法八條，辦法的內容總是遷就農民方面的利益居多，無非為息事寧人，不事體擴大，求得一時相安而已。自從東蘭問題解決之後，其他各縣的農民協會組織，乃日加擴展，尤其是特別武裝的組織，著著進行。南寧附近的農民協會，直接受省黨部農民部指導的，常時幾百幾千人肩著刀矛鋤頭到南寧來開會。農民部長陳協五，原名祖虞，是前清末科舉人，年將半百，終日背著一頂箬笠，穿一雙草鞋，扮成農民模樣，和農民混在一起。他對黃紹竑道：「農民已經武裝起來了，你有洋號，我有螺角，你有洋槍，我有刀矛，不但地主土豪劣紳奈何我不得，就是一萬幾千軍隊，我們也不怕。」黃詫異他怎會有這樣地幼稚？因他是鄉黨的前輩，正染著了民眾萬能的狂熱病，只對他笑笑，沒和他分辯甚麼。

同策異宣傳、分派相攻鬥

　　黨內的情形既十分複雜，表現在宣傳上的為激烈的鬥爭。黨的宣傳工作，都以民眾為對，而事實上，無論口頭宣傳或文字宣傳，各人有各人的說法，是彼此針鋒相對地在那裡爭論。民眾聽了宣傳者的講演，有沒有了解所講的意義和發生甚麼感想，演講的人也未必知道。但是民眾都是一樣的鼓掌，一樣的吶喊。有人說：「民眾的意識和行動，多是被動的、盲從的，宣傳的效果，就是從這裡發生出來。」這話不無相當理由。梧州的《民國日報》是中共分子龍啟炎、周洎主持的，對於扶植農工政策，自然竭力宣傳。後來省黨部宣傳部又辦了一張《農民日報》，好像是專門以農民為宣傳對的報紙。但是大家就打起筆墨官司來了，大家都以宣傳農工

政策為中心，而說法卻完全兩樣。南寧的《民國日報》，起初是中央分子陳勉恕主持，因為祭孔的風潮辭職了，省黨部改派毛飛去當社長。宣傳理論的衝突，是國共分裂的先聲。有一次何民魂寫了一個宣傳小冊子，封面的標題上側，作了一個這樣符號似的「十」圖案，在省黨部委員會議裡，陳立亞委員就提出質問，說這是右傾的宣傳表示。宣傳部長黃紹竑問陳：「是不是它的內容有甚麼不妥的地方？」陳答：「不管內容怎樣，那東西向右，就是表示右傾，廣州方面出版的小冊子，那東西『十』都是向左的。」他要宣傳部將封面式樣改過。黃說：「你立在正面上看，不是向左的嗎？」黃不管他怎樣，把它發行出去，令得他們很不高興。黃氏說，他心裡並沒有左和右的問題存在，寫的人也未必有左右的意思存在，而他們就這小問題著眼，這就可見那時鬥爭的尖銳了。

因近舊對壘、從人事弭爭

　　新舊思想的衝突，在初期也很厲害。青年運動是那時候的一種社會狂潮。不過知識青年畢竟是理智的，他們雖是力求思想的解放，但是除了少數地方發生罷課風潮外，都沒有很大的問題。而且解除禮教束縛的運動，已不自那時始，在社會上也不覺得怎樣希奇。不過一班男女青年工作同志，對於戀愛問題，要比以前更解放些。有兩個男女青年同志，一次在梧州北山公園因戀愛行為被人撞見，起了很大的風波，老一輩的人，尤其反對中國國民黨和各種民眾運動的人，都起來攻擊，甚至駐在梧州的軍事重要幹部，也捲入糾紛的漩渦。這本是一個私人的平常問題，但是廣西的風氣，比不得他省開通，更比不得外國的開通，男女雙方公然在公園裡發生戀愛的行為，總不免有些驚世駭俗，難怪會鬧出很大的風潮來！自從這個問題發生後，無論工農和青年，都有一個新舊對峙的壁壘。尤其是農民地主士紳來得更厲害，他們不但有勢力，而且有武力，政府若不善為處置，像東蘭那樣流血的事件，就可能到處發生。黃紹竑氏那時負擔著廣西黨政軍的全責，處在這種環境當中，應付頗困難，他費了許久的考慮，認為應就領導的人事上予以調整，下層的糾紛自可減少。於是不動聲色地選擇那些最易引起問題的人，組織一個北伐的慰勞隊，不論其背異如何，一起放在裡面，由第七軍政治部主任黃日葵率領他們出發，到武漢去慰勞，順便就留他們前方工作。這樣，在省內便少了許多事情。但是仍多不肯出去的，他們沒有甚麼名義，仍然是隱藏在工農的群眾裡，更積極地繼續幹他們的祕密工作。

擇善作依歸、存心無左右

　　黃紹竑氏在國民黨容共期間對中共的態度，據其在《五十回憶》中自述如下：

　　「我在廣西的態度，對人，無論國民黨同志也好，共產黨同志也好，我都是一樣的親近，除了他自己公開承認之外，根本不去研究他的背景。對事，只要是合理而做得通的，我也不論是誰的建議，都一樣的採納。所以中共分子有許多關於他們內幕的話也肯對我說，也許是有拉攏和利用我的企圖存乎其間。當武漢鬧得最厲害國共分裂不久的時候，有一中共分子祕密對我說：『你想不想比蔣介石享受更大的名譽，得到更多人的擁護呢？』我聽了，愕然不知所謂。他說：『現在具有完全統治一省能力的人，只你一個。廣西內部的問題，一切都由你主宰，你要如何做就如何做。只要你下一個命令實行孫總理耕者有其田的主張，廣西極大多數的人，就都要真誠的擁護你，你簡直和蘇聯的列寧一樣的偉大。而且廣西是個貧窮的省分，現在一切經費的來源，以煙賭捐的收入為大宗，這在革命政府的財政上是不應該的。如果不要這種收入，又無其他的抵補，廣西的建設便絕無發展的可能。如果能夠實行耕者有其田的政策，由農民手裡徵收百分之三十的生產稅，農民一定是很願意的。廣西全年土地的生產額，照人口推算，約為五千萬擔至六千萬擔，政府每年至少可收一千五百萬擔穀子，每擔以三元計算，可得四千五百萬元，比你現在的收入要增加兩倍，豈不是一切建設的財政問題都解決了嗎？』他這番話，乍然聽了不無相當理由，並且是相當動聽的。我並不立刻回絕他，只是拿事實問題來反問他。我說：『廣西全省有幾多地主，有幾多自耕農，有幾多佃農，你可知道？』他說：『不很詳細，但據估計，總是佃農最多，自耕農也不少，地主最少。』我說：『地主要反抗這個政策是不消說了，就是自耕農也不會服從的，因為過去的租稅，至多不過十一之徵，現在忽然要徵到十分之三，他們願意嗎？這些自耕農，多是和地主站在一條戰線上的，他們的力量也是不可輕視的啊！』他說：『各地的農民協會多已組織了，為他們本身的利益，一定能夠受我們的指導而拚命奮鬥。此外，還有政府的軍隊作他們的後盾，那些士兵都是佃農的子弟，也一定要為他本身利益而努力。所以這種政策的推行，是沒有問題的。』我說：『據我所知，廣西的自耕農很多，要是和地主聯合起來，總要佔全省農民的半數，而且他們本身的勢力武力，比佃農不知要強多少倍。士兵當中，也不能說完全是佃農子

弟，還有很多自耕農的子弟。同時，士兵們對階階級鬥爭是毫無認識的，歷史養成的服從長官命令的德性，一下子那裡就會改變得過來。至於官長呢，十分之九是家裡有幾畝田的小地主子弟，其餘十分之一沒有田地的官長，既然當了官長，也想置幾畝田作他下半世生活的基礎，必不會盲目服從我的命令去毀滅他們既有的生活基礎和生活的希望。甚至因防我剝削他們的權利而仇視我反抗我，到那時候，我又怎樣辦？我本來也是一個小地主，縱然我能超階級的不顧成敗的做去，他們就肯跟著這樣做嗎？恐怕於事無濟，反要弄到遍地流血，全省紛擾，比民十至十四年間的情形還要混亂得多呢！你要知道，我們經過五年的苦鬥才得到今天的局面，萬一因此而再鬧出四分五裂的慘禍，這個責任我能負得起嗎？』這番說話，令得他無話可說。但我對此事只當作一番有價值有興趣的辯論，對他本人根本上談不上甚麼善意惡意的。」

二十八、廣西黨務的初期現（下）

　　兩個目的不同的政黨，雖然可以聯合一時，但不到彼此利害不能一致時，便又要分開而對敵起來了。國民革命軍收復江西後，共產黨既驚北伐軍事進展的神速，更懼革命軍實力飛躍的膨漲，急謀抑制懷有深刻反共意識的蔣總司令，要遲滯北伐的進展，以便共黨在光復地區從容組織民眾，培植勢力；方法是利用汪兆銘、徐謙一班人的權利慾，分化國民黨以削弱其力量，動搖其基礎，再從而操縱脅持它。共黨在中山艦事變後，得國民黨將民眾組織和指導讓其負責進行，故地方一經北伐軍收復，共黨立即努力從事工農組織，此時它在兩湖地方大為得勢。

共黨制中樞、戰線峙省內

　　十五年十二月十三日，鮑羅廷在武漢集合一部分中央委員和國民政府委員開聯席會議，決定在中央黨部和國府未到武漢之前，以聯席會議行使中央職權，推徐謙為聯席會議主席。過了十天，又召集武漢黨員大會和民眾大會，通過六項決議。從此，打倒新軍閥、歡迎汪主席復職等標語，遍見於湘鄂。武漢和南昌互相指責。蔣總司令原先主張中樞遷到武漢的，因此暫駐南昌。但中央委員聚集武漢的日多，十六年三月十日舉行第三次中委全體會議，全為共黨所操縱，對第二次全國代表大會和第二次中委全體會議所規定要項，多被推翻。會後，中央黨部和國府即在武漢正式辦公。三月廿二日上海克復，蔣總司令由九江乘艦趕往部署，免成武漢第二；行前並由南昌電廣州召李濟深、黃紹竑來滬，商討對付共黨問題。

　　中樞在武漢被共黨完全把持了。廣西的情形到了十六年二三月間也更形惡化。東蘭韋拔群的案件，雖定了八項處理的辦法，只能夠苟安一時，現在韋拔群更露骨的宣傳共產主義，實行共產主義。東蘭和鄰縣未曾參加的人，都紛紛電省請求剿辦。黃紹竑主席仍令縣查辦，得到許多事實的證據，和他們電報指控的事實完全不同。而我們黨內的意見，更為紛歧。無論那一個團體，與政府機關都暗地裡形成兩個戰線。黃紹竑氏個人站在兩

條戰線的上面，可以說那時候雙方都擁他，雙方都懷疑他，因為他們都不能透徹明白他的最後態度。

二屆勝左派、三案利人民

　　廣西省黨部第一屆執監委員任期已滿，依照中國國民黨總章的規定，於十六年三月間召集第二次全省代表大會，檢討過去黨務的工作，並選舉第二屆執監委員。時期剛剛碰上國共將要破裂的前夕，左右的鬥爭頗為劇烈。事前中央特派中央執行委員甘乃光來省指導，甘屬左派。而第一屆幾個部長，除組織兼宣傳部長黃紹竑和婦女部長劉百揆外，其餘青年部長陳勉恕，農民部長陳協五，商民部長陳立亞，工人部長黃家植，也都是左派。在這次大會，顯然一切都是左派佔盡上風。黃華表同志早已驚覺到此，於是由廣州邀請賴璉同志到南寧祕密相助，策劃部署，極合機宜，選舉結果，悉如所期。黃紹竑、黃旭初、伍廷初、伍廷颺、盤珠祁、黃華表、葉光璘、俞作柏、李岱年、黃同仇、曾賢、馮冠倫等十一人當選為執行委員，蘇民、劉嘉彤、葉懷青等三人為候補執行委員，黃薊、朱朝森、陳錫琨、蒙民偉、黃崑山等五人為監察委員。其中只俞作柏一人屬左派。執行委員會除依第一屆分設各部外，並加設訓練部，專負訓練黨員的責任。互推黃紹竑為訓練部長，黃華表為宣傳部長，盤珠祁為青年部長，俞作柏為農民部長，黃旭初為工人部長，馮冠倫為商民部長，劉嘉彤為婦女部長，蘇民為組織部長。在這次代表大會中，通過了三個重要案：第一、將全省的田賦附加一倍，作為教育經費。此案在上年全省教育會議曾經通過，現在再經黨的大會決議，便成為法案。這是全省人民非常擁護的，因為廣西教育素稱落後，若不寬籌經費，將無從發展。而且當時廣西的賦額很輕，附加一倍，並不為重。這是廣西教育的奠基石。第二、澈底整理黨務，將所有跨黨分子、投機分子、土豪劣紳一併清除出去。第三、澈底實行本黨的二五減租政策，以扶助農民。

清黨會參加、政治員甄別

　　十六年三月下旬，黨的全省代表大會剛開過，黃紹竑得李濟深急電，要他立刻到廣州去。他不知發生甚麼急變，也不能查問甚麼理由，便馬上專輪趕到廣州，見了李濟深。李很祕密地出示蔣總司令由南昌來的電報，要他們兩人到上海和他見面，商量重要問題。電文雖沒說明甚麼問題，但

問題的輪廓，他們都知道了。李問黃的意見，黃把廣西內部現時的情形報告。李說：「到香港上海的船票都準備好了，下午就要動身，行跡務須非常祕密。」黃的夫人正在珠江頤養園留產，勸黃把留了多年的長鬍鬚剃去，免得誰都認識。黃剃了鬚，上了省港輪船泰山號，李已先在船上。同行的有馮祝萬和陳孚木。當晚十點多鐘到了香港，立刻船過船的搬到比亞士總統號船上，第二天上午十時即開行。船到了上海，還沒靠碼頭，上海市長張定璠乘一小火輪帶了好些武裝兵來接。李濟深、黃紹竑他們過了小火輪，張告訴他們說：「現在情勢非常緊張，不可到租界去住，以免發生意外！」即將小火輪一直開往高昌廟碼頭，然後乘汽車到兵工廠內北伐軍東路軍白崇禧的前敵總指揮部裡面。李宗仁軍長也住在那裡。大家見面之後，自有一番歡敘。不久，蔣總司令也到東路軍前敵總指揮部來和他們見面。當時除了李濟深、黃紹竑報告一些兩廣的情形之外，對於清黨問題還沒有如何的決定。

四月二日蔣總司令召集李濟深、李宗仁、黃紹竑等舉行重要會議，決定應付時局方針。當日午後七時，中央監察委員在舊道尹公署舉行緊急會議，到會的有蔡元培、李宗仁、古應芬、黃紹竑、張靜江、吳敬恆、李煜瀛、陳果夫等，公推蔡元培主席。蔣中正、李濟深、白崇禧等軍事首長數人列席。當由吳委員敬恆提出國民黨內跨黨分子與共產黨勾結謀叛案，並附各項證據。當經一致通過，決定舉行清黨運動。並否認武漢的中央，另在南京召集中央委員全體會議，組織黨部和國民政府。會議的形式很簡單，也沒有甚麼辯論，就很快的決定了。

黃紹竑因兼任國民革命軍第七軍黨代表，參加了四月十五日在南京召開的中央執監委員聯席會議後，蔣總司令和李軍長要他到蕪湖向第七軍說說話。他到了軍中，和營長以上的人都見了面，慰勞了他們，並說明清黨的意思。他們因軍長不在軍中，突然接到清黨的命令，很是懷疑，聽了黨代表的報告，才明白一切情形，並知道軍長和黨代表兩人的意見是一致的，大家就放心了。自從清黨問題發生，部隊的軍紀風紀都渙散了許多，真覺可惜！黃氏隨將政治部應留應去的人員決定了，叫留的安心工作，應去的使自由離開，並不為難他們。事畢回京報告，蔣李兩位都覺放心。

犧牲留姓字、清掃賴招供

黃紹竑氏赴滬後，省內一切軍事問題都由我（第四旅旅長）和伍廷颺（第五旅旅長）等支持。上海清黨會議結束，黃氏即將情形電告我們。

於是由省黨部推監委蒙民偉、執委盤珠祁、黃華表等三人組織廣西省清黨委員會實行清黨。至於審訊工作，交由高等法院院長朱朝森會同第七軍司令部軍法處長藍呈祺執行。共產黨在廣西境內，以東蘭韋拔群為最猖獗，須派兵剿辦。此外，第七軍政治部、省市黨部、報館，都有共產黨員。清黨行動於四月十二日開始，逮捕梁六度、雷沛濤、雷天壯等十三人，交南寧公安局看管；並將黃家植等數人通緝。某日，公安局長周炳南向第七軍司令部報告：「探聞被捕十三人的同黨，定於某日實行劫獄，請示如何處置？」軍部以此案歸省清黨委員會主管，應由會決定，軍部乃可執行。周再報告清黨委員會，會即據情函達軍部，請妥為處理。時黃紹竑氏尚在上海，軍部由高級參謀黃劍鳴主持，黃高參接函，未深加考慮，提筆批「槍決」二字，這十三人就這樣死了。黃紹竑氏在其《五十回憶》中論此事說：「照我平時的觀察，除了少數幾人之外，大多是投機分子，就他們的歷史、他們的家庭、他們的政治慾望、他們的生活行動來看，都不像是實行農工專政的人物，而是要藉此造成他們的社會地位，進而獲得政治上的地位，以遂其私圖。因為他們過去和軍政方面對峙得太尖銳化了，自然是首先被注意的目標，所以在軍部方面，不等到我回來，就將他們處決了。也許怕我回來之後，其中有好幾個人，我會把他們釋放的。在一個時代方向大轉變的時候，往往有許多無辜的人被犧牲的。這是他們的不幸，也可以說是他們的幸運，因為替他們在歷史上留下一個名字了。」

俞作柏反對清黨，後或恐禍將及己，遂潛逃香港。其軍校同學憂其鋌而走險，推雷飆、梁朝璣由韶關赴港找他回來。但俞囑其知好勿將其住址透露，雷和梁找了三天，終不得見而返。俞從此和廣西團體敵對。

一日，獲一人為廣西共產黨書記，經朱院長、藍處長怎樣審訊都不肯招供，問計於黃華表。黃令將犯人的妻和犯人同囚禁一室，而使人竊聽其夫妻的商議，乃知其顧慮所在。再提訊，犯人說，如朱院長和黃委員能保證其不死，即願吐實。朱黃允為擔保，犯人遂將全省各地共黨開列分明。清黨委員會即派黃同仇赴桂林，李岱年赴桂平，李天和赴梧州，其所列，一一逮捕，毫不費事。此共黨書記的姓名，今已追憶不起了。

議案決厲行、人事隨調整

中國國民黨廣西省第二屆執監委員由全省代表大會選出後，黃紹竑即匆忙應召赴粵，接著清黨事起，忙了一個月，黃已由滬歸來，五月十五日執監委員乃宣誓就職。當前黨的重要工作，是執行此次省代表大會的決

議。第一、澈底整理黨務。不僅跨黨分子，並投機分子土豪劣紳都一併清除出去。整理的結果，全省的黨員減少了一半，已不到兩萬人。從此以後，黨內的糾紛，以及黨政的糾紛，都大大的減少了。第二、澈底實行本黨的二五減租政策。此事當時無論在黨政方面，或社會方面，都有些人替地主說話，以為清黨過後，不必再為農民做這個工夫。黃紹竑對於這種意見，很不以為然。他以為清黨運動，僅是對共黨的制裁問題，我們的二五減租政租，並不因此而改變，更惟有使農民能獲得真正的利益，然後可以安定社會人心，免致中共藉口。所以他對於這個意見，非常堅持，絕不放鬆。他並另訂一種辦法，另由一個委員會去處理。並為顧慮梧州、潯州、鬱林各屬地主多，租額過重，糾紛必更多，特派李岱年同志主持其事，務必澈底解決。地方上見黃氏如此堅決，也就很順利的進行。所以他顧慮會發生問題的地方，並沒有發生甚麼事情。

清黨後，俞作柏辭農民部長職，由伍廷颺繼任。不久，省黨部的執監委員奉中央派赴各區任指導的工作。政府方面也因黨的問題而局部改組。俞作柏辭農工廳長職，由蘇民代理；旋將農工廳撤銷，將農工行政歸併入民建兩廳辦理。雷沛辭教育廳長職，出洋考察，由黃華表代理。

據辦黨經歷、作我自批評

黃紹竑回憶他辦理黨務的經過，發生了兩個感想，頗有意義，特撮記如下：

第一個感想是他對本黨的自我批評。共有五點：

一、不注重黨員的訓練。黨裡許多高級幹部，連他本人在內，都不是先有黨的意識，參加黨的組織，而後才有革命的行動。而是先有革命行動的表現，然後加入黨的組織。因此，很容易使個人的意志行動，影響黨的意志行動。本黨所收的黨員，僅注意他入黨前對黨的傾向和認識如何，而不注重入黨後的改造訓練，所以在入黨前和入黨後，他的本質上並無甚麼分別。清黨後各省黨部雖設訓練部，但不久又撤銷了。廣西辦過黨務學校，訓練黨的幹部，但並沒訓練過黨員。後來好些黨的幹部，都是那時黨校訓練出來的。這可證明訓練的效果，也可反證無訓練的缺點。

二、集體入黨，不加別擇，又無訓練，有害無益。

三、清黨時沒同時將腐化落伍分子逐步淘汰去，反將許多腐化落伍分子吸進來。這樣兼容並包的結果，政治上經濟上便不能有顯明堅

定的政策，來策勵黨員，推進革命，而含糊度日。黨在這種狀態下，表面雖平靜，無糾紛，但暗潮仍到處潛伏著。為恐糾紛發生，凡事都是遷就敷衍，不敢積極進行，連黨本身應行的幹部選舉，或工作批評，都停頓了好久。可說是只有黨部而無黨員，只有上級黨部的意志而無黨員的意志。民主選舉制，不但可以促起下級的進步，也可以促起上級的進步，然而並不澈底實施，故無進步。

四、十五至十七這幾年間，省市縣黨部對於各同級政府的執行黨的政策，都是處於監督的地位的。政府對黨的地位也相當尊重。在這種新的關係上，彼此各盡其應盡的責任，政治便獲得長足的進展。自此以後，關係漸變，這不是說政府漠視黨部，也不是說黨部不與政府合作，而是成為彼此相對的迴旋，不是平行的激進。在這種狀態下，不但政治無進步，黨務前途更不可樂觀。必須在黨的實質上和推動方法上急謀改進，才能挽救當前所伏的危機。

五、總理的三民主義和其他遺教，不能視同耶穌的聖經，而是進步的政治指導原則。在變動劇烈的現代，遺教中許多的指示，已經和現實情形有了很多的出入。黨員應該本著總理指示的原則，悉心研究。在實施的方法上，尤應隨時加以補正，使其隨時代的演進而產生的政策和辦法，這樣，才可提高黨員對主義的認識和時代的認識；並可刷新社會的觀聽，獲得大眾的擁護，而能迅求實現。可是，我們都是拿它作引證的典據，不是拿它作進步的基礎。

目標有異同、政黨時分合

第二個感想，是黃氏對於國共分合的評論。

他承認國民黨容共後，國民革命同時有了很大的進展。但他不同意國民革命軍北伐進展的迅速，是容共的效果的說法。他以為由於時代演變，自然產生的一種新力量，迫使軍閥自趨於崩潰，並不是受某一政黨直接攻擊的影響。這種新力量是應乎時代潮流而起，隨時可以接受某一政黨或某一政治集團的正確領導，而完成其時代賦予的使命，並非希奇的事。在時代潮流上看，國共分裂，也是一件很平常的事。因為本來是兩個政黨，兩個主義，除非某一個黨將它的組織取消，將它的主義取消，或可作比較永久的合作，否則總是很快就要破裂的。在容共時代，共黨分子對革命工作

很努力，但國民黨同志又何嘗不努力！只是各有各的主張，各為各的目標而努力而已。中間有一時雖然努力目標完全一致，但過了那個階段，便又各幹各的。好像一隻沿途搭客的船，同船的乘客，在某一段行程上，路線相同，但過此以後，就分道揚鑣，能夠共同到達終點的人是有限的。

　　不但兩個政黨如此，就是同屬一黨之內，又何嘗沒有這種情形呢？民主國家的各黨合作，僅是政治上一時的各黨協議的分工，而不是各黨澈底的融合。各黨政治上的協議是臨時的，而各黨組織的存在卻是永久的。

　　國共的合作，並不是兩黨有政治上的協議，而是兩黨組織上的混合。東蘭韋拔群的佔領縣城，反對政府，以後更不斷的擴大起來，當時雖有黨政軍三方派員調解而終無效果。也許韋拔群在共產黨的立場上，不能不有此種作風。但和我們的政治體系互相抵觸，無論如何，不能容許他這樣胡幹。黃氏對於好些中共分子，在國共未破裂前，都是很好的朋友，到了兩黨真正衝突的時候，彼此的友誼，就無法維持了。此因，他以為想要團結合作，定要抱定不破壞統一的目標，在避免流血不重感情上去講求，才有希望。

二十九、十六年粵桂戰爭的因果（上）

　　廣西和廣東，自民國十五年都統一於革命的國民政府之下，彼此似乎不應該再有戰事發生了，然而，由十六年起，竟又再打起來！作戰的雙方，都是兩廣的部隊。戰事繼續循環發生，一直延長到十九年才告停止。其間的正統、叛逆、是非、曲直，不特局外人難以了解，就是我們局內人也只是莫名其妙的打來打去。事實上是由於國民黨內同志中的領袖慾、權利慾作祟所引起。

　　現在且先述十六年秋冬兩次戰役的前因後果。兩次我都曾親與其事。兩次的戰鬥詳情，我曾另文記述過了。

為粵共披猖、調桂軍助鎮

　　十六年四月，清黨事起，國共分裂，廣西境內大致平靜無事。廣東共產黨的潛力卻是很大，尤其是東江方面海豐、陸豐一帶，在其操縱之下，農民協會的組織，已普遍發展，屢次發生過武裝暴動。那時廣東方面的國民革命軍，大多數已出發北伐，後方非常空虛，國民革命軍總參謀長李濟深（兼廣州政治分會主席和廣東省政府主席），奉命坐鎮革命後方根據地，因廣東兵力不敷分布，用蔣總司令名義，令廣西派兵八團到粵相助，以兩團駐欽廉，六團駐北江。黃紹竑主席即遵令照派，派往北江的為國民革命軍第七軍的黃旭初的第四旅（轄許宗武的第七團、林暢茂第八團）、伍廷颺的第五旅（轄郭鳳崗第九團、梁朝璣第十團）和韋雲淞的第六旅（轄徐啟明第十一團、葉叢華第十二團）。第五、六兩旅所行；伍廷颺因兼任廣西建設廳廳長，未能離省，尤其參謀長雷飆率領出發；我因在南寧處理清黨事務耽擱，遲至七月廿九日才率隊離邕東下。三個旅都駐在韶關附近。這是廣西部隊入粵的原因。

　　當寧漢分裂時，武漢國民政府主席汪兆銘曾下令唐生智東征南京，張發奎（第二方面軍總指揮）南下廣東。到了七月二十日，汪氏因發見共產黨祕密文件，共黨有顛覆國民黨和陷國民革命於絕境的陰謀，也起來反共清黨。但張部回粵的計劃，並未因此而改變。李濟深、李宗仁都曾對張氏

忠告勸阻，而未被接納。八月一日共產黨在南昌暴動，對張氏變叛，第二方面軍因此分裂為三部分：賀龍的第二十軍，葉挺的第廿四師，周士第的第七十三團（原屬李漢魂的第廿五師）與第三軍的朱德教導團合流，公開共產旗幟，由南昌向臨川、瑞金、會昌，企圖經尋鄔下梅縣入東江直趨廣州；蔡廷鍇的第十師，當暴動時也在南昌附近，旋因共黨不重視他，他遂將師內共產黨的軍官和政治指導員等悉行捕殺後，脫離共黨，向贛東轉入福建，表示擁護舊軍長陳銘樞，陳即派蔣光鼐前往收撫；張發奎只剩黃琪翔的第四軍兩個師（繆培南的第十二師和李漢魂的第廿五師）和朱暉日的第十一軍的一個師（許志銳的第廿六師），逗留南昌。八月十二日，張發奎表示擁護舊第四軍軍長李濟深，李氏因派陳可鈺為代表赴南昌接洽，知張決心返粵，無可變更，只好表示歡迎。李氏對賀龍、葉挺等，立即派第卅二軍軍長錢大鈞率部先向會昌阻擊，復派我率駐韶第七軍六個團續進增援。

汕潮均克復、賀葉被消除

第七軍北伐部隊，已廢旅改編為第一、二、三各師，令在省部隊也依照改編。以第五、第九兩旅合編為第四師，伍廷颺為師長，呂煥炎為副師長；第三旅和封高爵、余志芳兩獨立團合編為第五師，劉日福為師長，俞作柏為副師長；第四、第六兩旅合編為第六師，黃旭初為師長，韋雲淞為副師長。師長和副師長的任命狀，由李宗仁軍長寄到廣州第七軍駐粵辦事處主任陳雄轉發。當時伍、呂、劉、俞四位都不在粵，韋雲淞已指揮其第六旅和第四旅先行入贛，都尚未就職。只我於八月十日在韶關就第六師長職，隨即率第七、八兩團前進指揮。

錢大鈞部在會昌被賀、葉所部擊敗，退往信豐。我韋雲淞部進至雩都、會昌間的洛口，與敵遭遇，因逐次使用兵力，戰亦不利。我到達和韋部會合後，令全部轉守會昌以南的筠門嶺，與敵相持。賀、葉見我有備，才由筠門嶺轉入福建的長汀、武平、上杭，似欲由大埔折入潮梅。

黃紹竑在五月底再赴南京參加一個中央的特別會議和六月十九至廿一日的徐州會議後，回到廣州，患上了很厲害的肺膜炎，因此留在廣州療養。李濟深第八路總指揮（蔣總司令所任命，八月十日就職）見前方失利，令黃和兵向贛南增援，並要他擔任第八路前敵總指揮名義，代其親往前方指揮各部作戰。黃氏那時尚未完全恢復健康，但局勢嚴重，只好勉強出發。並再由廣西調來呂煥炎的第九旅（轄楊義第十七團、蒙志第十八團），親率續向贛南挺進。他行抵南雄，知賀葉部隊已轉入閩境，於是令

我率部退到尋鄔集中，錢大均部經三南到梅縣集中；並請李總指揮令陳濟棠、薛岳兩師進駐興寧、五華；他率呂旅經信豐進駐尋鄔，以防賀葉由蕉嶺、平遠折入梅縣。他到了尋鄔，乃派營長黃鶴齡率部向大埔威力搜索，知賀葉全部已由大埔、三河壩沿水路直下潮州、汕頭，只以朱德、周士第等小部留守三河壩，於是令錢部進至松口以牽制三河壩敵軍，掩護我軍側背；而自率第七軍全力直趨潮州，九月三十日一攻即克。同時，陳、薛兩師在湯坑將敵主力擊潰，追向海陸豐，將其包圍繳械，全部消滅。賀龍成為俘虜，但後來又將他釋放。朱德、周士第等二千餘人在三河壩見大勢已去，急向贛南的上猶、崇義一帶山區逃竄，後來得韶關范石生收容其在第十六軍。戰事即告結束。

戰後，第五、第九（除蒙志團）兩旅即船運回梧，第六師和蒙志團移駐韶關。呂煥炎因屈居副師長而不肯就，俞作柏因反對清黨已離開廣西，乃改以梁朝璣為第四師副師長，朱為鉁為第五師副師長，而將第九旅改為第七師，以呂煥炎升任師長。人事問題既解決，第四、五、七各師乃宣告成立。

回師抱企圖、滅共招仇視

張發奎率第二方面軍於九月十八日由江西回到韶關，將總指揮職務交黃琪翔代理，他本人即赴香港。黃琪翔率前隊二千人於九月廿一日到廣州，受到市民的熱烈歡迎。第二方面軍一入廣州，即張貼「擁護汪兆銘、李濟深、張發奎及軍事委員會」、「反對個人代表黨」、「建設革命的廣東」等標語。李濟深派代表到香港歡迎張發奎回廣州。張於十月六日通電反對中央特別委員會，主張召開第四次中央執行委員全體會議。

廣州政治分會十月十一日決定拒紹中央特別委員會取消該分會的命令，並於該分會下設一臨時軍事委員會，以整理指揮兩廣的部隊和軍事機關。十月十五日臨時軍委會成立，決議取消李濟深的第八路總指揮和張發奎的第二方面軍總指揮的名義；十月廿三日會議決定，對討伐唐生智，與國民政府取一致態度，令李福林軍為先發隊，開赴韶關，調回東江各軍，繼續北進。

賀葉平後，黃紹竑由汕頭回到廣州，知道第二方面軍內潛伏的共黨分子還是很多。他們不得志於軍事，便用挑撥離間的手段，希望內部發生問題，可以獲得利於活動的機會。尤其因為黃紹竑是消滅賀葉的人，更仇視得厲害，種種問題，暗地裡都集中到他身上。所有第二方面軍方面的人

物，表面上雖然和他仍舊融洽，而心裡已經發生極大的誤會。他發覺了這種情形，預料若是廣西軍隊長居廣東，必會發生不幸的衝突。而且我軍奉命入粵，係屬幫忙性質，對廣東根本沒有絲毫野心。現在客觀情勢上既無駐兵的必要，而又生出許多是非，為公為私，都不合算，於是將伍、呂兩旅迅速調回廣西，第六師和蒙志團準備由韶入湘協討唐生智。他自己出席十月廿三日的臨時軍委會議後，第二天即返南寧。他以為這樣處置，人家以前有些誤會，事後也會明白諒解的。

開府謀難遂、滬行計又生

蔣總司令八月十二日辭職，以促成武漢、上海（西山會議派）兩派和南京合作。九月十六日，中央特別委員會在南京成立，於是三分的國民黨復歸統一。九月二十日，統一的國民政府告成。特委會是汪兆銘所堅決主張組織的，但成立後，汪氏因在黨政兩方面都得不到實權，復歸漢口，利用唐生智的武力以反對中央特委會。十月二十日國府下令討伐唐生智，汪眼看唐的情勢不利，乃赴粵利用張發奎。以汪氏在政治上的地位，廣州政治分會自然要表示歡迎。第四軍素來擁汪，支持更為積極。十月廿九日，汪氏偕同甘乃光、何香凝和廣州派往香港歡迎的代表張發奎、陳公博等到達廣州。廣州政治分會的權限，只限於兩廣區域，以汪的野心，自然志不在此，而是要另開黨國的全局場面，像民十五年以前那樣的開府廣州，以與南京的中央相抗衡。所以，十月三十日，汪約在粵中央委員六人開聯席會議，決定聯名通電主張尅日在廣州開中央執行委員第四次全體會議，解決黨務、政治、軍事；並令常務會議及秘書處照常辦公，和成立中央執監委員通訊處。但因李濟深和第四軍有長遠的歷史關係，未便使用激烈的辦法，故一面製造空氣，說廣州是太腐敗了，太不革命了，要求革命的真正成功，必須改造廣州的政治環境。一面和李濟深商量，要他自動的改革，也就是要他擁護自己在廣州開府的意思。這種內幕的醞釀，黃紹竑回廣西後，一些也不知道。民卅三年二月十六日，他和李濟深、張發奎、吳奇偉在南嶽會議後同車回桂林，還談起這回事：張說：「向任公說盡了話，繼以流淚。」李說：「我始終不知道你們對我所說的話，用意在甚麼地方？」其實，李是不贊成汪再開府廣州，以免破壞北伐的成功和黨國的統一，故意裝做聽不懂罷了。

黃紹竑十月卅一日由廣州返抵南寧，十一月二日忽接汪兆銘電報，說有種種問題要他到廣州去面商。他在那時以前，對汪不僅毫無惡感，而

且相當敬仰，所以接電後，毫無顧慮汪有甚麼惡意，立即覆電謂將省務略事處置後，即行來粵。並買了很多土產如果子狸、海狗魚等奉送他們以表情意。黃於十一月十五日中午到達廣州，聞汪和李濟深就要登船赴滬，即往葵園匆匆晤談後，順便送行。汪派許多人物都在葵園，對黃只作見面的招呼，態度非常沉默，似含有極嚴重的心事。尤其是陳公博、何香凝的面部，表現出憤怒而張皇的樣子。黃暗自猜想：李任潮一定是被他們用手段趕走的。又把自己召來廣州，說不定會對自己玩出甚麼花樣哩！汪因在粵開府不成，蔣中正十一月十日由日本回到上海，即電約汪往商黨務，南京又主張在滬舉行四中全會預備會議，於是藉此拉同李濟深以參加預備會議代表名義離粵赴滬，好由在廣州的上演一幕鬧劇。張發奎也將軍權交黃琪翔，和汪同時赴港，聲言準備出洋。

捕黃大示威、為汪造聲勢

　　黃紹竑十一月十六日上午出席臨時軍委會例會。當晚十一時半，他在吉祥路公館已經就寢，忽然馮祝萬來訪。侍從人說，主人已睡，可否明早再見？馮說：「無論如何，要立刻叫醒一見！」黃在樓上聽見，知有要事，即披衣下來，兩人在扶梯上碰面。馮不及上樓，就說：「得到確實的消息，他們今天晚上將有舉動，目標完全在你身上，不管確實與否，今晚一定要避開為妥。我深夜冒險到來，就是為了告訴你這兩句話！」說了便匆忙下樓回去。黃平日很敬信馮，於是急急改裝出門，連妻子都沒有好好的安頓。他跑到西關很僻靜處石楚琛秘書家中，靜聽消息。凌晨四時後，各處槍聲響起來了，確有變故。石家也難免被搜，因再改裝為一鄉下人，想向北江逃到自己的部隊處，但和石楚琛到了西村車站一問，說是今天火車停開，才知道他們早已防備，三水一路當然也是一樣了。沒奈何，轉到南澳石的朋友胡家耽擱了大半天，決定設法逃向香港。走到十八甫，有一班警戒兵檢查坐汽車通過的人，黃一手夾雨傘，一手提一包藥材，土頭土腦，士兵毫不注意，遂揚長通過。但距離省港輪船下午四時開行時間還遠，西堤耳目眾多，不宜久留，只好在馬路低頭慢步，一面察看他們對社會是怎樣表示的。行經永漢路，見政工人員正在張貼五顏六色的標語，大部分是宣布黃的罪狀的，他覺好氣又好笑。他轉回西堤，在離碼頭不遠的水果攤上徘徊等候船上開船的號令。就在要抽吊橋的時候，三步併作兩步的，跨上了泰山輪，船離了岸，黃宛如籠中鳥驟得凌空自在。在船上他遇見熟人甘心衛，祕密領他到一房間見著他的妻子，悲喜交集。他的夫人

蔡鳳珍，當公館被圍攻時幸未受傷，因捉不到黃，她仍被監禁著。後來他說動了看守的連長，又將首飾現款交給連長保管，才准她母子外出，乃得上船。黃到了香港，初住在港商陳佐衡家中，旋遷前廣州市公安局長鄧彥華家，後又自租房屋，半個月內，遷移四處，以祕密行蹤，免再被廣州方面暗算。黃到港後三日內，廣州政治分會委員戴傳賢、邵元沖、李濟深各親信幹部，都避到香港來。並有飛鷹艦長舒宗鎏乘艦武裝衝出虎門要塞。於是黃氏把這次事變的前因後果作了一篇很長的談話，在香港各報發表，社會人士才知道事實的真相，各方面對汪兆銘的反感，便日甚一日。

我率第七軍五個團在韶，準備入湘，先頭已在出發，知黃主席到穗，因趕來一見有所請示，住長堤東亞酒店。十七日凌晨，友人周君到來通知發生事變，引我急避。我想回韶而火車已停開，只得逃往香港。一日在街上偶然遇見蔡夫人，才知道黃主席寓處而往見，知在韶部隊，已電令韋副師長雲淞率領繞道湘南轉回廣西。我即搭船先回梧州，十一月廿三日到達。

三十、十六年粵桂戰爭的因果（下）

　　黃紹竑是國民黨候補中央監察委員，關於這次廣州事變的經過情形，他事後曾向國民黨中央監察委員會送遞報告書，有極詳盡的敘述。以下是其原文。

　　「廣州十七日之變，其原因與經過，報紙所載，各異其詞，實使社會人士無法了解。謹坦率舉其前因後果，詳細說明，以釋群疑焉。」

將事變因果、具報告中央

（一）留粵生活

　　紹竑於去年十月，因病來粵就醫，本年三月，病愈回桂。在此短暫時間，對粵省政治軍事，並無絲毫關係。本年四月，被任為廣州政治分會委員，是為參預粵省政治之始，然以清黨問題為主要責任。曾奔走滬寧二次，歷時兩月餘；旋罹肺膜炎症，為病魔所纏，又兩閱月；迨葉挺、賀龍叛亂之際，率兵討賊，出征一月有奇；葉賀肅清後，回到廣州僅兩週，即行返桂；至十一月十五日，始再來粵。綜計紹竑自參加政治分會以來，歷時雖五閱月有餘，而出席不及十次。此即個人在粵之生活經過與政治工作也。

（二）第七軍來粵之原因及經過

　　四月間，清黨問題發生，奉總司令命令，飭由廣西調動兵力八團到粵，鎮壓反動派，以兩團駐紮欽廉，六團屯守北江一帶。旋因桂省剿匪之故，即將在欽廉之兩團調回。其他各團，則以葉賀叛變，派往北江擔任防禦征討工作，沿途經由贛州、梅縣、豐順、潮安、汕頭等地，一氣將葉賀叛部肅清。嗣由海道經廣州回桂，其先頭第四師兩團業已抵達梧州。適有討唐之役，奉臨時軍委會令，以後續部隊五團集中韶關，開入湖南。集中完畢後，於十一月十六日向樂昌出發。

　　在粵第七軍之糧餉問題，當奉令出師時，預計如調遣八團人，則廣西須增補三團兵力，始能維持治安，故此三團之糧餉，須請中央補助。繼奉

總司令部核准，三團人每月糧餉為八萬九千元，外加作戰臨時費，合計十七萬餘元，由中央補助之。奉調以來，不特絕無入駐大都會大市鎮之事，即小市鎮亦停留不久，每日皆在行軍作戰中，毫無片刻暇暑。此即第七軍入粵之原因與經過也。

紹竑在粵職務，除政治分會委員外，尚擔任第八路軍前敵總指揮，然僅限於出征指揮而已，作戰一月，葉賀肅清後，即行通電解除矣。迨臨時軍委會成立，紹竑以中央軍事委員會委員資格，為當然委員之一，兼任副參謀長。但自臨時軍委會成立後，僅出席三次，即已回桂，諸事皆由主席與參謀長處理。討唐軍興，奉臨時軍委會任命為北路總指揮，事前並未徵得本人同意，迄未就職。此為紹竑在粵擔任軍職之經過。

（三）第二方面軍與臨時軍委會

第二方面軍於葉賀分裂後，經吉安、贛州回粵，時紹竑正在潮梅代行總指揮，從事肅清葉賀。當時本人為統一指揮起見，曾主張由政治分會令飭第二方面軍歸第八路軍總指揮李濟深節制，乃決議由政治分會產生臨時軍委會，以駐在寧漢之政治分會內各軍事委員組織之。十月十五日正式成立，本人先後到會計三次，決議若干重要議案，其中如取消第八路、第二方面軍名義案，各軍劃分防地負責肅清土匪案、動員集中出兵討唐案等，皆經出席委員一致通過者。

（四）汪兆銘回粵與李主席聯袂赴滬經過

歡迎汪氏回粵電文，係李任潮、張向華等所拍發，事前與紹竑並無任何商談，既未參預其事，亦未表示反對，即於十月廿四日回桂。汪於廿九日抵廣州，即與何香凝、甘乃光等設計，以面商政務為由，電約紹竑赴粵；卅日，汪之代表電約中央執監委員召集第四次全體會議於廣州。此兩電皆於十一月二日在南寧接到，三日覆電告以俟將桂省政務略事處置後，即來粵。同日又接汪致予個人電，大意敘述寧漢合作之波折，且表示此次回粵之主張，並詢予意。即覆電申述數點：一、可於南京召開第四次中央執監委員全體會議，主張恢復中央黨部；二、南京方面之討唐事件，不能認為係代表特別委員會對武漢中央同志示威之舉，中央同志亦不可因討唐而使第四次全會不能召集；三、中央同志任何是非爭論，皆不贊成，須努力促成第四次會議，以裁判雙方是非；四、第四次中央全會為恢復中央權力之最高機關，係解決一切糾紛之總樞紐，若因討唐而停止召集，即為中央自行放棄其最高權力，中央委員自行分裂黨權；五、討唐軍事行動既

已發生，可置不問，如將來第四次全會時有反對者，皆應聲明其事；六、盼汪以領袖資格指導同志，不避艱難險阻，前往南京。六日接廣州來電，謂汪即赴滬，急電詢汪有無其事，且乞稍待，以便來粵面陳一切。九日得汪覆電，告以在穗候晤。紹竑乃於十一日由南寧出發，十五日到達廣州，其時汪與李任潮已整裝戎道，候輪出航赴滬，匆促間未能多談而別。紹竑與李主席自民十二年相從於西江，其間經過宋遑盡述。此次本人由粵回桂後，李主席曾迭電促到北江，擔任討唐之北路總指揮務，因料理桂省諸事，十五日始到廣州，適值李主席有上海之行，即命以軍委會事宜交由參謀長陳可鈺代為主持，北路軍事由紹竑負責，本人當場予以婉辭，仍請由軍委會直接指揮。

（五）十七日事變經過

紹竑於十五日正午到達廣州，聞汪李兩主席正待出發赴滬，乃往葵園匆匆晤談後，乘南強號小火輪至軍艦上送行歸寓，是日午後五時政治分會會議亦未出席，晚十時，汪李以軍艦須待潮水起方能出港，回至葵園休息。二時左右，再乘車送彼等在江干別歸。

十六日午前九時，赴軍委會例會，因不足法定人數而流會。夜十一時半，突得急報，謂十二時將有事變發生，希即避開。同時，見第二區警察局派出所門前，停放汽車數輛，繼即緩緩巡行於予之寓所附近。心知有異，乃化裝潛赴友人家暫避。到四時亦無動靜，自覺神經過敏，即囑從者回寓，安慰家屬，以免驚動人民，擾亂地方，擬俟天明後即還家。從者去後不久，奔告以各處槍聲勃發，確有變故，遂又化裝離友人家，經濠江南岸，折入西關市內。軍警戒備森嚴，槍聲斷續不輟，究不知係何原因？嗣經西堤出永漢路，探詢真，則見有五光十色之標語，四言一句之佈告，以及三五成群之宣傳員，散布市區，其說如左：

實現汪主席救黨主張，

從速召開第四次中央執監委員會議，

打倒破壞救黨運動的黃紹竑，

打倒佔領廣東的黃紹竑，

打倒把持廣東政治的黃紹竑，

打倒迫走汪主席，威脅李主席的黃紹竑，打倒勒索商民一千萬元的黃紹竑，打倒威脅友軍的黃紹竑，

反對非黨的軍事行動，

此一大風潮，似係完全因紹竑個人而起者。所列罪名如果不虛，則予

實屬罪該萬死，駐軍辦事處與住宅雖被包圍劫掠，衛兵槍械被繳，皆所應爾。惟當時槍聲四起，並不限於兩地，心竊疑之。迨至文德路，見李任潮公館亦被劫掠繳械；士敏土廠之臨時軍事委員會，亦遭同樣災害；繼聞黃埔軍事政治學校、石井兵工廠、工兵團、工程教導隊、虎門要塞警備部，其他各友軍駐省垣之機關部隊等，所有武器盡被收繳無餘，真乃已大白。蓋此一事變，殆藉予個人為口實，而欲發揮其他意義耳。予於日暮途窮之餘，乃乘泰山號商輪離粵。此為十七日在廣州所身經目擊之情節也。予誠不解因何故而使若輩重視至此？自予離粵後，竟至名揚全國，殊非夢想所及！至其名之為罪為功，固非所措意，但予不願徒負虛名，謹就事實根據，略予辯正之。

全國同志所公認之救黨主張，即為在南京召開第四次中央執監委員全體會議，恢復中央黨部是也。汪氏之救黨主張，究欲召開四中全會於南京以恢復中央黨部？抑欲在廣州舉行乎？若屬前者，則不獨予個人十二分贊成，即全體同志中，亦甚少反對之人。若據汪氏代表通電所言，集會於廣州，予必不至即時來粵。倘予對汪氏主張不表贊同，始得謂之為破壞也。事實上，其通電發出後，中央委員中，贊成者有幾人？來粵者又有幾人？何以竟不對彼等聲討耶？此種私人通電，固非中央決議案，豈得強人以絕對服從，而毫無商洽之餘地？理論上，召開四中全會於廣州之說，即使違法實行，亦無異破壞國民革命，使革命勢力總退卻，且不顧惜兩年來為革命而犧牲之人民生命財產與軍中戰士，而將既得利益欣然奉還敵人也。既以其在事實上與法理上均無實現之可能性，更無反對之必要矣。

指予佔領廣東、把持粵省政治云云，此非於軍民財政及黨務上具有相當力量者莫辦。試問第七軍部隊，除在韶關準備出發入湘之步兵五團，及駐省辦事處暨予私宅有槍數十支外，何處見有第七軍之蹤影否？浸假而將李任潮寓所之新四軍部、八旗會館駐軍、臨時軍委會衛兵、工兵團、工程教導隊、警衛團、黃埔軍校、虎門要塞警備隊、十一師、十三師、省防軍、卅二軍、十三軍、十六軍等，皆視為黃某部隊，庶可指其為佔領廣東，然上述諸部隊非已被繳械肅清耶？粵省府委員、各縣長、財政處長、統稅局長中，更無一人與予有關係者。廣東每月軍費支出號稱六百萬，然予僅知在粵之第七軍月支不到十八萬元而已，其餘或在前方、或在後方支出之情形，予概不聞問，不無所知也。至於廣東黨務，予更不知黨部在何處？執監委員究有若干人？此外，尚有所謂P.Cy.Lv.Ky.以及左右派之鬥爭，千奇百怪，難以究詰。此種狀況，亦得謂予佔領把持粵省乎。

又指予威脅友軍，密謀消滅第二方面軍，實則不知孰為威脅者？誰欲

消滅誰？予應汪氏電招來粵後，汪於先一日離去，次日事變即起，孰事陰謀？誰欲陷害耶？第二方面號稱二萬人，李、薛亦有數千眾，乃不自覺其以眾暴寡，而謂予之五團兵力為威脅友軍，則友軍在後方之新四軍、十一軍，及在前方之第四軍，皆可謂為予所欲消滅之對矣。其餘部隊如十三、十六、卅二各軍與省防軍，各有其歷史淵源，人所周知，亦妄指為予之部隊，或謂與予有關係，而擬將其消滅改編，殆欲欺騙友軍，欺騙社會，以期達成妄想，各友軍豈能默認改編，而不奮起抗拒討伐乎？

所謂迫走汪主席，威脅李主席云云，予只知汪李赴滬，係代表在粵之中央同志前往商洽第四次中央執監委員全體會議問題，或尚有其他附帶任務。是否予所迫走，詢之汪李，即自明也。

謂予勒索商民一千萬元之說，諒係指政治分會與廣東省府聯席會議決議，派募公債一千萬元以維持中央銀行一事。予為政治分會委員之一，當時亦表贊成者。然此種公債並非歸予個人使用，其是非之責，應由政治分會與粵省府擔負，豈可歸讞於一人之身？

至謂非黨的軍事行動云云，不知其究何所指？若係指討唐之役，則粵省出兵討唐，固為奉行黨部命令，蓋討唐乃臨時軍委會所決議，軍委會為政治分會所產生，而政治分會又係中央黨部所產生也。凡此皆為合法機關，其決議自屬合法，固不待言。若指此事為非黨的軍事行動，試問十七日廣州之軍事行動，又係何黨之主張與決議？係奉何黨之命令而然耶？予唯佑通常代表本黨者，僅有合法之中央黨部耳。如以少數幾名中央委員之個人意志代表全黨，則無論任何地方之中央黨部，皆所反對也。

總之，十七日之廣州變亂，實為故意藉題發揮，以期實現其消滅友軍，殘殺同志之陰謀。其主要原因，乃少數灰色共產黨徒，為破壞寧漢合作，阻撓第四次中央執監委員會議，使已經到達長江黃河流域之國民革命軍，實行總退卻，而欲於廣州建立小朝廷，以消除異己。打倒某某，擁護某某，殆掩耳盜鈴，欺騙民眾之所為也。

善分析情由、使洞明鬼蜮

雷嘯岑氏在其《卅年動亂中國》上冊中，對十七日廣州事變有極精當的分析，特引錄如下：

「這次事變的情由很顯然。汪兆銘初以不得志於寧漢滬合作運動，在南京中央的黨政方面，皆未佔有領袖的權位，憤而往武漢依唐生智，揭出反對特別委員會的旗幟；特委會不理汪的意見，下令討唐。他見情勢不

佳，乃計劃赴粵依張發奎。適粵省軍政首長李濟深又來電歡迎，他即欣然回到廣州，希望說服李濟深，一致主張在粵召開國民黨四中全會，恢復中央黨部，同時即通電各方中委徵詢意見。這事如果實現，不論會議是否能足法定人數，既有李張這些實力派支持，他即不怕被遺棄了。嗣因李濟深不肯表示真實態度，雖經張發奎再三建議解說，依然不置可否。汪即擬利用黃紹竑來影響李氏，一面私人密電黃，提示黨務主張，約黃來粵面商，一面尤其他在房中委另電黃氏，說要在廣州召集四中全會，以探黃氏意旨。詎黃覆電不贊成在粵開會，且勸汪與南京同志合作。黃本為候補中央監察委員，對黨務發言的地位很薄弱，而汪極力見好拉攏，目的只在因黃氏以取得李濟深的支持而已。今黃既不入彀，李又深沉莫測，他只有另玩手腕，對黃紹竑之來粵與否，已無所謂，而以促進四中全會之召開為名，把李氏詆赴上海，讓張發奎等演一幕反特別委員會的兵諫戲劇，表示他背後有力量，黨政事宜，非教他佔有一席領導地位不可！尤其是這時蔣中正已由日本回到上海，汪認為蔣亦必不贊成特委會的，張發奎等以反對特委會的名義稱兵，當不致引起反感，且可乘機實現他的四中全會主張，所謂利用矛盾以達成目的是也。試看汪氏明明知道黃紹竑業已首途來粵，然竟迫不及待，急遽拉著李濟深出發的情形，即可知其用心所在了。他知道黃氏對其主張既不同意，已無商談之必要，且害怕黃到廣州後，可能沮滯李氏的上海之行，以致計劃落空，他素知李任潮之為人，『優點在無成見，缺點是無定見』，所以要趕快拉著李氏走。」

張派俞主桂、李對張用兵

黃紹竑在其《五十回憶》中，記其卅三年二月和李濟深、張發奎、吳奇偉由南嶽同車回桂林，在車上談起「十七日廣州事變」舊事，還有這樣的一段：

「我（黃自稱）又問吳梧生（奇偉別字）說：『假使我被你們拿到了，會怎樣處置呢？』他說：『恐怕對不起！』我說：『為什麼恨我到這樣地步？』他說：『在我們看，兩廣的問題，你是一個幕後人，所以要先對付你。』我說：『豈不冤哉枉也！現在你可明白了吧？』大家大笑起來。」

由此可見當時他們恨黃之深。張發奎於事變後由香港回廣州出席政治分會，並任軍事委員會主席，即以政治分會名義通組黃紹竑，任俞作柏為廣西省政府主席，並給俞款三十萬元助其回桂。但省內無人作俞內應，故回桂不成。

李濟深在上海，因汪兆銘袒護廣州事變者，故對汪口誅筆伐，不遺餘力。他對廣州善後方略，力主採取軍事行動。國民政府遂於十二月二日下令：張發奎、黃琪翔勾結共產黨叛變，應褫職拿辦；令軍事委員會迅派軍隊分道進剿。福建陳銘樞的第十一軍（陳十一月二日由日本回到福州，將其舊部編成蔡廷鍇第十師和黃質勝第廿四師，陳復任軍長）於五日起而響應，回粵參加討伐張黃戰事。李濟深即任陳銘樞為東路總指揮，令錢大鈞的卅二軍、陳濟棠的第十一師歸其節制；任黃紹竑為西路總指揮，令在南路的徐景唐第十三師歸其節制；東西兩路夾擊廣州。

黃紹竑在香港見各方反應良好，急欲回桂，但西江已被封鎖，檢查非常嚴密，不易通過，乃取道安南經龍州回南寧，於十二月九日到達。那時，我由韶回省的部隊，尚在中途，梧州只得第四師守禦，與在都城一帶的吳奇偉第十二師對峙，一時尚未能採取攻勢。

玩火召自焚、名城罹浩劫

我東西兩路軍尚未發動，廣州卻突然發生共產黨大暴動了！

自十一月十七日黃琪翔等將各友軍在廣州的機關部隊繳械後，在東江的錢大鈞、陳濟棠，北江的范右生，南路的徐景唐，廣西的第七軍等部，都變成了他們的敵人。他們因兵力不敷分布，據李濟深在上海公開聲述，張發奎等曾暗中助款葉挺使在東江一帶招集殘部，以牽制陳濟棠軍。又不得不將部隊四出布防：以主力置於西江，許志銳第廿六師駐肇慶，繆培南（吳奇偉代）第十二師駐都城，防廣西；薛岳教導第一師駐江門，防南路；李漢魂第廿五師駐惠州，防東江。廣州河南為李福林第五軍防地，市區內僅有葉劍英的軍官教導團、梁炳樞的第四軍警衛團，廣州市公安局的警察保安隊維持治安，力量非常空虛。

共產黨頭目張太雷、葉挺、彭湃等乘機潛入廣州，藉蘇俄領事館的掩護和接濟，於十二月十一日早晨，利用教導團和警衛團之一部，並煽動市內工人和近郊農民，號稱共產黨紅軍，以葉挺為紅軍總司令，實行大暴動。設立人民委員會，發表廣州蘇維埃政府宣言。焚殺劫掠，大火三日未熄，全市精華，化為灰燼，計死人民千餘，燬房屋千數百間，財產損失五千餘萬元。經張發奎親往江門、肇慶調兵回來，乃於十三日將共黨擊敗。並圍攻蘇俄領事館，格殺其副領事，拘捕其正領事，俄人因參加戰事被圍攻而死的數十人，被俘的六十餘人。事變算平定了，但空前的勢運已經造成了。

廣州政治分會於十五日對共產黨動事件引咎自責，張發奎、陳公博、黃琪翔、朱暉昌均免職查辦；推李福林為新領袖；以繆培南繼黃琪翔為第四軍軍長，李朗如繼朱暉日為廣州市公安局長。政治分會又於廿二日自行免去張發奎、陳公博的軍事委員會主席團職，以方鼎英、繆培南繼任。

蔣中正十三日電令張發奎戴罪立功自贖，會同陳銘樞等軍肅清共黨；並電黃紹竑、陳銘樞和粵桂各將領為張解釋，協同平定共禍。蔣先以致黃陳張各電稿示李濟深，李函蔣表示：對張除臨之以兵外，別無他策。張十八日覆電致蔣，表示服從；並謂已被廣州政治分會免去本兼各職，戴罪勉維善後，願以黨員資格，隨從補過將來。

血戰真精彩、犧牲究為何

廣州大暴動消息，十一日即已遍傳全國，社會上無論知道內容與否，把一切責任和罪過，都歸到張、黃他們身上。汪兆銘尤為各方面所指摘，說他玩火自焚。李濟深最為憤恨，急電陳濟棠、徐景唐、陳銘樞、黃紹竑向廣州進發，討逆平亂。

南寧各界於十二月十二日舉行討伐黃琪翔大會示威巡行。黃紹竑即下梧州部署軍事，決定以十個團入粵。那時都城吳師已經東撤。我第四師四團為前鋒，第七師兩團繼之，第六師四團在後。第六師和蒙志團由韶關繞道湘南回來，我於十一月廿九日由梧州赴賀縣迎接，十二月十日由賀縣拔隊，十六日全部到梧，計行軍二十五天，另休息兩天，由韶到梧，共費時二十七日。在梧休息四天，又於十二月廿一日出發東下。

我西路軍沿西江進展極為順利，十二月廿五日第四師攻入三水，李福林部退回廣州。廿六日繆培南率其第四軍全部離廣州，向東江出發，只留李福林軍維持廣州秩序。廿九日我第四師入廣州，李福林軍讓防退河南，李即通電引咎辭職，以李濟深派回的鄧彥華代理第五軍軍長。三十日黃紹竑總指揮到廣州，令西路軍急向東江追躪，與東路軍夾擊第四軍。

陳銘樞率其第十一軍於十二月十五日由福建回廣東。當繆培南、薛岳放棄廣州時，曾通電歡迎陳銘樞回粵主政，並請陳率軍由海陸豐入省，讓第四軍取道河源、興寧入江西，被陳拒絕。陳銘樞集結所部和錢大鈞、陳濟棠兩部在龍川、五華一帶阻截繆軍，十七年一月四日在龍川將繆部先頭許志銳師擊敗，繆部後隊迫著改道紫金、五華前進。其後，兩方主力在岐嶺、藍關一帶肉搏，結果，我東路軍不支，陳濟棠部退向鐵場，陳銘樞、錢大鈞兩部退向老隆。

西路軍四個師追躡繆軍，按徐景唐第十三師、伍廷颺第四師、呂煥炎第七師、黃旭初第六師的順序前進。一月十六日徐師最先頭到達潭下墟，繆軍正由藍關、鶴市方面而來，準備迎擊我軍。我徐、伍、呂各師先佔領潭下墟南方十里風門坳側邊一帶山嶺，形勢甚好。十七日雙方警戒部隊對峙中。十八日拂曉，繆軍以李漢魂、鄧龍光（教導第一師長）、許志銳三個師大舉猛攻。我軍死命抗禦。敵不得逞，又將黃鎮球教導第二師增加上來，搏鬥更烈。我十八日傍晚率部趕到，伍師第十團正潰退下來，我急以第八團補上，將敵勢壓下，維持澈夜。十九日拂曉，我師生力軍三個團加入火線，全線一齊出擊，敵陣即一潰不可收拾，狼狽北逃，慘戰乃告結束。此役繆軍師長許志銳陣亡，黃鎮球受傷；我軍有一連損失竟達三分之二，韋造時獨立營的四個連長，兩死兩傷，衛生隊忙了四天才將戰場傷者收容完畢。由此即可見戰況慘烈的一斑。仗打得好？究為何來？

助剿留東江、事平仍返桂

潭下戰後，我軍移駐老隆，和陳濟棠部共度農曆除夕。不久，黃紹竑總指揮由汕頭到興寧，召集第七軍各師團長以上人員會議，決定第四、七兩師即調回廣西。因李濟深主席請酌留部隊助其剿匪，於是留第六師負此任務。

我奉命剿辦興寧、五華、龍川、河源、紫金五縣的共產黨，於二月初旬開始行動，師司令部移駐安流。這個區域著名的共黨首領為古大存，以南嶺為巢穴。我以黃冕、徐啟明、葉叢華各團進攻，匪已聞風先逃，我們上到南嶺，只見一間古廟牆上寫著「蘇維埃政府」。陳濟棠師長派張瑞貴團會攻，未到我先已解決。共黨的根據地既毀，四月初，我率許宗武團由安流越過七車徑南巡河婆、棉湖、鯉湖，各處共黨都已歛跡，復歸安流。其餘各屬，並無大股共黨，於是交由粵方部隊去善後，本師工作便告結束，奉調回桂。

其時，第七軍將留在廣西省內的部隊改編為國民革命軍第十五軍，任黃紹竑為軍長，黃旭初為副軍長，不再設黨代表。原第四、六、七各師改為第一、二、三各師，仍由伍廷颺、黃旭初、呂煥炎任師長。原第五師師長劉日福退休。韋雲淞奉調往前方第七軍任職，以許宗武任第二師副師長。我在安流和許宗武就任新職後，即偕韋先行返桂，部隊由許率領回來。

三十一、記民十八年的武漢事變

關於武漢事變，我曾為文記述過，即「廣西與中央廿餘年來悲歡離合憶述」第十四節，載於《春秋》半月刊第一一八期。情節尚有未盡，特更述此篇。

由於武漢事變，全國統一遭受了破壞，廣西力量和聲譽也蒙了極大的損失，在公在私，都屬非常的不幸！

此一重大事變的發生，中央和地方都脫不了責任。事後根據事實詳加檢討，中央實為此劇的導演者，地方只是被導登場演出竟不自覺而已。

樹高易招風，缺漏疏防檢

武漢事變的起因，由於中央力求統一，縮編軍隊，而不從示公立信致力，反標榜削藩，且玩弄權術，遂相繼激起各集團運的自衛反抗。但另一方面，武漢當局也未免忽於自省，下述各點，是其事實。

一、當北伐完成時，廣西集團的勢力，由兩廣、兩湖直達平津，桂省主席黃紹竑即以發展太速、樹大招風為憂，曾於十七年冬派張任民到漢向第四集團軍總司令李宗仁建議：「為免人嫉忌，我宜於棄武漢。部隊撤到湖南，和兩廣聯成一氣。把湘粵桂這個區域好好地建設，也儘夠我們努力的了。」李氏對這個建議，未見有所舉動，或因湖北的乾部不願放棄既得的地盤而反對，或因自信力足自衛，不虞意外，而不欲更張。使黃氏的意見得行，所謂武漢事變，根本自無從發生。

二、第四集團軍到了武漢，李總司令為了表示無私，標榜「鄂人治鄂」主義，因此，放任胡宗鐸（第十九軍軍長）、陶鈞（第十八軍軍長）等去把持湖北的軍政大權。陶鈞尤為驕縱，首先搶得湖北收入最大的禁煙局。從此發生桂軍苦而鄂軍肥的現。當時的第七軍軍夏威，數年前對我談及此事道：「起初胡、陶尚按月補助第七軍二、三十萬（第七軍兵員全賴廣西送補，路遠費時，為防補充不及，要保持戰力，故人數大大超過編制定額，因此開支特

大），後來此款竟不按月送來的，第七軍隊遂更加困難。胡隊兩軍的軍官錢多，花天酒地，惹起我們的軍官氣憤，李明瑞、尹承綱、李朝芳幾個師長向我要求，要算禁煙局的帳，並說：『他們既要禁煙局，我們何不要権運局？』我說：我先問你們：『他們要禁煙局，對是不對？』他們答：『當然不對。』我說：『既然知是不對，我們就不應要権運局了。至於禁煙局的帳，第七軍是無權去算的，要政治分會才有權去算它，這件事要德公回來武才能處理。』我雖然這樣勉強的把他們壓下去，但第七軍的人，心裡總抹不去『廣西人打仗、湖北人享福』的不平之氣。沒錢人也沒法和有錢人來往。」第七軍副軍長鍾祖培（時兼任江漢海關監督）是恭城縣人，第二師師長尹承綱是平樂縣人，所以軍中下級官平樂一帶的小同鄉特別多，他們時常聚晤，談天總脫不了生活困難的事。一次，大家竟決定了某夜去打尹師長公館，那一夜適逢與議的某排長當值守衛尹公館，見他們來了，力阻不許行動，否則當值的要受罪，事才中止。群情憤激，可見一斑。張任民、雷飆（第十五軍第一師參謀長）先後到漢，第七軍的將領都向他們訴說桂鄂兩軍的不平情事。他們都感覺事態已不尋常，分別向李總司令和胡、陶、夏各軍長談及。但李以為不應該談此事；胡、陶各不在意；夏態度消極。假使稍加注意，設法消弭，敵間自無隙可乘，第七軍不變，武漢局面也不易崩潰的。

三、第四集團軍前敵總指揮白崇禧所統率駐在唐山一帶的李品仙第八軍和廖磊第卅六軍，被抗戰間有位同事閒談中問李品仙道：「當年唐生智怎樣把你們兩軍抓了去的？」李說：「你不知道，兩軍中連幕僚盡是唐的人。」但又說：「不過，如果態度稍硬，情勢當又不同。」假使白氏早知對方陰謀，設法防阻；或者李氏對唐態度稍硬，唐都不易得手。白部無事，南京對武漢用兵是考慮的。

四、事變既起，李白兩位倘有一人回到武漢，情勢也會不同。即使戰敗，也可能將殘兵向桂邊靠攏，不會全部消滅。

四者無一，聲勢赫奕的第四集團軍，就這樣冰消瓦解！

粵平首尾失、武漢形勢孤

十八年二月中旬，第十九師師長何鍵由湘到漢祕密報告：南京經江西運送械彈補充魯滌平第十八師，準備作戰。胡宗鐸、陶鈞、夏威等聽了都覺得詫異。胡以為南京運武器到湖南，不經武漢而取道江西，顯然別有企圖，主張先發制人。二月二十日，在胡、陶的策動下，武漢政治分會決議改組湖南省政府，以何鍵代魯滌平為主席，並派葉琪、夏威兩師由鄂入湘於廿一日佔領長沙，魯率所部退入江西。這便是武漢事變的開始。

李宗仁因京滬一帶在十七年冬間謠言極盛，不說第四集團軍要推翻中央政府，便說中央軍準備直搗武漢，因隻身赴南京住下，以消弭謠言。胡宗鐸等既對湘發動，急電促李離京，李即化裝奔滬。

蔣中正主席對廣西集團早有整個計劃，但部署尚未完成，不欲過早暴露，所以任由蔡元培、李濟深等調停魯案。中央政治會議根據蔡元培、李濟深查辦的報告，三月十三日決議：武漢政治分會改組湘省政府，舉動誠屬不合；李主席（宗仁）事前並未與聞，所請處分，自可無庸置議；預議的張知本、胡宗鐸、張華輔三委員，應予免職。三月十九日，國民政府令葉琪、夏威兩師長迅即停止軍事行動，剋日撤回原防。這時候，南京方面收買俞作柏、李明瑞，唐生智策動舊部反正的工作已告成功，二十日蔣氏在國民黨第三次全國代表大會發表他對於處理湖南事變的意見，強調中央對於地方，只有法令，無所謂條件；只有命令，不容調停。完全推翻了十三日中央政治會議的決議。廿一日蔣即將李齊深由暗中監視改為公開幽囚，送往湯山區溫泉休息。同日，三全大會否決了武漢政治分會所提請以九月廿三日（即白崇禧肅清關內那天）為完成北伐永久紀念日案。廿四日國府明令：葉琪、夏威免職查辦；廿六日又令：李宗仁、白崇禧、李濟深撤職查辦。廿七日三全大會開除李宗仁、白崇禧、李濟深的黨籍。蔣氏即發「為討伐李宗仁等佈告將士」文。

李宗仁見李濟深被囚，知戰禍已無可避免，而又無法返回武漢，遂設法祕密偕張任民、王季文、雷飆等離上海經香港而到廣州。那時陳銘樞、陳濟棠等都不在穗，第八路總指揮部參謀長鄧世增慇勤招待，彼此交換應付危局的意見後，李即返廣西，復派張任民到香港等待由天津脫險南下的白崇禧。白一到港，即入廣州晤鄧世增，雷飆尚未離穗，力促鄧說，為李任公計，應發動廣東舉義。但鄧主張和平，謂對陳銘樞各人，他可力任勸導。白見粵不敢動，當日下午四時即搭商輪返港。當夜，第八路總部的守

衛，改由李揚敬部擔任，雷知局面已變，即問鄧：「對我軍駐廣州辦事處和在粵部隊如何處置？」並說：「我出來時，已囑咐黃團長鶴齡（第十五軍第一師第一團，駐黃沙車站），萬一我不能回來，你即準備行動。」暗示鄧使有所顧忌，而不敢給我方以難堪。鄧急表示：「決無什麼事故，辦事處和部隊都可自由離粵。」翌晨，三月三十日，粵軍將領陳銘樞、陳濟棠、陳策、蔣光鼐、蔡廷鍇等即電主和。我駐粵辦事處和黃團立即下船回梧；我率第二師先已奉命由韶關入湘，聲援武漢。黃紹竑應鄧世增電邀三十日趕到三水，鄧派副官處長李少毅在車站等候密告他，陳伯南已就廣東編遣主任新職，白健生昨天早晨曾到廣州，旋即回港，局勢已變，不可再到廣州，請即回去。適港梧輪「大明」進口，黃就乘搭回梧。白崇禧也由港回到。在梧逗留不久，李白黃三位就聯袂到容縣，召集幹部會議，由李、白報告此次事變的經過。大家暫時小住以靜觀事態的演變。白料武漢的部隊總會有若干經湘西向桂邊來，遂往柳州，想由遂黔邊入湘西，但剛到柳州，便接夏威來電報告，知已全部投誠中央，乃即回梧。

漢氣盛於寧、寧兵倍於漢

武漢事變中雙方軍事活動的經過如下：

先說雙方參加的部隊。第四集團軍方面，自北伐完成後，決定全國軍隊縮編，即按照中央規定，分兩期實施。第一期編成的五個師，任夏威為第十五師師長，胡宗鐸為第十六師師長，陶鈞為第十七師師長，魯滌平為第十八師師長，何鍵為第十九師師長。第二期編成的七個師，任譚道源為第五十師師長，李品仙為第五十一師師長，葉琪為第五十二師師長，廖磊為第五十三師師長，王澤民為第五十四師師長，程汝懷為第五十五師師長，張義純為第五十六師師長，每師三旅，每旅三團。事變一起，魯師已成敵對；譚師也付魯，只其李雲杰旅受武漢命令；李、廖兩師在唐山，王師在北平，不久悉被中央收買去了；故武漢實在只得七個師。

中央方面，蔣氏二月廿六日即電令徐州劉峙、蚌埠顧祝同、兗州繆培南、盧州朱紹良、新蒲蔣鼎文、揚州方鼎英、蕪湖曹萬順、壽州夏斗寅各師長，密為出師準備，以備集中。三月二日編成第一集團軍戰鬥序列：總司令蔣中正，總參謀何應欽，前敵總指揮朱培德；第一軍軍長劉峙，第一師師長劉峙，第二師師長顧祝同，第九師師長蔣鼎文；第二軍軍長朱紹良，第八師師長朱紹良，第十三師師長夏斗寅，獨立第一旅旅長陳耀漢；第三軍軍長朱培德，第四師師長繆培南，第七師師長王均，第十一師師

曹萬順，第十二師師長金漢鼎，第十八師師長魯滌平；總司令部直屬部隊，騎兵第二師師長張礪生；總預備隊，第六師師長方策，第十師師長方鼎英，第四十八師師長徐源泉，砲兵團團長姚永安。到三月八日，第三軍又加入譚道源的第五十師和熊武輝的第五師兩旅。

以上便是雙方的陣容。

主動變被動、深謀對短謀

這次戰爭，是武漢方面先動。葉琪、夏威兩師由鄂入湘，魯滌平二月廿一日晨接得報告，立即放棄長沙，率部向江西退走，葉夏兩師遂佔領長沙。夏師的李明瑞旅和附屬指揮的楊騰輝旅追擊魯部，廿六日直抵湘贛交界的渠城，才停止前進。胡宗鐸、陶鈞、葉琪、何鍵等二月廿八日在長沙會議軍事後，由武漢政治分會改編譚道源師的李雲杰旅為獨立第三旅，以分化譚師，並令葉琪師附何鍵師的陶廣旅和陳漢章兩團進攻譚師；胡宗鐸師集中武穴、黃梅、廣濟，以對下游；夏威師附楊騰輝旅調集武長路岳州、蒲圻、咸寧一帶，以對贛北；程汝懷、張義純兩師集中武漢，並以一部向黃州移動；駐羅田、麻城、黃安的陶鈞師，也分兵向廣濟、田家鎮、武穴一帶增加。三月初旬，葉琪等向常德、桃源譚師進攻，中旬將其擊敗於沈溪、牛鼻灘一帶，譚部退往沅、庸。

中央第一軍集中潛山、太湖，第二軍集中英山及其以北地區，第三軍集中九江、建昌、南昌、高安一帶，均於三月二十日完全到達。

武漢方面因中央軍已集中皖邊，三月二十日後，將在鄂東的前進部隊，由黃梅、廣濟、武穴等處漸向西撤，以避決戰。何鍵雙方敷衍，勒兵茶、攸、醴、瀏一帶意在扼守湘邊，且以避免參加鄂皖贛間的作戰。馮玉祥因雙方都有代表對他拉攏，意存觀望，以圖乘機利己。粵桂援助武漢的部隊，已出動北向湘南。但唐山、北平白部已被敵奪去。

南京方面用間收買對方的部隊既告成功，作戰部署也已完成，於是因李濟深，葉琪、夏威免職查辦，李宗仁、白崇禧、李濟深撤職查辦，明令討伐，逐幕揭露。三月廿八日改訂戰鬥序列，以馮玉祥部將韓復榘為第三路總指揮，由豫南向武漢迫攻；將中央軍第一、二兩軍改為第二路軍，西攻武漢；在贛境各部為第一路軍，西攻武長路，截斷武漢退路，並威脅何鍵，制其行動。又委何鍵為第四軍軍長，從事分化。蔣氏下了總攻命令，當晚即由南京乘楚有艦出發，廿九日到九江指揮。

李總司令離滬前電告漢口第四集團軍總司令部參謀長張華輔，著委何

鍵、葉琪、夏威、胡宗鐸、陶鈞為第一、二、三、四、五路司令,令在黃陂至武穴之線布防待敵。三月廿六日張參謀長依照發表,並以李明瑞為第三路副司令。夏威因病辭職,廿七日再令李明瑞以副司令代理司令。第一路守茶、攸、醴之線,第二路守青山,第三路守黃陂、祁家灣至平漢路一帶,第四路守陽邏,第五路守三、四兩路中間地帶。

以上便是雙方作戰部署的進展狀況。

一槍亦不鳴、三鎮遂放棄

蔣主席得利用中央的錢和官之便,收買政策生效,對勝利已有自信。三月三十日廣東將領通電主張和平,反對粵省出兵,給武漢以極大的不利。卅一日中央軍第二路第二軍進至閻家河、白果;武漢第三路夏威部羅霖旅即通電背叛,受對方所委獨立第四旅旅長職,所部集中長軒嶺東北的河口。四月一日何鍵又叛,在長沙就蔣委第四軍軍長職。何在四日前曾致電黃紹竑云:「職部全至萍、醴、瀏之線。除杰部四旅外,餘難盡力。現惟以和平應付,期贛軍不急撲湘。桂軍入湘之一路,請經郴、桂趨吉安為便。」電中指使桂軍入贛,即已懷有企圖。四月二日中央第一、二兩軍到達宋埠、團風之線,李明瑞當夜即將所部撤往孝感,反叛附敵。

蔣氏知武漢主力為夏威部,桂鄂兩軍不和,他也早有所聞,既決定用間,即派其高級參謀周伯甘到漢密晤李明瑞。周和李為詔關滇軍講武堂同學,情感素洽,密談後,李以事體太過重大,要得他表哥俞作柏的意旨,再作決定,這是李的習慣。周返報蔣,蔣由楊永泰通過梁五鳳聯絡著俞作柏,俞由香港到南京見蔣得款,事遂決定。李明瑞奉命代理第三路司令,即在漢口太平洋飯店密約團長以上多人適定,待全部出發到達前線後,即反胡、陶。李並未說是歸附南京,因此無人表示反對。李於三月廿八晚率所部五旅由漢口沿平漢路出發赴黃陂、祁家灣一帶布防。四月二日傍晚,李明瑞指揮其本旅、尹承綱旅的梁重熙團、李朝芳旅的龐漢禎團、以及楊騰輝全旅,祕密集結,以急行軍速度向西北移動,走了一個整夜,到了天亮,已在孝感張貼了很多反對胡陶的標語。在漢口胡陶夏各將領聞變驚惶,即下令全部退向荊州、沙市、宜昌,從三日晚開始退卻,到四日晚最後部隊也離開武漢。葉琪部由武昌南撤,集結武長路。葉以事無可為,五日離隊而去,其所部兩旅,由旅長門炳岳、危宿鍾率領投向中央。

武漢就這樣地放棄了!

南北從容退、撫追配合施

第四集團軍由武漢西撤的部隊，為胡宗鐸、陶鈞、程汝懷三師，葉琪師的一旅，夏威師的尹承綱和李朝芳各一部，張義純師的兩旅，警備旅、特務團等。敵人並未即時跟蹤追擊，部隊秩序很好，退卻頗為從容，各將領都隨隊行動。退時分南北兩路：夏師走北路，四月五日由黃陂到孝感，六日到應城，七日到天門，八日經皂市，奉夏的命令：由京山向荊門集合，以一部在鍾祥警戒收容。其餘各部走南路，自三日晚開始由武漢退卻，四日晚出發完畢，先在蔡甸集合，再分兩支：陶師全部、胡師一旅以上，警備旅、葉師的一旅、程師一部，經侏儒山向仙桃鎮；其餘經新溝、繫馬口向仙桃鎮，水陸並進；最後為張義純師一六七旅的一部；七日，南路各部隊除漢川一旅移至繫馬口未行外，其他都陸續到了仙桃鐵，在此略事整理。胡、陶、夏、程四將領在此停止。八日，陶、程部向沙市；夏率數百人經沙洋向荊門；胡率警備隊一團在仙桃鎮收容；留繫馬口一旅也向仙桃鎮續進。十四日，北路到達了荊門，南路到達了荊州、沙市附近。

蔣氏於五日晚抵漢，七日任李明瑞為第十五師師長，羅霖為獨立第四旅旅長，危宿鍾為獨立第五旅旅長，門炳岳為獨立第六旅旅長，胡樂天為獨立第八旅旅長，八日任楊騰輝為新編第九師師長。但後來危、門、胡各部併入第五十二（吳尚）、新編第七（何鍵）、新編第八（周瀾）各師，楊部改為五十七師。這是背叛武漢一批部隊的歸宿。

四月十日蔣派張發奎為第一路追擊司令官，方鼎英為副，率其第四、第十兩師分由嘉魚、武漢乘船向荊沙追擊；派朱紹良為第二路追擊司令官，夏斗寅為副，率領第八、十三兩師和獨立第一旅駐天門、仙桃鎮，向荊沙追擊。又令劉湘旅兵（唐式遵師）由重慶下宜昌夾擊。並派淺水兵艦和航空隊搜索協助追擊。但蔣一面又派孔庚、何競武前往招撫，雙管齊下。

受編難放心、繳械絕後患

胡陶夏等以被追緊迫，軍心渙散，整頓反攻無望，乃決定離軍他去，請孔庚、何競武向蔣行營參謀長賀國光商洽部隊改編辦法，並請停止軍事行動。賀於四月十六電覆孔何要點為：「一、投誠各部隊，除程自率外，夏部可由尹承綱、李朝芳擇一率領，其餘由李石樵、石毓靈、江聲三分率

領，應如何區分，請酌之。二、區分決定後，即日將荊門、沙市交出，由我前方部隊分別接防。三、新編各部隊，赳日開赴指定各地點，以便派員點驗。四、以上諸事辦妥，即令海陸空各軍及川軍停止攻擊。」十五日胡陶夏三人聯名由沙市致蔣感電略謂：「個人進退實無問題，但使數萬久戰部屬有託，則感賜多矣！」十七日蔣覆胡陶夏三人電云：「兄等以私忘公，昧卻革命真理。今既願離軍，仍能服從命令，中央必予優待。中正當以人格保證兄等之安全。萬勿徘徊莫定，致貽後悔！所部可責程李等約束，皆令集合江陵，聽候改編。俟兄等離隊，即當停止進攻。」廿一日胡陶通電表示離軍出國。廿二日其餘將領也發通電服從改編。蔣即派程汝懷為鄂西編遣專員，以孔庚、何競武為委員，辦理受編各部點編事宜。並編為六師：第十六師，師長李石樵；第十七師，師長石毓靈；第五十五師，師長程汝懷；第五十六師，師長劉和鼎；新編第九師，師長尹承綱；新編第十師，師長李宜宣。胡陶發出廿一日通電時，夏威獨無表示，欲率所部渡江取道湘西回桂，經胡陶力挽同行，才一致行動，搭英國兵艦赴香港。

　　蔣對受編各部並不放心，四月廿九日任劉峙為湖北編遣特派員，令其先將各師調散，再分別處置。劉和鼎師最先調往下游。李石樵師調到黃岡、鄂城後，令魯滌平、方鼎英兩師包圍繳械，都先覺逃去，劉峙乃派徐聲鈺前往收編，改為獨立第十三旅，徐為旅長，調駐青江浦。石毓靈師在當陽改編為獨立第十一、十二兩旅，以萬倚吾、彭進之分任旅長。程汝懷師五月廿七日在荊州被朱紹良師包圍繳械。尹承綱師本要運往漢口解決，已由沙市上船，大家預料凶多吉少，與其到漢受罪，不如就近送給兩廣大同鄉張發奎，於是由李朝芳率領自動向第四師請求繳械，時為五月廿七日。李宜宣師的李奇旅先被調往漢口；其餘由沙市調往宜都，於五月廿二日晨被譚道源師包圍繳械。李奇旅由漢口再調南京。當楊騰輝師調回廣西時，楊曾請調李旅同行，當局以船隻備辦不及而罷。復由南京調蕪湖。團長陳國材率其一團欲逃回廣西，到江西境即被擊散，陳個人輾轉逃至福建、香港回到廣西。（李、白對陳極為嘉許、復任為團長，十九年入湘之後，回師時在五埔作戰身亡。）李奇因此事不安而辭職，南京派黃埔生甘達潮接任。團長莫樹杰。營長商掄元等也辭職，隨李奇返桂。

　　這是武漢事變的結局。

三十二、半年三變的廣西局面

　　安靜了數年的廣西局面，到了民十八年，半載之中，竟反復發生了三次變動！這是由武漢事變演進而來的。本篇特詳記其演進的歷程。

　　在演進中，因情感衝動，不量力而攻粵，致招失敗，最可痛惜！因冷靜退讓，使廣西部隊免於自相殘殺的慘禍，舉動明智，最可佩慰！

　　共產黨企圖在這場變動中，在廣西創造一個可觀的局面，結果陰謀未遂，只釀成小劫，亦一幸事。

奉令勸出洋、傳聲故未答

　　第四集團軍於十八年四月三日放棄武漢後，蔣中正主席即於四月五日進駐漢口。八日他通電表示要下野出洋以息內爭；同時又電國民政府文官長古應芬，囑其設法轉勸李宗仁、白崇禧出國遊歷休養。古氏託在湯山溫泉「休息」的李濟深函致李、白示意。函示：

> 德鄰、健生兩兄惠鑒：弟本志自拔，故於形勢嚴重之頃，不敢苟免，束身來都。復蒙主席優厚，指示正軌，使不至誤蹈漩渦。故自允許移居郊外以來，不惟待遇隆渥，而且久困戎馬，得此修養，多讀古人之書，激悟不少。近來以負疚之身，不敢發言者，恐言之誤謬，轉重罪戾，括囊有戒，是其分也。但偶閱報章，雖不見兩兄有何表示，惟任部屬屢抗中央，不加制止，弟甚惑焉。又聞德兄密電，稱弟曾發手令與李澤霖，雖經李君通電否認，而弟之不能自白，亦遂加甚。固然我輩心（還的左邊＋跡的右邊）未嘗不可自原，而驕盈不聞大道，則不能為我輩寬也。主席屢誡我輩，而曰中央者非一人之中央，不可疑及個人。諸先進亦言擁護中央而鞏固之，始能相安於一時，以至於久治，則民困漸蘇，而總理之建設革命可成。我等自亦早有覺悟，故去年追隨主席去平，以至於編遣會議後之次第滯都，原擬將局部全謀排脫，而後一心效力於中央。然古人云：「需者事之賊也」，成無救之錯誤。樹欲靜而風不能息，

本望長侍中央者，而竟猝然至於苟全而不得。此皆急流之中，矯之不勇，有所需之故耳。而其所以需者，即又忽於吳先生常引孟子之言，所謂所識窮乏者得我而為之。滔滔中國，將以此病而以萬劫不復。我輩聞道尤淺，自更不在例外。故一日將欲成行，必斤斤代策曰：有功之軍隊，將如何保全之？未成之建設，將如何繼續之？所知之賢者，將如何推薦之？諸如此類之顧慮，不恤機關之請復，不但代過，反傷其手，而且舍曰形似有欲，正自以為勉附革命末席，而適已成為軍閥大惡，是誠何心乎？不敢曰我非，然有所識者盡承其中，為禍竟至於此！其實我為他人代謀，絕不如他人之自為謀，觀今日他人之因應咸宜，適合於軌範，殊遠勝於我輩。故昔日誤以為忠於臨別者，今經人指出，反成為誤於地方。早夜念之，良用疚心，惟求終原其智識淺薄可耳。遼東有豕，古人所笑，我輩未嘗學問，因指小勞為有功，輒居群賢之右，妄固極矣，禍宜隨之。憶編遣會時，憑焕公議及總司令總指揮名義，謂當略為有功者之地，我輩亦善其說，而不知長者婉而多諷，正以相戲，欲人之自悟其非耳。觀夫近今微指當時武漢之失，知我輩為人所容忍者多矣。我輩生平自許救國，而形迹乃至伐勳，湯泉滌我，愧汗無地。所以既自知其負戾，又復何敢高論？萬望兩兄即日嚴斥舊部，絕對停止蠢抗，以求末減。自己則早日行赴海外，得智識之加增，亦可有益於社會。我輩屢屢宣言多起，急宜自踐其諾，既不為時勢所需要，應讓他人仔肩，此我輩屢勸汪先生等者，豈可至自身而忘之！且古之名賢，見崇於廣西者，莫如馬伏波，彼之言曰：「凡人當使可貧賤也。」若我輩革命之人，而至於追求無聊之權勢，摩抄銅鼓，亦愧對前賢多矣！季寬兄既為地方，樸實賢勞，應當力爭我之蹉失，惟中央之命是聽，為中央去西顧之憂，為吾省保能安之局，切望寄語，不可或忽！總之，我生不辰，出世西粵，亦蒙桂系之譏。廣西邊陬僻壤，向未有絲毫價值之人物，妄欲分開國長薩之榮寵，以小器而冒求大受，本已極端可哂，加之省之妄人，若有好譽之心，亦非自求之福。觀乎最近之過去，湘有曾左，造成子弟流離之局面，皖有李段，釀成軍閥更迭之譏評。益欲虛榮其省，而適以禍其民，此可鑒也。故弟愧未能引桂一兵一卒盡力黨國，而兄等則攜嶺西八千鄉人，稍效奔走，今既海內清平，正宜盡量勸其歸耕，為子孫一世之謀，故桂軍本可全散，此亦其時。至於我輩出於天良之不得已，與於反共一役，此止足為，尚何言勞？少年不教而誅，人言亦

痛絕，我輩不自引咎，將諉諸誰？總理之主義，今既如日中天，兄等切戒無聊之文人，再相助而為無病之呻，愛我將適成害我，今天三全大會，最合正當，即總理而在，必表全可。乃前聞漢口市黨部，反援汪陳之論調，加以譏評，致我輩將受出爾反爾之誚。兄等亦直切戒所知，嚴持一貫主張，期吾心絲毫不負總理。至於我輩負咎之人，宜少發議論，免為他人利用。弟不便煩言，萬祈俯納貢陳，無任禱幸！弟李濟深叩。四月十六日。

李、白得函，讀來詞句極其委婉，以非其自由表達的意見，故未作答。蔣主席那封通電，結果只引得胡宗鐸、陶鈞、夏威三人下野出洋。

令解京查辦，激眾憤舉兵

南京因李濟深致李白的函得不到反應，又由行政院長譚延闓和總參謀長何應欽聯名致電廣西省政府主席黃紹竑，要他顧全大局，勸解息爭。可惜措詞不很妥切，字裡行間有令人難堪和不夠誠懇的地方。黃氏和大家商量的結果，認為首先要求恢復李濟深的自由和李宗仁、白崇禧的名義。覆電的語氣，也不示弱。那時第四集團軍退到鄂西的軍隊，已全部投歸中央，因此，南京方面對於廣西所提的這種要求，再加之以倔強的口氣，當然不予理會。從此廣西和南京斷絕了往來，成了僵局，無法轉圜。外間謠言漸多，說廣東的部隊集中肇慶，湖南的部隊集中永州，將以武力解決廣西，空氣日趨緊張。

四月下旬某日，南京給粵省主席陳銘樞轉致黃紹竑一電，內列四項：一、著黃紹竑將李宗仁、白崇禧拿解來京，聽候查辦；二、廣西不准收容由武漢退回的部隊；三、廣西境內的部隊縮編為兩師，剩餘武器解繳中央；四、黃紹竑將以上三項遵辦後，得任為兩廣編遣副主任。

南京方面，以李白在桂，終為後患，廣西此時已勢孤力蹙，軟商不受，於是硬來，而發此電，卻沒估計到廣西民性強項，被迫得厲害，就會反抗到底。黃紹竑和李白商量後，立刻發電召集各部隊長官到容縣舉行會議。我原奉命第十五軍第二師由韶入湘援應武漢，將到郴州，而武漢已崩潰，又奉令經湘南入龍虎關回省，已經抵達，趕來容縣參加。會議席上，大家憤恨異常（只呂煥炎默不作聲），主張先聲制人，不能坐以待斃，於是決定出兵攻粵。在政略上，決定提出「護黨救國」的口號，聲討南京政府當局篡奪黨權，劫持中央，建立個人獨裁的種種禍國行為；並和

馮玉祥建立聯合戰線，共同為黨的民主、和實現孫中山先生的革命理想而戰鬥。在戰略上，決定對湖南取守勢，用全力攻取廣州，以軍事上的勝利，轉移政治上的頹勢；並約馮玉祥出兵武漢，徐景唐出兵東江，分攻合擊。大計已定，李宗仁即赴香港對各方進行活動，省內軍事交由黃紹竑和白崇禧主持。

南京方面，以黃紹竑不遵令劫行，不受利用，五月四日將其免職，以伍廷颺兼任廣西省政府主席，呂煥炎為編遣特派員。並以何鍵為討逆軍第四路總指揮，陳濟棠為討逆軍第八路總指揮，令湘粵出兵夾擊廣西。

桂勝湘軍逃、梧虛李楊入

我軍發動攻粵前，以張任民為桂林警備司令，率何次三一個團防守，令其敵勢大時，可逐步退讓。又派梧州警備司令龔傑元赴廣州和粵方作和平的敷衍，免其為備。到了攻粵的先頭部隊出發的後一天，五月五日才宣布李宗仁在梧州就護黨救國軍總司令職，通電討蔣。

攻粵部署，分為兩路：第一路由第十五軍軍長黃紹竑指揮黃旭初的第二師、石化龍的獨立團、韋造時的獨立營從梧州沿西江向三水攻廣州；第二路由前敵總指揮白崇禧指揮伍廷颺的第一師、呂煥炎的第三師經懷集、廣寧、四會、三水攻廣州，廣東北區善後委員王應榆的第十五旅也歸白氏指揮。第一路直抵三水對岸都無戰鬥，但為敵海軍所阻，無法渡過北江。第二路五月七日到蘆苞對岸蔣岸墟，敵沿北江嚴密戒備，船隻全被其控制，江水盛漲，經旨不能渡，到十八日才由大塘強渡，敵退蘆苞，我第一師副師長梁朝璣負傷。二十日又擊敗余漢謀旅於大塘。兩處潰敗敵軍廿一日都退集到白泥防守。第一路既無法攻三水，也轉來大塘向白泥。廿二日我軍總攻白泥，不利，我負傷，王應榆旅長被俘，團長葉叢華逃亡。此時，馮玉祥軍在河南已因所部韓復榘、石友三倒戈而失敗，徐景唐部在東江又聯絡不到，湘軍正進攻桂北，黃軍長、白總指揮乃決定全軍撤經懷集回梧。

何鍵見我軍入粵後久無進展，才敢發動派劉建緒、吳尚、周斕各師和陳光中旅由桂北進攻。張任民無法抵禦，逐漸退向柳州，湘軍也步步進迫。我將由粵退梧的部隊急調赴柳，編成第一、二、三各縱隊，以徐啟明、覃連芳、雷飆分任縱隊司令官，由師長伍廷颺指揮各縱隊迎敵。六月十七日覃縱隊先敗陳光中於柳城。十九日徐雷兩縱隊迎擊劉建緒、吳尚兩部於沙塘，覃縱隊回師夾擊，敵大敗北逃。廿四日覃縱隊收復桂林，徐縱隊追過平樂。敵分由全縣，恭城退歸湘境，桂北完全收復。

當我軍攻粵時，南京方面將李明瑞，楊騰輝兩師由長江運到廣東，徐景唐部在石龍被李擊潰。我軍由龍撤回到攻擊湘軍於桂柳時，梧州無兵防守，粵軍聯同李、楊所部於六月二日進入梧州。南京方面以伍廷颺、呂煥炎都不收分化利用，將他們免職，以俞作柏為廣西省政府主席，李明瑞為廣西各部隊編遣特派員。

為保全實力、遂退避出亡

俞作柏、李明瑞、楊騰輝等到梧半月，尚無積極行動。到了我正追逐湘軍，李、楊等部也已沿江上達桂平，將攻南寧，我已無兵可調，劫難抵抗。黃紹竑在南寧見情形如此，雖柳桂方面一時獲勝，究於全局無補。同時他更覺得俞、李、楊等所部，都是數年來共患難同生死的袍澤，雖然在政治上一時意見相左，若能適可而止，善意相處，免致和省內的部隊相火併，這樣，廣西的元氣還不至於受重大的損傷，仍可保持整個強大的力量。而俞、李、楊等偏私躁進，必不能長久維持，等待時局的演變而善為運用，將仍可歸到自己的掌握。於是他決心退出廣西，並電白崇禧即回南寧，白在柳桂因處理各項未了軍事，遲遲未能成行，黃迭電催促，謂一走百事俱了了，不走百事不了。白回到南寧，李、楊部隊已進迫貴縣。黃將省內部隊交由呂煥炎（黃旭初負傷，先已赴港就醫；伍飄廷不願留省，後經湘、漢、滬赴港）、梁朝璣（時已傷愈回隊）等統率，尤其與對方妥協；並留民政廳長粟威在邕辦理省政府交代，以示清白；即和白崇禧、龔傑元等乘輪赴龍州入安南，踏上當陸譚出走的舊路，真是感慨萬分！他們在安南逗留不久，又轉往香港。白已不名一錢，黃只剩兩萬元，平分與白。白旋回安南居住，黃仍留港，因香港是兩廣政治活動的後台。

俞主政酬庸、李縮軍編遣

俞作柏七月初間到南寧就省主席職，以曾如柏為民政廳長，雷沛鴻為教育廳長，梁五鳳為財政廳長。雷是十六年四月清黨時和俞先後辭職離桂的。梁於十六年十一月俞受廣州政治分會任為桂省主席時，曾代俞保管鉅款；李明瑞背叛武漢，由楊永泰通過梁以拉俞附蔣所造成，故俞以財政廳長為梁酬庸。又以李薦廷為廣西榷運局局長。李原在漢口經營第一紗廠，第七軍將領在漢，都在李處消遣娛樂，李也樂得招呼，使紗廠在無形中獲得大力的庇蔭。李明瑞將叛，他也與聞其謀，事後薦廷對人談及道：「當

初只以為好，誰知道會鬧成大亂子？」俞、李既成功，遂以此為報。薦廷對此只是掛名，並不問局中的事。

李明瑞就編遣特派員職後，依照南京限定廣西軍額編為三師一旅。李明瑞的第十五師和楊騰輝的第五十七師組織照舊。呂煥炎等部初稱廣西警衛軍，編遣時縮為六團，改為新編第十六師，仍任呂煥炎為師長。徐啟明、蒙志兩部改為新編第一獨立旅，以蒙志為旅長。再表列如下：

第十五師師長李明瑞轄：第四十三旅旅長周祖晃，第四十四旅旅長黃權，第四十五旅旅長張之豁。

第五十七師師長楊騰輝轄：第一六九旅旅長梁重熙，第一七〇旅旅長謝東山，第一七一旅旅長楊騰輝兼。

新編第十六師師長呂煥炎轄：第一旅旅長梁朝璣，第二旅旅長許宗武，第三旅旅長楊義。

新編第一獨立旅旅長蒙志。

受共黨利用、以雲逸掌兵

俞作柏向來左傾，他之所以服從南京，無非是想取得廣西的地盤和掌握廣西的軍隊。自從當了省府主席，他的左右盡是那些左傾或是共黨分子，終日包圍著他，要他有所舉動，因此，更助長了他的野心。

省政府警衛隊長鍾祖熹，便是共黨分子之一。鍾為恭城縣人。十五年俞作柏任中央軍事政治學校南寧分校校長時，鍾和張岳靈（彼此同鄉兼親戚）考入肄業，鍾在軍事隊，張在政治隊。張的胞兄春霆和俞作柏為廣西第二師範學校（校址桂林）同學，同室而居，結盟為把兄弟。故俞校長對張鍾兩學生特別關顧，囑咐他們暇時多向省黨部農民部長陳協五領教；陳為左派。一日，他們接到入黨表要填寫，但彼此當時為國民黨、共產黨都不深切了解，不知入那一黨好？商量的結果，不如各入一黨，將來無論何黨當權，得意的必須提攜失意的，這樣，才兩不落空。於是張岳靈入了國民黨，鍾祖熹參加了C.Y.。到了清黨事起，鍾逃往前方第七軍託態於其族兄鍾祖培師長。此次隨楊騰輝師回來，任俞作柏警衛隊長，這是共產黨所布置。

張岳靈在分校畢業後任政工人員，十六年夏在田南清鄉總辦朱為鉁署中當政治主任。朱和陳銘樞有戚誼，當我軍由粵敗歸時，朱密受陳委為廣西陸軍第一師師長，召張徵詢其對於此事的意見。張不願朱背叛廣西，謂你自己並無基本部隊，且所委名稱已為現時所不用的，何必呢！朱以張

不附己，將其拘禁，旋又釋放。朱雖稱師長，但俞任省主席後，召其赴邕，不令其再返百色。張岳靈也由百色到南寧，得常和鍾祖熹晤敍，對於共黨利用俞作柏的做法，屢由鍾處得知。張岳靈和張雲逸同在南寧閒住作客，不久，俞作柏將入伍生團和南寧分校第二、三兩期學生合併編為教導總隊，以張雲逸為總隊長。張雲逸為張發奎介紹給俞的，岳靈不知其來歷，頗以為異。原來這又是共產黨的布置。

反覆又左傾、眾叛終傾跌

　　俞作柏和汪兆銘向無關係，此時因彼此相需而聯絡起來了。汪氏因十六年十二月十一日共產黨在廣州大暴動事件，為輿論所不容而出國赴歐，一直留在巴黎，對於國內政治，始終不能忘情，尤其不能忘情於廣東。現在看到武漢事變剛告結束，接著馮玉祥又起來反蔣，動亂此起彼伏，他認為時機大可利用，遂於八月間回居香港，分頭和張發奎、唐生智以及不滿南京的各方面聯繫。第四四師長張發奎因移防改編問題，九月十七日由宜昌電致蔣主席，提出三項要求：一、撤銷違法亂紀的三全大會；二、澈底剷除惡化化勢力，繼續反帝反共；三、敦請革命元勳回國，主持大計。立即拔隊渡江向湘西南下。汪想利用俞在廣西的勢力做政治資本，希望俞和張部合作，在兩廣創造新局面；俞也想得汪的支持，以實現其企圖；於是由張的率合遂建立汪俞的關係，張部也決定由湘入陸。

　　南京方面，因俞作柏治桂採取急進主義，陸續引用清黨時開除黨籍和通緝的人，為明瞭此事的真相，一面派吳鐵城前往調查，一面電俞來京。俞不奉命，突於九月廿七日發布通電，歡迎張發奎回桂，與改組派作同樣的主張，自稱護黨救國軍總司令，公開反對南京，和廣東對峙起來。俞這一舉動，不但原來在廣西的部隊全體反對，連李、揚由武漢帶回的部隊，大多數也反對。呂煥炎事先受雷飆所策動（詳情見「廣西與中央廿餘年來悲歡離合憶述」第十六節，載在春秋第一一九期第十四頁），首先反對，楊騰輝、黃權繼起。南京政府十月二日令免俞作柏、李明瑞本兼各職，以呂煥炎為廣西省政府主席兼討逆軍第八路副總指揮，楊騰輝為第四編遣分區主任，又委黃權為獨立第五師師長。

　　陳濟棠為平定俞變和堵擊張發奎部，十月七日決定以香翰屏、余漢謀、蔡廷鍇三師入桂。楊騰輝、黃權到梧州和陳濟棠、呂煥炎洽妥後，一面由呂派梁朝璣、楊義兩派會同余香兩師進駐桂平，向南寧進迫；一面允給俞、李十萬元下野。俞、李知大勢已去，即於十三日率張雲逸的教導總

隊和俞作豫部逃往龍州。共產黨原擬臨走時先燒光南寧城，後不果行。俞作柏經安南逃往香港，李明瑞、張雲逸、俞作豫等在龍州組織蘇維埃政權。陳濟棠由桂平由粵，粵軍仍留堵擊張部，俞李殘部由呂、楊負責收拾。

群迎舊領袖、重握桂政權

汪兆銘得俞作柏答允共同反蔣時，知道廣西省內的軍隊仍受李宗仁、黃紹竑等領導，特拉唐生智介紹和李、黃晤談，請李、黃派人回桂囑付梁朝璣等，俞反蔣時，望勿加攻擊。政治是重利害不講感情的，彼此又復釋嫌修好。到俞失敗離桂後，汪又請李、黃速返廣西，統一領導省內部隊，以免張部到桂時和呂煥炎衝突，並望和張部合力攻取廣東。那時，呂煥炎雖受了南京的任命，但他只能掌握一部，而不能領導全部。梁朝璣等派人到港迎李、黃、白三位回桂，並願和張部合作。粵方正增兵到平樂、荔浦堵擊張部，情形十分緊張。李推黃先行，黃已同意而日期未定。適香港政府下令限黃三日內出境，謂有人控告他在此從事政治活動，礙及治安。他處在當時那種環境下，無可抵抗，非常憤慨！他恨當時那借外人勢力來壓迫他的廣州當局，決心要吐這口怨氣，於是祕密經廣州灣回去廣西。

黃氏回到了家鄉容縣，縣長封鎮南、旅長封赫魯來見，都表示絕對服從他的命令。他即發電到南寧，要呂煥炎、楊騰輝、梁朝璣等一大批將領後天到賓陽見面。十一月八日他乘汽車到了賓陽，見被邀的固然都到，未邀的也自動而來，有感動至流淚的。他說明來意，希望自己團結一致和張部合作，同下廣東。大家一致贊成，無稍異議，他即令各部祕密向平樂、梧州前進，和張部合擊在平樂一帶的粵軍。他這沒有名義的命令，大家竟心悅誠服地實行。他部署後，當日即返容縣鄉下省母。住了兩天，即赴南寧，遵照汪兆銘領導的「地下中央」第二屆中央執監委員會議的命令，組織「護黨救國軍第八路總司令部」，推由李宗仁任總司令兼中央命令傳達所長，他自己任副總司令兼廣西省政府主席，白崇禧任前敵總指揮。為方便和汪、張兩方聯繫起見，以陳樹人的胞姪陳翰譽為參謀長。李宗仁也取道越南和白崇禧趕回南寧。李氏也是被港府限令出境的。賓陽會議的舉動，很快便為粵方所知道，趕忙把在平樂方面的粵軍撤退。我軍迫近梧州。粵軍即放棄梧州。於是廣西全境又重新歸到黃氏的掌握。

三十三、艱辛度過最驚險的一年

廣西在民國十九，可謂時乖運舛。內憂外患，相迫而來，情狀如下：

共產黨自俞作柏倒後，即盤據左右江；呂煥炎繼任主政期短，未曾加以處置；黃紹竑回省，即匆忙統兵攻粵，不暇顧及，到由粵敗歸時，共黨欲乘機攻取南寧，已進到隆安。呂煥炎為圖得省主席而倒俞作柏；既得之後被，被各將領歡迎黃紹竑回來，逼得退讓，心實不甘；故當李、黃在粵兵敗，即受對方運動而背叛。南京以陳濟棠、朱紹良、何等三路大軍對由粵敗歸的張桂聯軍，有如以石壓卵，勢不可當。這些便是一月間的險。

到了朱紹良部被我擊敗，何鍵部乃不敢來犯，呂煥炎又被圍困於鬱林，情況本已稍好，而忽有北流的慘敗，鬱江以南全失。這是二月間的險。

進攻湘鄂又失敗而歸，南京令粵湘滇三省從東北西三面合攻，情勢比由粵敗歸時更危。這是七月間的險。

黃紹竑突然通電南京，主張和平，這是八月間的險。

當事者如何處置這重重的驚險？其結果如何？本篇特為詳述。

敗歸逢內變、全省復分崩

李宗仁、黃紹竑和白崇禧受廣西省內各將領所懷念擁戴，派員到香港歡迎回省，遂於十八年十一月先後回到南寧，組織護黨救國軍第八路軍，當時在平樂、梧州一帶準備堵擊張發奎部回粵的粵軍，即被迫撤退回粵，廣西全省復歸完整。

護黨救國軍是由汪兆銘在香港組織的「中國國民黨第二屆中央執監委員會議」（這是一個地下的中央）發動指揮的。除第八路外，尚有第三路總司令張發奎，第四路總司令韓復榘，第十一路總司令劉文輝等，其餘各路未詳。俞作柏、西北軍反蔣，都是用護黨救國軍的名號，似乎也是這個「地下中央」所委。

張發奎由宜昌取道湘西入桂，遵照汪兆銘的指示，和廣西的第八路軍合圖廣東，十月卅一日到達桂邊龍勝縣，彼此便取得了聯絡，再經靈川、恭城、賀縣、信都南下。十一月廿四日，黃紹竑、張發奎在蒼梧縣北的石

橋會晤，商討聯合對粵作戰事宜。黃以桂局轉變尚未到一個月，諸事都要重新部署，希望第三路能在廣西境內稍事休息整頓，再行會師東下。但張以為應乘敵不備，一舉東下，即可佔領廣州，否則軍方準備完成，我必難獲勝；並且暗示即使廣西軍隊不能相助，也可獨力取勝。黃以張決心既堅，無法阻止，又不能袖手旁觀，聽其自敗，於是除留呂煥炎率楊義一師留守廣西外，其餘全數東下。第三路由懷集、廣寧、四會、清遠入花縣趨廣州，擔任左翼；第八路由西江經肇慶、四會、清遠攻擊粵漢鐵路正面，並分兵一部攻三水。兩路都歸李宗仁以中央命令傳達所長名義統一指揮。十二月六日，兩路都如期在清遠附近會合。

對方對我早已防備。其兵力除陳濟棠的討逆軍第八路余漢謀、蔡廷鍇、蔣光鼐、香翰屏、李揚敬各師和幾個獨立團外，南京復派朱紹良的第六路譚道源、陳繼承、毛炳文三師援粵，何鍵的第四路由湘攻桂，何應欽為廣州行營主任主持作戰。

我軍十二月七日分由橫石、清遠渡過北江，攻擊前進。第三路作戰，初極順利，將近廣州時，十三日被對方猛烈反攻而敗退，十四日集中琶江。第八路久攻軍田不下，第三路既退，左側背受威脅，也退。兩路都經廣寧、懷集回桂。本擬扼守梧州，再行作戰，但我軍尚未退到信都，梧州已被粵軍進佔，逼著退往平樂整理，廿八日到達。

護黨救國軍先後挫敗，俞作柏最先，在十月；西北軍十一月；石友三十二月；張桂聯軍也在十二月；最後唐生智在十九年一月；從不復有人再用護黨救國這名稱。

敵人尾追我軍而來，朱紹良部從賀江入八步，陳濟棠部從西江入梧州；何鍵部也由湘入全縣；呂煥炎又變叛附敵，據邕潯鬱地區；共產黨佔領左右兩江。全省已被四分五裂，危險已極！

圍呂略粵南、敗朱安桂北

我軍在平樂於十九年一月五日將第三路、第八路名義撤銷，各自恢復從前的老隊號。張發奎為第四軍軍長，轄李漢魂的第四師和鄧龍光的第十二師。楊騰輝為第七軍軍長，轄楊自兼的第五師和梁重熙的第八師。黃紹竑兼第十五軍軍長，轄梁朝璣的第一師，許宗武的第二師，梁瀚嵩（副師長代理師長）的教導師和黃瑞華的警衛團。三個軍仍由李黃以總司令、副總司令名義統率，白任前敵總指揮。三軍在患難中，彼此乃謙抑反省，更加團結，力量反比以前加強了許多。

這時候，粵方分兵向平樂、荔浦進迫，我後方已被呂煥炎所斷絕，敵兵數倍於我，情勢至為惡劣。經會議後，決定由白指揮第七軍、第十五軍的教導師和警衛團在荔浦附近拒止當面的敵人；由黃指揮第四、十五兩軍解決呂煥炎，以固後方。

黃令第十五軍先發，第四軍跟進，由修仁經縣、武宣到桐嶺，再分兵出桂平、貴縣，銜枚疾走，每日行程都在百里以上。第十五軍於一月十九日許都襲佔桂平，梁師襲佔貴縣。呂煥炎在貴幾乎被俘，逃歸鬱林固守。呂部在南寧的蔣武、張壽兩團，十八日已被反正的楊俊昌、覃興兩營長繳械。於是後方的危險大為輕減。復以第四軍分略欽、廉，轉進高、化；第十五軍以一部監視鬱林，大部沿江東下，襲取藤縣，佯攻梧州，並分兵轉入撫河，斷昭平、蒙山勳軍的歸路。粵軍見情勢危急，連急撤回梧州，朱紹良部單獨留在平樂。

白以教導師守荔浦，其餘部隊置於修仁以西。朱紹良部（入桂的為譚道源、毛炳文兩師和許克祥旅）在平樂一帶軍紀很壞，人民憤恨。教導師曾於一月底向平樂前進試探，被優勢敵軍壓迫而退歸。昭平、蒙山的粵軍退後，白遂調集第七軍、警衛團、呂部反正過來的伍朝棟和韋恆心兩團到荔浦，進攻朱部。令梁瀚嵩率教導師二月一日再前進將平樂方面的敵人全部誘過灘江西岸，五日敗敵於馬嶺、栗木，六日再敗敵於龍窩，七日殘敵分數處逃過灘江，退往八步。十日我軍追到八步。敵退開建，轉往梧州與粵軍會合。湘軍聞朱敗走，遂不敢犯桂林。

招北流慘敗、為遠集兵疲

粵軍由撫河方面退集梧州後，見我軍兵力不多，且分散各處；同時，我許師久攻鬱林不下，蔣光鼐、蔡廷鍇兩師遂進佔藤縣，並以余漢謀、香翰屏兩師沿容蒼公路前進，企圖解鬱林之圍，收內外夾擊之效。黃副總司令乃急調第四軍由高州進入容縣楊梅附近，以阻止粵軍的前進。但主力未到，敵已迫近，不得已退到北流附近，再行拒止，以免其和鬱林城內的呂部會合。此時，前有強敵，後有阻礙，情勢已極不利，如果任敵會合，我軍各處部隊，將更難集中應戰，於是不得不在北流附近地區進行決戰。第四軍和第十五軍各部，不是由前方撤退，便是由桂平、武林、高州等處遠道集合，兵力疲憊，陸續參加，由二月十三日到十六日，和粵軍余、香、蔣三師（蔡師在容縣）苦戰數晝夜，終於敗北。敵我死傷都很慘重。我軍乃退往貴縣憑江防守，粵軍也不積極追擊。

事後黃氏自我檢討說：「北流的戰敗，關係於我軍的氣勢太大了！事後自然有好些人埋怨我指揮的失當。我自己檢討一下，也確有很多的錯誤。當我很順利的襲取貴縣、桂平，佔領藤縣，進兵撫河，威脅粵軍，逼迫其倉皇退回梧州的時候，忘了自己的部隊是新敗之餘，實力不厚。同時指揮第四軍分進欽、廉、高、化。粵軍見我兵力那樣分散和單薄，並且鬱林圍而不下，遂大舉進攻。我們要將散在數百里地區內的部隊，迅速集合起來，又何等的困難！而粵軍力量集中，佔著優勢，雖然李白在平樂方面獲得勝利，但已成強弩之末，不能再進攻梧州，以牽制粵軍的前進。我方處在前後受敵情勢下，被迫而進行決戰，自不能僥倖得到勝利的啊！」

我們遭遇了這一次和上次在廣州附近的二度損失，各軍的實力大減，第四軍各師，每師剩下的實力都不過一團，他們的師長都改為團長，團長改為營長。第十五軍各師的情形也是如此。可是，官長的奮鬥精神，仍和以前一樣的旺盛，這卻是值得稱道的事。

欽廉獲餉源、龍色平共禍

北流戰後，我軍只守著桂平、貴縣和橫縣，兩方隔著鬱江對峙。我軍整理後，為了打破敵人對我的經封鎖，於是以第四軍攻略欽廉，黃紹竑負責肅清左右江的共黨。

第四軍已縮編為第卅四、卅五、卅六等三團，以吳奇偉、薛岳、韓漢英分任團長。由副師長李漢魂指揮，自橫縣出靈山，三月七日佔領北海，欽廉粵軍東退化縣。於是派楊德昭為敗政處長，餉源遂有辦法。四月二日全軍調歸入湘。

共產黨張雲逸、李明瑞在右江，曾乘我軍失敗，圖攻南寧，已進到隆安以南。二月初，李總司令派司令李奇率兵將其擊走，收復百色。黃副總司令負責進剿後，以梁朝璣師擔任左江，自己親往右江，三月十一日由南寧出發，十六日進駐平馬。共黨被擊退入東蘭附近的大山內。因為共黨對當地的民眾，曾予以相當的組織和訓練，所以我軍想繼續深入進攻，有相當的困難。有一次，黃召集平馬附近的民眾講話，在大雨滂沱之下，還是靜肅整齊地聽他的話，這便是民眾受了共黨組織訓練的結果。黃在平馬月餘，不能將共黨澈底解決，共黨時以游擊戰術出擾，彼此相持。此時，黃忽接其母逝世惡耗，悲痛心灰，電致李、白、張等引咎辭職。李等覆電懇切安慰；第四軍將領並將北流戰敗的責任負在自己的身上，說是由他們作戰的不得力，以解慰黃內心的不安。山中的共黨雖尚未肅清，右江的商旅交通

已告恢復。旋因興師入湘而放棄右江，張雲逸等又回復其原來的態勢。

左江為俞作豫所據，在龍州組織蘇維埃政權。梁朝璣率兵一團於三月二十日攻佔龍州，俞敗逃入越。共黨何家榮一股在化峒，經副師長黃鶴齡自果化出向都兜剿撲滅。於是左江悉平。

棄省出湘鄂、會師圖中原

汪兆銘因張桂聯軍攻粵失敗，更積極進行北方大規模的活動。當時的情形：凡擁有兵力和地盤的將領，多不願實行編遣以削弱自己的力量，但不便公開反應；凡因第三次全國代表大會而失意的國民黨人，都反對三全大會，然又無力推翻既成的事實。這兩種人各有所圖，也各有所需。遂結合共謀創造新局面，而有「擴大會議」的運動。這是改組派倡首、西山會議派附和，由兩派共同策動的。他們主張另設中央黨政最高機關，以閻錫山主政，汪兆銘主黨。故閻逐漸和南京對立，十九年二月十日他突然電請蔣主席同時下野。那時蔣正準備親自到粵，就近指揮討逆軍第四、六、八各路，從速解決廣西，因閻電而中止赴粵。從此太原、南京電報往來，一面進行冷戰，一面準備軍事。到了四月一日閻即通電就「中華民國海陸空軍總司令」職；同時以李宗仁為第一方面軍總司令，由桂分向粵湘進展；馮玉祥為第二方面軍總司令，向河南進攻；閻自兼第三方面軍總司令，指揮河北軍事；石友三為第四方面軍總司令，由豫攻魯。南京方面，五月十五日也以韓復榘為討逆軍第一軍團總指揮，由河南退入山東，防守魯西；劉峙為第二軍團總指揮，防守徐州、碭山一帶；何成濬為第三軍團總指揮，防守許昌一帶；陳調元為豫備軍團總指揮，擔任黃河南岸軍事行動；何應欽為武漢行營主任，主持湘鄂防務，專事應付桂軍北來的攻擊。

反蔣軍事既在北方發動，李宗仁、白崇禧、張發奎即在南寧舉行會議，決定作戰方略。因兵力太少，為要會師中原，只得放棄廣西，全力攻湘，直取武漢。令黃紹竑由右江回來，統率後隊跟進，李、白、張即督前隊於五月初旬開始向北移動。為使行動祕密，以小部向平南襲擊。果然陳濟棠、朱紹良發動主力，配以兵艦四艘，飛機數架，於五月十一日大舉進攻桂平。我守軍只一營，竟支持到十三日晨才撤退。到了敵人偵知我軍向北，以為將襲北江，趕將在桂部隊悉調返粵，陳、朱於十六日急回廣州布置防務，只留呂煥炎部守備梧、潯、鬱一帶，並以蔣光鼐為北江前敵總指揮，準備迎擊。嗣悉我軍入湘，南京立即將朱紹良部船運赴漢，轉湘迎擊。粵軍也由韶關向衡陽。

後隊被遮封，回師遭擊潰

第一方面軍前隊分兩路入湘，張發奎率第四軍和第十五軍梁朝璣經黃沙河，白崇禧率第七軍和第十五軍許宗師經龍虎關，到零陵會合，再向衡陽。湘軍周斕師的團長唐生明，當上年十二月唐生智在河南反蔣時，即脫離何鍵，展轉逃避於湘桂邊境，五月廿七日和我軍會合，李總司令編其為第八軍。湘軍劉建緒師避戰退卻，我軍不戰而得衡陽。六月四日第十五軍擊破淥口、株州敵軍，五日入長沙。朱紹良、夏斗寅、錢大鈞各部北逃，何鍵率部退湘西。第四軍也在醴陵擊破魯滌平部。八日白佔岳陽，張佔平江。李總司令委李品仙為湖南綏靖督辦，他由粵到長沙就職，收編劉建緒各部使守衡陽長沙，不料六月十日守衡湘軍又叛，歡迎粵軍蔣光鼐部入城。

黃紹竑遵照南寧會議決定，放棄右江，回到南寧，前隊已入湘境。他匆匆布置，以韋雲淞守南寧、柳州和桂平也各以小部據守，作最後據點，其餘一概放棄，或以民團維持，即率梁瀚嵩的教導第一師和黃旭初的教導第二師最後出發。到零陵時，衡陽已為粵軍佔領，將我軍截為兩段。他因兵力單薄，難將衡陽奪回，即電商前方，回師擊敗衡陽粵軍，再行北進。李、白、張遂於六月十五日放棄長沙，退往耒陽。黃率部前進會合，到常寧、耒陽間的秧田墟，粵軍阻我進路，我進攻受挫，停留常寧。我前方各軍既到耒陽，粵軍才撤往衡陽固守不出。李、黃、白、張在耒陽會議，以衡陽堅固，不易攻取，湖南飢荒，軍食難籌，決定全軍渡過湘江左岸，據守熊飛嶺、寶慶、零陵各處休息整頓，度過荒年，再求進展。粵軍見我撤退，即由衡陽出擊。李、黃、白、張又在洪橋會議，共認乘勢反攻，奪回衡陽，比消極撤退為有利，即下令翌日反攻。李、白、張率前隊各軍在左，黃率後隊兩師在右，在五塘附近展開激戰。左翼因兵疲敗退，白通知黃，被送信人所誤而達不到。黃知道時，左翼已潰逃了一天，於是急退。黃到全縣，才得和李、白、張相晤，他們是先一天到的。左翼損失極重，第七軍師長梁重熙和第四軍副師長李漢炯陣亡。士氣頹喪，敵軍追迫，乃留一部在全警戒，其餘續退桂林，以便整理補充。七月十三日抵桂。

慶桂安邕緩，驚辭職主和

李總司令在桂林得報，有些向來反對我們的分子，受了對方的任命（但呂煥炎已於六月十五日在廣州新亞酒店被其護兵刺斃），糾合土匪散

兵，進擾柳州；滇軍犯桂，已進迫南寧。真是四面楚歌，危險已極！由黃副總司令率一部先回柳州，肅清反動的雜軍。李在桂使部隊稍事休息，以梁朝璣守桂林，部置完後，將主力移往柳州。在柳改編全軍，仍為第四、七、八、十五等四個軍，以張發奎、楊騰輝、顏仁毅、黃旭初分任軍長；每軍兩師，每師兩團；稍後陸續補充，才有三團的師，又有獨立的師和團。

敵軍由湘兩路追擊入桂。湘軍只到全縣，便不再進，旋因七月廿七日共黨攻陷長沙，即全部撤回。只剩由龍虎關入平樂的動軍余香兩師，來攻桂林，圍攻十餘日，毫無進展，反日有傷亡，遂撤往蒙山，桂北無事。

當我軍入湘時，南京方面任雲南省政府主席龍雲為討逆軍第十路總指揮，令出兵攻桂。龍以盧漢為前敵總指揮，令其率自兼的第九十八師，朱旭的第九十九師和張沖的第一零一師於六月間分兩路入桂：盧張兩師由剝隘入百色，沿右江而下，朱師由富州入靖西，沿左江而下，會合後進攻南寧。七月十九日已抵南寧近郊，八月七日才開始攻城，連攻一週，且有粵方空軍轟炸助戰，我守將韋雲淞守禦有方，滇軍只有死傷，全無收效，八月十七日遂撤圍退往上游二三十里各村落防守。

桂北平靜，南寧圍撤，緊張的精神稍得鬆弛，而內部忽然發生一意外事件！黃副總司令在柳，因身體衰弱，又回到桂林休養。在一個大勞動大刺激之下，得到一個靜息的機會，自然有許多感想發生。他覺得這幾年的內戰是太無謂了！於國家有什麼益處？於人民有什麼益處？於自己又有什麼益處？於是他決心退出這個內戰的漩渦。本來他在退到全縣的時候，已對白總指揮提出這個意見，白恐搖動軍心，竭力勸止，他才不再堅持。現在他去志復萌，且更堅定，遂不再徵求他們的同意，八月廿一日便將辭職的電報發出；同時致電南京，主張和平。李、白、張各位和大家見了都非常驚異，只有覆電並派員勸阻。自此以後，他雖然尚未正式解除軍事和政治上的名義，但實際上已完全不負責任。不久，他又回到柳州，和大家相處一起，彼此的政見居已分歧，但私交上仍是一樣的純篤。

東北軍入關，中原戰解決

北戰場於五月十一日大戰揭幕，第三方面軍傅作義部很迅速地渡過黃河，佔領了濟南。適淫雨兼旬，傅部未能前進，一經中央軍反攻，即倉皇北撤。大戰到九月廿二日結束，歷時四個月又十二日。馮閻兩軍始終以穩紮穩打的策略，和中央軍相持於山東、河南一帶，除傅部撤守濟南一事外，並未有挫敗，是張學良的和平電報打敗的。假使南戰場的第一方面軍

能衝到武漢，互相呼應配合，中央軍首尾難顧，勝負之數，尚未可知。

擴大會議，因內部意見多，調協須時，七月十三日才在北平宣告成立，發表宣言。汪兆銘七月廿五日由港到平參加。九月一日擴大會議通過國民政府組統大綱，並推定閻錫山、馮玉祥、汪兆銘、李宗仁、唐紹儀、張學良、謝持等七人為國民政府委員，閻錫山為國民政府主席；九月九日宣布就職，但張學良未就。

張學良握有東北兵力，舉足輕重，南京和北平兩方都竭力去爭取他。南京手腕較強，六月廿一日特任張學良為陸海空軍副總司令，張終於附蔣。九月十八日，張發表通電呼籲和平，希望息爭；東北軍隨即入關接收平津。廿二日閻、馮宣告下野。擴大會議遷往石家莊，再遷太原，趕速完成「約法草案」後，才正式宣告結束。

邕郊除戰壘，桂境絕兵災

李總司令以滇軍雖撤去南寧的圍，但並未退走，料其必將復來圍攻，於是派我由柳州趕往南寧坐鎮。粵軍余漢謀部也由蒙山方面調到貴縣，八月廿五日進佔賓陽，阻斷我方柳州和南寧的交通，但未有其他的行動。九月二十日滇軍果然復來圍攻南寧。我軍在城中的糧食，僅能維持到雙十節。李總司令以北戰場既結束，南京方面已有餘力對桂，我應迅速解決滇軍，才有迴旋餘地，於是派白總指揮統率張發奎、楊騰輝、李品仙等三個縱隊九月廿八日由柳州出發，往解南寧的圍。但崑崙關被粵軍阻斷，高峰隘被滇軍阻斷。白派李縱隊在賓陽一帶盡力牽制粵軍，使其不敢越過崑崙關和南寧滇軍聯合；又以小部監視武鳴和高峰隘的滇軍；而親率其餘部隊，得當地紳民的協助，從崑崙關和高峰隘這兩個天險之間的險峻山脈中，覓得三條連馬匹也通不過的單人小徑，把砲兵、電台、馬匹等笨重東西一概留下，全部輕裝偷渡過山，到了邕賓公路的四塘附近，十月十三日拂曉便向南寧方面進攻。滇軍初當以為是土匪，料不到我們的援軍竟能飛渡到來！白氏過山前便以無線電和我約好。我將城裡守軍準備停當，十二晚突圍而出，在城外徹夜，十三日和援軍夾擊滇軍，苦戰竟日，終把全部敵人擊潰，逃向右江。廿三日我軍追擊到平馬，又激戰五日，滇軍才大敗歸雲南。

賓陽一帶的粵軍，因滇軍已敗走，也退往貴縣，據守潯梧鬱地區，不復有積極行動。

李總司令將總司令部由柳州移回南寧。雖然全省尚未完全收復，但幾度危險關頭都已平安度過，且廣西從此再無內戰的兵禍。

三十四、廣西從殘破中努力復興

　　廣西度過了兩年數度的驚風駭浪，到了民國二十年，逐漸地否去泰來。本節專記這年的情形。

　　內部雖然有一領袖主張和平，但他決不破壞團體。而其餘的都十分堅定，在艱苦中支持下去。意外地因對方發生事故，向我方要求合作，使窘境驟然間獲得了解放。

　　更意外的是，九一八事變突發，南京向廣州要求共赴國難，黃紹竑的和平統一主張，竟由此而告實現！

　　廣西的領袖和幹部，經歷了兩年多的磨折和教訓，更鼓舞其窮幹苦幹的精神，對未來的事業大有裨益。

主和平統一，遂離桂入京

　　民國十九年，南京方面以湘、滇、粵三省的兵力進攻廣西，圖將我根本剷除。但湘軍因共產黨在湖南暴動，首先撤退。滇軍圍攻南寧，被我擊敗，潰歸雲南。粵軍也由賓陽退往貴縣以下，只作經濟的封鎖。此時我們雖然只有半個省分，但敵人進攻的顧慮已少，可以稍鬆一口氣了。

　　更有一事共感愉快的，就是黃紹竑因主張和平統一，十二月一日在南寧我們為其慶祝三十七歲誕辰後，他便離開廣西，從此內部的意志更加統一。此事他在《五十回憶》中曾詳細記述：「十九年的冬天，與他們分別，到了龍州，又到安南去。這是廣西政治人物下台的一條好路徑，我巴經走過兩次了。外國人在中國各地，為中國軍事上政治上的下台人物，安排了許多「逋逃藪」式的安樂窩，廣西、雲南的下台人物可以安南，廣東的下台人物可走香港，在長江一帶的可走上海，在華北各省的可走天津，在東三省的可走大連。真是天無絕人之路，你一到外國的租界或是殖民地，只要不妨礙當地的治安，當局者無不表示相當的歡迎，因為收容政治犯是國際公法所允許的。所以從事政治活動的人，到了不得已時，也可拿國際公法准予收容政治犯這箇規定來作護身符。而某一種野心的國家，即憑此規定，保護鄰國的活動分子，使鄰國的政局不安，以便乘人之危，圖漁翁之利。

「一個剛下台的軍政要人住在外國的殖民地或租界裡，自然會引起許多方面的注意。他們是本著人棄我取的原則，用種種的方法來拉攏、來酬酢，利用你剩餘的力量作為他們的政治資本，以達成他們政治上的目的。我一到香港，已有人在那裡等候，向我遊說，勸我到南京去。南京是我準備去的，但我雖然離開了我的團體，卻不是因與團體內的中堅分子感情破裂、利害衝突，而失意出來的。我仍愛護我的團體，更沒有破壞和利用的心理，而是想調和團體與國家的衝突。我之決意赴南京一行，是想實行我的和平統一的主張，並非受了一般說客的聳動。換句話說，要去南京是主動而不是被動的。我在香港逗留不久，就動身赴上海，轉往南京。我自然不須什麼介紹而逕自晉謁蔣先生。這次見面的情形，與十五六年初見面時，並沒有什麼不同的地方。使我最感動的是蔣先生待遇我們這些曾經反對他的人，和以前是一樣的誠懇，或者更密切一些。我將自動退出廣西的原因詳細陳述，深得他的嘉許。他即以廣西善後督辦名義，命我回去收拾廣西的局面，這好像是結束內戰必有的手續。但我之不願再參加內戰，和不肯作勾結破壞的工作，而只願在整個方面為和平統一而努力的決心，是他所瞭解的。所以我在南京的短時間裡，許多向來反對我的人，就在我所住的旅館大貼標語，說我是「破壞統一的禍首」、「實行苦肉計」、「實行緩兵計」，要求中央懲辦我，並要求出兵討伐廣西，我只好付之一笑。這個風潮，一時頗為激烈，經由警察彈壓才得平息。我在南京住了不久，就回到香港，廣西內部知道了這個消息，也同樣的起了一番騷動。有些不明真相的人，就對我加以攻擊，並牽累及省內以前與我關係比較密切的幹部。在那個時期，廣西的幹部，除了第四軍之外，李、白以下的軍事幹部，百分之九十以上曾為我的直屬部下，其政治幹部更不必說了，要分又何從分起？要去又如何去法？後來李、白見內部情勢不安，乃通電為我解釋，說明我是厭戰，自動離桂，並未破壞團體的行動，更與那些幹部無關，經過了這樣剖釋以後，廣西的局面始行安定下來。我在香港，也就很安閒地住了好多時候。」他記的完全是事實。

難增稅徵糧、乃禁煙開賭

省內在那個時期，第一緊要而又非常吃力的事，便是如何維持幾個軍的軍食？因為比較富庶的梧州、潯州、鬱林幾個區域，都尚在粵軍手中，其餘我方所能控制的，都是些較為貧瘠的地方，既不能效法四川預徵若干年的田賦，又不能增加其他的稅項，這真是個令人頭痛的問題。只好先令

軍隊努力肅清各縣的土匪，使地方太平無事，人民都能照常謀生，然後有能力去完糧納稅。其次，在桂林、柳州、慶遠、百色、龍州各設財政整理處，負責整頓所屬各項稅捐。稅捐的收入，煙賭兩項佔了很大的成分，處在當時那樣的絕境，這是不得已無可如何的事，而且是沿襲舊有繼續辦理的。鴉片煙全由滇黔兩省運入，轉銷粵境，在主要出入口設局徵收通過稅，因為出口尚未暢通，收入也未能恢復常態。賭捐即防務經費，公開招商投票承包，以出價最高者得。但也發生過困難，一次，桂林和平樂各屬的防務經費已為商人公開投得，而駐防桂林的某師長竟向桂林財政整理處長王遜志威脅，如果不交由他來承辦，他即下令每夜戒嚴，派兵在各城門檢查行人來往，使各賭場冷冷清清。幸得只是這一次，那位師長的跋扈行為，後來為上級所發覺，而加以適當的處置，遂不再有同樣的情事出現。

蔣將胡幽禁、粵與桂和平

自中原戰事結束，反蔣力量只剩下了殘破的廣西。蔣主席以全國統一在望，遂採取和「擴大會議」同樣的主張，向國民黨中央建議：召開國民會議，制定約法。不料由此再掀起反蔣風潮，促成了粵桂合作，使廣西復歸完整。

蔣氏的建議，為立法院長胡漢民所反對，胡且主持黨中央常務委員會議，通過「國民會議不討論約法問題」的決議。二十年二月廿八日蔣邀胡晚餐，又辯論此事，胡以為「不應該不顧實際，濫唱高調。現在各項法律案還沒有完備，已有的又因軍權高於一切，無從發揮其效用，走然定出根本大法而不行，或政與法違，不但益發減低人民對黨的信用，法的本身也連帶喪失了價值。所以我不主張馬上有約法或憲法，不但為黨計，為法的本身計，甚至也為了目無法紀的軍閥自身計！」除了約法問題外，還有以張學良為陸海空軍副總司令的問題，胡道：「你這一套把戲，施之於馮煥章，施之於閻百川，又施之於張漢卿，我以為不對。我更以為行政治軍，用不得這種手段！」胡這種嚴師訓徒的態度，蔣不能忍受，竟於當夜將胡幽禁，致惹起了各方的反對。到了四月，海內外的國民黨各級黨部都有要求恢復胡氏自由的表示。供職南京黨政方面的粵籍要人，相繼表示消極，首先託病請辭回粵休息的為國府文官長古應芬，其餘的人，多往上海流連不返。鐵道部長孫科、南京市長劉紀文、新選立法院院長林森、都離京赴粵。他如蟄居津滬港澳各地原與南京不相容的國民黨人汪兆銘、唐生智、陳友仁、許崇智、鄒魯、唐紹儀等，都乘機活動，醞釀新團結。

陳濟棠因古應芬到商而決定反蔣，四月下旬派馬曉軍、吳錫祺到南寧向李宗仁、白崇禧、張發奎表示合作。廿五日李、白、張派王公度、吳奇偉偕吳錫祺赴粵報聘。於是兩廣言歸於好，一致反蔣。

　　在廣州的國民黨中央委員既得到兩廣的實力支持，遂決定在粵建立中央，以對抗南京。四月三十日，國民黨中央監委鄧澤如、林森、蕭佛成、古應芬等由廣州發出彈劾蔣中正的通電，罪狀為縱容宋子文貪污，引用總理仇敵政學系楊永泰參與密勿，以何職權監禁同列胡漢民？廣東省黨部和各界人民團體立即響應。陳濟棠五月三日通電附和，並宣言歡迎各中央委員來粵。

　　五月中旬，陳濟棠將駐桂平、梧州一帶的粵軍撤退，我方派黃鶴齡的第四十三師到梧接防，廣西又復完整。陳濟棠又派馮祝萬來請李宗仁赴粵、李派白崇禧、張發奎、葉琪、李品仙偕馮東下，五月二十日到廣州，商討組織中央和統一兩廣軍事問題。

開府抗南京、轄區惟兩廣

　　孫科、陳友仁五月廿四日到香港，即偕唐紹儀、汪兆銘等赴廣州，和在廣州各中委商定用「國民黨中央執監委員非常會議」的名義，號召各屆的中委來參加。這是汪氏把上年北平的擴大會議在廣州翻版，但北方的閻馮方面，未有人來加入。廿五日唐紹儀、汪兆銘、孫科等電致南京，要求蔣中正於四十八小時內辭職。廿七日非常會議正式召集，出席中委十六人，議決在粵另設國民政府。先通過國民政府組織大綱；即推選唐紹儀、汪兆銘、蕭佛成、林森、古應芬、孫科、李宗仁、蔣尊簋、陳濟棠、鄒魯、許崇智、鄧澤如、唐生智、李烈鈞、陳友仁等為國民政府委員；互推唐紹儀、汪兆銘、古應芬、孫科、許崇智為國府常務委員；以陳友仁為外交部長，鄧召蔭為財政部長，陳融為國府秘書長，李郎如為國府參軍長。廿八日宣告國民政府成立，三十日發表否認南京國民政府宣言。國府委員聯名就職通電中，呼籲各省市政府「即日與迷信武力統一與中央集權之個人獨裁南京政府，斷絕一切關係，而相與參加此新成立之國民政府，以建設求統一，以均權求共治。」但除兩廣外，其餘各省依然聽命於南京的國民政府。這個新的國民政府對粵桂兩省，在軍事方面：將廣東的部隊改稱國民革命軍第一集團軍，任命陳濟棠為總司令；廣西的部隊改稱為國民革命軍第四集團軍，任命李宗仁為總司令，白崇禧為副總司令，張發奎為前敵總指揮兼第四軍軍長，廖磊為第七軍軍長，李品仙為第八軍軍長，黃旭

初為第十五軍軍長。在政治方面：改組廣東省政府任命林雲陔為省政府主席，恢復廣西省政府，任命黃旭初為省政府主席。此外，尚未能有其他的措施。

戰亂機關廢、息兵組織新

廣西當十八、十九兩年，都在軍事時期，省政府組織極不健全，有個期間並且沒有省政府。其情形如下：

俞作柏自十八年七月主政，到十月中旬變叛敗走，為期短暫，且共黨分子又慫恿其行蘇維埃制，故省府並未完全遵照法定組織。呂煥炎繼任不久，黃紹竑被省內各將領歡迎回來，十一月中旬到南寧，以護黨救國軍第八路副總司令兼省政府主席。他把第八路總司令組成後，匆忙趕往梧州，到石橋和第四軍軍長張發奎面晤，商討彼此合力攻動事宜，旋即指揮桂軍東下。到年底而張桂聯軍由粵敗歸，呂煥炎在省內變叛。十九年一月他親率兵討呂；二月指揮北流戰事；三月中旬率隊赴右江剿共；因不斷地作戰，他並不在省府，無暇顧及省政。一切都為軍事，普通政務只好暫時擱置。五月，放棄廣西，傾師入湘，指向武漢；會師中原，省府至此已不存在。七月由湘敗歸，八月黃氏自行通電解除軍政職務，雖未為李總司令和大家所同意，但他已不復過問軍事和政治。於是在國民革命軍護黨救國軍第一方面軍總司令部內設政務處，以處理廣西省政府主管的事項。到二十年初，和平空氣漸趨濃厚。三月十五日總司令部將政務處撤銷，另組政治委員會以掌理全省的政務，直屬於總司令部，內設民政、財政、教育、建設等處，略具省府的雛形，派黃旭初為該會主席，以主持一切。六月九日廣州國民政府任命黃旭初等九人為廣西省政府委員，指定黃旭初為主席，七月一日遵照南京國民政府頒佈的省政府組織法組織成立，荒廢了多時的省府才告恢復。秘書處和民、財、教、建四廳，是按照省政府委員會通過的各該處廳的組織條例組織的。省府隸屬廣州國民政府政務委員會（這是行政院的替代）。八月七日，國府特派粵桂兩省政府主席兼國民政府政務委員會委員。

東北驚倭狂、粵寧急統一

寧粵對峙，粵既無力動兵北上，寧也受贛共牽制而不敢下令討伐，雙方只是冷戰。到了九一八事變爆發，激起了全國團結對外的呼聲，寧方首

先向粵呼籲一致救國，粵方也允息爭禦侮。寧方代表來粵蹉商，粵方堅持釋胡才有可談。寧方逼著於十月十四日恢復胡漢民的自由，送到上海。胡電粵方推派代表到滬進行和談，粵方即派汪兆銘等五人前往，但以蔣先下野為前提。寧方也派蔡元培等五人為代表。十一月一日和談在滬開始，費時一週，協定三項：一、寧粵雙方的國民黨第四次全國代表大會照開，新選的中央執堅委員，比例分配名額，併為一起；二、國府主席不以軍人充任，推選黨內年高有德的文人承之；三、革命軍總司令一職撤銷，改設軍事委員會。關於蔣氏下野一節，因顧慮政府一時負責無人，陷於無政府狀態，粵方代表並未堅持，且認為既有二、三兩項，蔣的國府主席和總司令都自然消失，不下野而自下，不必爭這形式了。

粵方的國民黨第四屆全國代表大會十一月十八日在廣州開幕。我為廣西省代表之一，得往參加。海內外出席的代表並五百餘人，氣勢很盛。上海和議粵方代表團推孫科、李文範回粵向大會報告，不料大會全體代表以未實現蔣氏下野的先決條件，且對南京國民會議所制頒的約法也未撤消，對三項協定一致否認，迫得孫科等當場退席，引起內鬨。此時，汪兆銘在上海發表談話，認為蔣不先行下野，是顧全事實，而約法是可以要的。大會代表一致指責汪的談話為出賣了粵方的政治立場，而甘心為寧方張目。汪派代表在此壓力下乃紛紛退席，離粵赴滬。大會決定撤消非常會議和廣州國府，改設西南執行部和西南政務委員會為黨政最高機關。大會新選中央委員的結果，廣西獲得執行委員四名：白崇禧、黃旭初、李品仙和李任仁。

汪派代表到滬，南京的第四屆全國代表大會已經閉幕，遂於十二月四日在「大世界」娛樂場自行繼續開會，選舉中委。後來也按比例名額參加中央，成為正式中委。

胡漢民因蔣汪合作的傳說很盛，遂於十一月下旬由滬赴港。

寧方電請粵中委入京出席四屆一中全體會議，合力解救時局危機。十二月五日，胡漢民、李宗仁、陳濟棠聯名通電，必須蔣氏下野，解除兵柄，才能合作。蔣乃於十五日辭去本兼各職，即歸奉化。寧方黨中央臨時推林森代理國府主席，陳銘樞代理行政院長。粵方中委即北上，李宗仁、黃紹竑都往出席，但胡漢民仍留港。廿八日，四屆一中全會第四次大會選任林森為國府主席，孫科、張繼、伍朝樞、戴傳賢、于右任為行政、立法、司法、考試、監察各院院長；推舉蔣中正、胡漢民、汪兆銘為中央政治會議常務委員。廿九日，中央政治會議決議任命行政院各部會首長。廿一年元旦，林森國府主席、各院院長、各部會首長宣誓就職，統一的政府乃告成功。

相沿舊人事、樹立新政風

　　新成立的廣西省政府，只就政治委員會改換了一個名稱，人員和措施，大致都仍其舊。省府的陣容是：秘書長朱朝森，民政廳長由我暫兼，財政廳長黃薊，教育廳長李任仁，建設廳長黃榮華。他們都各有相當的學養和經驗，倒是我最行。我向來是給我什麼工作，我便用心去做，從不計較什麼。從入政治委員會起，我知道責任很重大，但正當年富力強，竟不自怯而負擔起來。全省普遍是農業社會，我出身農家，對人民一般的好惡是知道的。從小讀過四書五經，勤政愛民的舊觀念，每在腦子裡泛起。曾幾次帶兵剿匪，自己得和匪俘接談，略悉人民所以為匪的來由，並知土豪劣紳在政府和人民中間的作為。至於其他的從政經驗，一點也不曾有過。好在省府也用委員制，可以集思廣益，採取眾長，適當抉擇。

　　新省政府開始該做些什麼呢？我們最注重的有三點：

第一、肅清土匪。妨礙人民謀生的因素，一個是戰爭，一個是土匪。粵桂恢復和平，戰爭這個因素已告消失，只剩下一個匪患。從四月間便劃分全省為數個區，各置清鄉正副司令，由總司令部配給以相當部隊，並指揮各縣縣長督飭警隊和民團合力，澈底清剿，絕不收編。同時更認真整編軍隊，嚴肅軍紀，使軍不庇匪，匪不變軍。一矯民初以來當局收編股匪的習慣，免除無形中獎勵為匪的流毒。

第二、創立新民團制度。民團本來是有匪患的地方紳民自由組織的武力，目的在於制匪。當十九年九月白崇禧總指揮率兵由柳州往解南寧之圍時，防賓陽一帶的粵軍向南寧援助滇軍，因兵力不足，令原教導第一師師長梁瀚嵩返回賓陽原籍，組織民團，在賓貴公路上處處襲擾，使粵軍大感不安，果然不敢往援滇軍，我軍得以完成解除邕圍使命。由此事的觸發，深感將散漫的民眾一加組織，便可發揮很大的力量，於是因舊習慣作新改進，創立新民團制度。省設民團總指揮部，劃全省為十二個區，區設民團指揮部，縣設民團司令部，以主持其事。將全省壯丁分別編隊訓練，以充實其自衛力量，後來更利用民團組織的力量以推行政令，進行各種建設。

第三、樹立廉潔苦幹政風。全省初復，財政困難，無論軍隊官兵或公教人員，給與都極微薄，只好勒緊腰帶，提倡苦幹。軍政

雙方，由上至下，一律穿灰布制服、著布鞋。非招待來賓，很少宴會。嚴禁軍公人員賭博。生活既很簡單，家庭不至入不敷出，貪污因之也少。在上的不惜身自力行，不久便成風氣，有偶穿華服的，反受譏評不自安了。

三十五、韋拔群擾亂東蘭的始末

　　韋拔群在東蘭造亂前後達十年之久，在廣西歷史上是一件大事，為洞徹其始末，特述此篇。

　　黃紹竑氏曾論此事，他說：「平心而論，韋拔群在共產黨的立場上，也許不能不有此種作風。但與我們的政治體系互相抵觸，無論如何，不能容許他這樣胡幹。」東蘭亂事，終被敉平，原因在此。

　　廣西統計局在民國廿五年編印《古今廣西名人錄》，韋拔群也被列入。當時社會上懷抱舊道德標準的人，對此事大加非議。統計局長楊綽庵解釋道：「這是名人錄，不是名賢錄。既是名人，不論他是流芳百世，或是遺臭萬年，都應收錄的。」的確，在抗日戰爭前那個時期，提到韋拔群這名字，省內是不少人知道的，這是餘話。

社會遺封建、青年向革新

　　想了解韋拔群何以能擾亂東蘭？要先明白東蘭社會一般的情形。

　　東蘭縣位於廣西省內西北部，在紅水河西岸。境內山嶺重疊，交通艱阻。漢、僮、瑤各族雜居，人民一般的生活極為貧苦。自宋朝狄青征服儂智高後，他把向來政府力量統治不到的區域，劃地分封給隨征有功的將士，以為酬庸。受封的稱土司官，對封邑有治理的全權。他所需要的，無論公用私用，完全向封邑內的土民攤征。對上級疆吏，並無隸屬的關係，只是年終貢獻一些土儀。土司官操人民生殺予奪的權力，其黑暗自不消說。東蘭州的土司官姓韋，原籍山東，襲封到了第三十幾代的韋龍甫，政府將土司官撤消，實行「改土歸流」，就成為現在的東蘭縣。土司官的生活，據現在僑居九龍一位前鳳山上司官韋鴻卿的小姐向我述說：「我有八個母親。我父親的衙門和住宅，後面是相通的，在一個花園裡面。花園佔地很大，像個大公園，其中古樹參天，綠陰滿地。樹下都布置有石桌和石凳，供人遊息。石桌和石凳下面，埋藏很多銀元。我小時隨父母訪問過東蘭州韋土司官，他和我們一樣的排場。」所以東蘭是個廢除封建為時未久的地方，封建流風遺留很是不少。

韋拔群的來歷，也該先說明。恁在前清光緒十九年出生於東蘭縣東里屯，也是一個小地主的兒子。曾在縣立高小就讀。民國元年在慶遠中學肄業，因反對向校長送禮祝壽而被開除。後來進桂林法政學堂，中途退學。他祖父、父親死後，一身自由，到長江一帶浪遊了兩年然後回來。袁世凱稱帝，雲南起義討袁，貴州首先響應，韋拔群以為這是個人謀出路的機會，招集了幾十人帶到貴陽投效討袁，他被委為連附。黔軍入川，他和他的連長發生衝突，被撤職監禁於重慶。數月後釋放，送他入貴州講武堂受訓。畢業後，派到重慶黔軍軍部當參謀，和幾個青年軍官在軍裡祕密傳閱《新青年》雜誌，散發傳單，宣傳社會革命，後來事洩，棄職逃亡。民國十年六月間，他取道雲南到廣州而歸廣西，馬君武新任廣西省長，委他為東蘭縣長，他因自己沒有武力而不敢受命。他在南寧住到冬天，地方仍然混亂，遂回東蘭。有一黃司令帶隊路過東蘭，一部分士兵住到他的家裡，他聽到這個部隊久不發餉，士兵時發怨言，遂乘機煽動了幾句，當夜有一班兵挾槍逃亡了，黃司令大怒，派兵來拿他。他未被拿著，復逃往南寧，匿居了八個月，不料，頭一次上街，就被黃司令抓住，關進了監獄。那時已是自治軍時代，自治軍總司令林俊廷駐南寧。前鳳山土司官韋鴻卿和林俊廷為拜把兄弟，時韋在林的總部內作客，一天，聞得要把犯人赴法場，犯人是韋拔群，鴻卿於是請林免其一死，罰款贖罪，拔群花了六百法元出獄，而回家鄉。這是民國十一年的事。拔群作亂後，鴻卿全家被其殺絕。

初組自衛團、三攻東蘭縣

韋拔群以時局紛亂，正是時勢造英雄的機會，先邀得幾個青年商議，大家同意組織武裝，剷除土豪劣紳，打倒軍閥，遂分頭出去聯絡。到了十二年端午節，他在東里屯後面山坡銀海洲集會，參加的百多人，飲雞血酒盟誓，組織自治會，合力進行宣傳，口號是：「打倒封建軍閥」，「打倒貪官污吏」，「打倒土豪劣紳」。不多時，有好些農民附從，拿出粉槍、長矛、大刀、洋槍等項武器，組成一個隊伍，改自治會為自衛團。第一次是向中和墟的紳士杜八鬥爭，壓迫他吐出了吞沒的學校捐款。頭一次得勝，膽子更壯了，五月十三日韋拔群和羅周全帶了四十幾個自衛隊員混入東蘭城裡，衝入土司官後裔韋龍甫家搜索田契和槍支，駐防營長羅文鑑得報，派兵將其打走。韋拔群敗回，心有不甘，召集黨徒再圖攻城，決定將各鄉的武裝組成農民軍，以牙蘇民指揮蘭陽、大疇、巴若北三鄉，黃大權指揮泗孟、蘭木兩鄉，黃榜巍指揮中和、江平等鄉，韋漢超指揮河東地

區、韋拔群任總指揮，設臨時總部於巴圩，五月十八日攻城，結果被守軍擊潰而散，但守軍不敢追出城來。一個月後，韋拔群以農民軍作第二次攻城，依然失敗。九月羅文鑑營調回百色。十月，農民軍第三次攻城，先佔領了縣政府，縣長蒙元良和韋龍甫逃脫。那時右江區域，省方力量達不到，完全為駐在百色的廣西陸軍第二獨立旅旅長劉日福所支配。劉自知一時不能以武力解決，乃進行調解，撤換了蒙元良，以黃守先為東蘭縣長，在縣城成立參議會，邀韋拔群和其黨徒參預政事，以緩和鬥爭的情緒。

十三年四月，劉日福復派羅文鑑營入東蘭，韋龍甫隨同回去，把農民軍打敗，四處出榜促拿韋拔群，韋拔群在東蘭不能立足，遂偕陳伯民逃往廣州。當時國民黨實行容共政策，在廣州開辦農民運動講習所，所內一切全由共產黨分子所把持。韋拔群、陳伯民五月到了廣州，都入農民運動講習所受訓，學得了一些粗淺的革命理論，三個月後，他們又偷偷地回到東蘭。

訓幹部組會、劫槍械擴團

韋拔群把做法改變了，他決定組織農民協會，並且仿效廣州的辦法，先辦農民運動講習所以造就農民協會的幹部。十四年春天，他在東里屯的北帝岸開辦農民運動講習所，招收東蘭、鳳山、百色、凌雲、都安各縣僮、瑤、漢各族的青年三百多人訓練，課程完全依照廣州農所的，他自任所長；教員就是他和陳伯民兩人。辦到中間，經費不繼，他於是在距離中和墟數里處另設新墟，通告附近各鄉村，謂新墟比舊墟各項捐稅都大為減低，以事招徠，果然成市。舊墟利益受損，龍顯雲出而禁止農民去趁新墟。韋拔群帶隊去捉他，龍逃避了，無人敢再擾新墟，農所經費有著了。六個月後，農所學員畢業，即分派到各鄉宣傳打倒封建軍閥，打倒帝國主義，打倒土豪劣紳，取消苛捐雜稅，號召農民組織起來。不久，東蘭縣各鄉差不多都成立了農民協會；鳳山、都安、恩隆、奉議、向都、天峨各縣也有農民協會出現。韋拔群特別重視武力，他把東蘭的自衛團組織完成後，其他各縣還沒著手，乃親率東蘭的自衛團到鳳山，幫助陳伯民去進行，先後打劫了大同鄉唐梅、四區班家兄弟、五區班述澄、三區羅宗綱各家，搶得了不少的槍支子彈，於是鳳山又成立了很多自衛團。

這年中，省內多事。廣西全省綏靖督辦李宗仁和會辦黃紹竑，從一月起對沈鴻英作戰，展轉於平樂、桂林、柳州、慶遠各處。而雲南唐繼堯乘孫中山大元帥逝世，覬覦兩廣，派兵入桂，二月佔領南寧，我軍六月結束

對沈戰事後，七月才把唐軍擊走回滇。各間又出兵協助廣東平定南路。所以省方軍政中樞，始終無暇顧及東蘭的事。右江方面的維持，一概委之於劉日福。劉也明白韋拔群是東蘭的禍根，但眼見省局動盪，自己的前途尚不可測，對地方事自難積極。韋拔群便在這種情勢下，無法無天，造成其惡勢力了。

值容共時期、獲鬥爭勝利

十五年初，東蘭縣長黃守先因事到百色去了。韋拔群知道後，立刻糾集自衛團於一月七日攻入城去，把監裡的囚犯全都放了，韋龍甫家的財物概被搶光。黃守先趕急請兵回縣，將自衛團打走，追到中和，燒光了列寧岩。兵少，力量達不到各鄉，收不到稅，劉日福乃派龔壽儀團到東蘭大舉進剿。四月，龔團調回百色。六月，韋拔群將二月間在西山成立的東蘭革命委員會遷出中和，招集自衛團再攻陷縣城；並用東蘭農民協會名義電報廣州國民政府，說是土豪劣紳勾結縣長壓迫農民，槍殺黨員，請令廣西省政府查辦。國民黨正在實行容共、農工政策的時候，不但廣州方面對他們這種舉動很為重視，就是廣西省黨部裡面也有很多人對他們表示同情。廣西省政府主席黃紹竑只好暫不派兵剿辦；他為審慎處理起見，由省政府、省黨部、國民革命軍第七軍司令部派員組織「東蘭調查委員會」前往調查，共同處理。調查委員會還沒動身，韋拔群就先派陳伯民等到南寧向黨政軍各方面作報告，他們的說法和立場，和共產黨完全一樣。調查團到了東蘭，韋拔群用東蘭革命委員會的名義在田壩上召集了一個農民大會，韋自己出來報告鬥爭的經過。在那般形勢之下，哪一個紳士良民還敢出來說話？調查團裡的委員，省黨部派的是農民部代表陳勉恕，他是共產黨員，站在他的黨來說話；第七軍部和省府派的，卻站在政府的立場說話；起草報告書時，因意見分歧而爭執不下，於是各寫各的。兩份報告書同時交到東蘭調查委員會，決定一起發表。但南寧《民國日報》登出的，才知道是印刷部裡的工人把軍部和省府那一份報告書抽掉了。向印刷工人責問，他們答覆竟說是：「你們造謠。」並發出通電支援東蘭的農民。省府遂扣押兩名排字工人，共黨竟鼓動南寧各行工人群集省府請願，乃予釋放。省府呈覆國民政府，謂韋拔群等設農民運動講習所和辦農民協會，都無片紙隻字報告縣府和省府，全不守法，擅自行動；控告其焚殺劫掠的案牘，積高盈尺。但為息事寧人，不願事體擴大，求得一時相安，由黨政軍三方共同定出解決東蘭農民協會韋拔群等的農紳鬥爭辦法八條，付諸實施。辦法中

大體總是遷就農民方面的利益；劣紳杜八，通緝；縣長黃守先，交法院訊辦；團長龔壽儀，請第七軍部查核辦理。省府委陳勉恕繼任東蘭縣長。陳勉恕於是介紹韋拔群參加共產黨。

已實行分共、遂大舉清鄉

韋拔群既得省黨部農民部的大力支持，又有縣長陳勉恕的直接指導，更為得勢。他把東蘭革命委員會遷到縣城；開辦第二屆農民運動講習所，附設青年訓練班、婦女識字班，傳播共產思想。十六年初，省農民部委韋拔群為田南道農民運動主任，領導右江一帶的農民運動。他召開東蘭全縣農民代表大會，將東蘭革命委員會改為東蘭農民協會。右江地區，也普遍成立農民協會，發動鬥爭，喊不交租、不還債、不納稅、燒毀田契借據等口號，開大會槍殺地主。四月十二日清黨事起，容共政策停止了，韋拔群更煽動各處武裝暴動，果德和那馬在八月、奉議在十一月、向都在十二月，縣城都曾受武裝農民攻襲。

十七年初，省當局以朱為珍為田南清鄉總辦，指揮龔壽儀、許輝生各團和黃明遠獨立營從事清剿。龔壽儀任東鳳警備司令，韋拔群被其擊潰逃入東蘭的西山，龔部將各個山寨逐一掃蕩，都成了墟廢，但捉不到他，只打死了他的妻黃秀梅。朱在鳳山設立東鳳地方幹部人員養成所，以張岳靈為所長，招收兩縣學員一百名入所訓練。後來又在百色設立田南十屬地方幹部人員養成所，朱自兼所長。朱任職一年半，韋拔群已勢窮力蹙，忽因俞作柏主桂而又起來。

俞助共披猖、黃入湘停剿

十八年夏，廣西政局改變，省府主席黃紹竑離省，南京方面以俞作柏繼任。共產黨乘機先後派張雲逸、葉季壯為入桂，打入軍政部門活動。七月，韋拔群到南寧見俞作柏，俞弟作豫為共產黨員，代請撥給東蘭農軍槍二百支，俞即允給，韋寫信回東蘭招來農軍二百多人到邕領槍，編成三連，就地訓練。九月，共產黨在南寧召開全省大會。會後，韋拔群便率領那三連人回東蘭。那時東蘭已無軍隊駐防，韋乘勢拚命打劫地主，擴充農軍。十月十六日韋率隊由中和乘夜出發，翌晨襲佔東蘭縣城，縣長鄔塵蔓逃脫。

俞作柏九月廿七日宣布反蔣，因呂煥炎、楊騰輝對其倒戈，僅半月而失敗。李明瑞和俞作豫率其第十五師的一部，張雲逸率其教導總隊，分乘

電船十多艘,隨俞作柏逃往龍州。俞作柏再經安南逃香港。李明瑞、張雲逸率隊經養利轉往平馬。俞作豫留在龍州,後來組織左江蘇維埃政府,其部隊稱中國工農紅軍第八軍。

李明瑞、張雲逸十月廿八日在平馬將熊鎬的廣西警備第三大隊繳械吞併。各縣的地主和民團,陸續被其消滅。十二月十一日,共產黨稱為廣州起義兩周年紀念日,在平馬召開右江第一次工農兵代表大會,成立右江蘇維埃政府,韋拔群被選為政府委員之一。同時成立中國工農紅軍第七軍,李明瑞為總指揮,張雲迅為軍長,鄧小平為政治委員;下轄三個縱隊,韋拔群所轄東鳳農軍編為第三縱隊。百色、恩陽、奉議、恩隆、思林、果德、隆安、向都、鎮結、東蘭、鳳山先後成立縣蘇維埃政府,各鄉也成立鄉蘇維埃政府。推翻地主,實行分田。每村編組赤衛隊。在西山弄京辦瑤族幹部訓練班,平馬開辦部訓練班,那凡屯辦軍事訓練班。在板勉村設兵工廠,修理槍械,製造彈藥。令人民組織火藥隊、地雷隊、草鞋隊、給養隊、交通隊、破壞隊、縫紉隊以應紅軍的需求。

俞作柏變後,南京任呂煥炎主桂政,但各將領擁戴舊領袖李宗仁、黃紹竑、白崇禧,他們遂於十一月由港、越先後回邕,組護黨救國軍第八路,李任總司令,黃為副總司令,白為前敵總指揮,隨即東下攻粵,對左右江的共黨,無暇處理。由粵敗歸後,右江共軍乘機進圖南寧,其先頭部隊已到隆安縣以南。十九年二月二日李總司令派司令李奇率兵三團由南寧前進,將其擊敗,收復百色,李明瑞等逃入恩隆縣七里一帶山中。三月,黃紹竑負責進剿;他派梁朝璣師向龍州,三月廿一日梁消滅了紅八軍,俞作豫逃往安南,左江平定;他親往右江督剿,尚未肅清,五月因出師湘鄂而放棄,共黨又恢復原狀。七月我軍由湘敗歸,南寧被滇軍圍困,梧潯鬱陷入粵軍手中,大敵當前,對右江共黨更是鞭長莫及了。

李張被調贛、韋陳留右江

十九年秋,中共中央令紅七軍開往江西集中。右江前委書記鄧小平得令後,即將各縣赤衛軍整編為第四縱隊,以黃治峰為縱隊長,編入紅七軍,以增強實力。九月二十日從平馬、田州一帶出發,十月初到達河池縣集中。十月十日開全軍黨員代表大會,先為長途危險向黨徒打氣。並整編紅七軍為第十九、二十、二十一等三師。韋拔群為第廿一師師長,陳洪濤為政治委員。旋又留韋拔群、陳洪濤仍在右江,而將其廿一師併入十九、二十兩師。韋拔群只帶一連人回東蘭。紅七軍即行出發向江西。

那時，白總指揮正統率全部兵力由柳州經武鳴進攻滇軍，圖解南寧之圍。李總司令僅得一營坐鎮柳州，接紅軍出動情報，即電令在賓陽方面牽制粵軍的第三縱隊指揮官李品仙，速派覃連芳的教導第一師趕往慶遠阻截。李品仙以南寧方面正在緊要關頭，令覃師準備停當，等待南寧圍解，即火急動身。白總指揮於十月十三夜擊潰滇軍於南寧，滇軍向右江敗走。覃連芳率其本師和砲兵一部於十一月一日趕到慶遠。他部下有營長某對羅城、融縣一帶的道路情形非常熟悉，料紅軍必取道羅城的四把，三日趕到四把，布置完後不久，紅軍果然來到，即將其擊敗。又料其必經某道往長安，覃師抄捷徑連夜急行，六日正午到長安，果然紅軍下午二時也到，於是展開了三天三夜的血戰，到十日晨，紅軍大敗，狼狽北逃。這一戰，我軍死傷合計超過一千人；紅軍傷的悉被其抬走，地方人檢埋紅軍屍首，達九百以上。十一日覃率隊向古宜（後來改稱三江縣），十三日晨間到達，已將部隊在河的西岸市區部署待敵；正午李品仙指揮官來到，看了地形，小聲告覃道：「我軍只有這點力量，不能再硬拚，現在只可堵住使其向北入湘，勿使其向龍勝、桂林。」即令全部移過東岸，隔河監視。天陰，下午三、四時紅軍湧到，李指揮官令砲兵猛轟數十發，紅軍不敢入市停留，急向北逃去。李率覃師和第八軍第廿二師（實際人數不過一團，無戰鬥力）於十四日向龍勝，十七日到桂林。此次紅軍經過的地方，都張貼有中國工農紅軍第七軍總指揮李明瑞的佈告。

　　張雲逸和張岳靈在南寧時相識。抗日戰爭間，廖磊主皖政，岳靈任省府參議，雲逸為大別山新四軍問題代表共方與皖政府交涉而到立煌，岳靈和他談起前事，雲逸道：「當時我們知道你方的部隊已開往南寧打滇軍，柳桂方面無兵，所以我們決定取道柳州、平樂入道州往江西，沿途道路既平坦，物資又豐富。我們行軍迅速，你們必追不上，不料在四把便遭覃連芳截擊。我們趕往長安，打算覃師如果追來，只要把他打垮，再經柳州也無問題，又不料覃比我們先佔長安，打起來又如此拚命，我們再敗，才放棄經柳企圖。擬由古宜、龍勝經桂林入湘，到古宜又被阻，乃決心走湘邊那條路。路雖崎嶇，可是無人阻礙，通過耒陽而入贛南。由河池出發時共一萬五千人，到贛只剩下半數。李明瑞因健康不佳，到贛後已不管事，不耐艱苦生活，被廣州方面的人勾引而謀叛，證據被獲，遂被處決，時為翌年八月。」

將士圍耐心、渠魁終授首

　　韋拔群由河池回到東蘭，即將東蘭、鳳山、都安、恩隆、奉議各縣的赤衛軍常備營補充他的第廿一師，師轄三個團和兩特務營。他曾到都安縣高嶺墟打游擊。他的得力助手陳伯民，卻在盆洞被民團擊斃。

　　由南寧到百色所有沿江各縣，當我軍追擊滇軍時已經收復。韋拔群把右江蘇維埃政府搬入恩隆縣的七里。滇軍既敗歸雲南，李總司令派軍長廖磊率第七軍澈底剿辦右江共黨。二十年二月，貴州王海平部逃難避入我境，因令其協助廖部。廖遂分兵三路進攻。韋拔群將其師部和六十一團在東蘭城防守，派六十二團到右江下游擾亂廖軍後方，六十三團往巴暮、蘭陽活動，他自己回中和鄉連夜將兵工廠搬入西山。廖部農曆正月初四日進到東蘭城附近，初六日共黨即放棄東蘭城，卻把所有的交通要道、學校、民房、隘口等都埋了地雷，使得進剿部隊，處處小心，遲回審慎，費了成個月時間才到達中和鄉。王海平部進剿鳳山，破滅了百樂鄉七個山寨，竟被共黨用「黔軍紅軍，互不侵犯」的標語口號來分化，致廖、王凶終隙末。廖軍長化了幾個月功夫把外圍各縣的共黨武力消滅後，集中主力到東蘭來，對西山實行長期圍困，反覆搜剿，並懸重賞捉拿韋拔群。韋拔群在西山，派出外處聯絡的人一個也回不去，外援斷絕。到了廿一年春天，經常祕密送食物到山峒給韋拔群那個老婦人，被官軍懷疑，迫她帶路去搜索，她不願意而跳崖死去。韋拔群從此絕食，逼著夜間偷離出峒，避過多重警戒線，到田卡山，天已大亮，停下來躲了一天，餓了一天。天黑了，下山向東里屯走去，不多遠，暗中撞見了他的族姪韋昂，他遇著了家裡人，自是高興。韋昂同他到特牙山背面的賞發洞。上山時他已渾身發燒，四肢無力，韋昂在洞裡鋪了稻草，殷勤請他歇息，問他要吃點什麼？好去做來。韋昂看了拔群臉色紫漲，知他是病重了，在外邊打了個轉，進來叫聲「拔叔，拔叔！」見拔群已昏迷不醒，韋昂遂抽拔群枕著的手槍將枚群擊斃。右江亂事，到此才得結束。

三十六、廣西的邊防對汛與桂越鄰交

廣西在中國歷史上，有時為內地，有時為邊疆，其演變如下：

廣西在周末屬百越區域。秦始皇遣兵平百越，廣西才入中國版圖，現在桂邊一帶和越南北部，都是郡地方。漢興，趙佗割據自立為南越武王，廣西和越南都屬南越。漢武帝才削平它。其後歷史雖屢有改置，桂邊和越南仍常共隸一州。到宋太祖時，因採柔遠政策，遂封丁部領的兒子丁連為安南王，越南乃和中國分離而列為外藩，廣西才成為中國的邊地。

廣西在宋朝稱為廣南西路。元朝設中書行省，改路為道，廣西改為嶺南廣西道，隸湖廣行省；後又分置廣西行省，廣西省的名稱由此開始。明朝分全國為十三個布政司，廣西為其一。建文元年，安南內亂，永樂四年，遣兵平定，遂改安南為交趾布政司，越南復入中國版圖，廣西又非邊地。但不久，交趾復亂，征伐無功，宣德六年，命黎利權署安南國事，越復自成一國。後來安南權臣莫登庸篡黎氏自主為王，世宗發兵討伐，登庸請降，遂降安南為都統使司，以莫登庸為都統使，隸廣西布政司之下，於是越南成為廣西的一部分。清康熙十六年，黎氏滅莫氏而統一越南，從此不再隸屬於中國，但對中國仍以藩屬自居，年貢方物，雖分疆界，未設邊防。光緒十一年，割越南給法國，廣西不只成為邊疆，且須設防了。

邊防對汛兩督辦設置的由來

桂邊地帶，以龍州最為衝要，駐有兩個督辦：一為廣西邊防督辦，一為廣西全邊對汛督辦。

廣西邊防督辦設置的由來：自清光緒十一年（公元一八八五年）中法戰後，將越南割讓於法，於是強鄰壓境，虎視耽耽，窺我內地，伺隙思逞，在我不能不籌鞏固邊疆的方策，兩廣總督張之洞乃奏請設立廣西邊防督辦，並奏派廣西提督蘇元春改任此職。後來又奏請將廣西提督由柳州移駐龍州，負責接防事務。入民國後，法人在越以武力謀我的顧慮，已大為減少，有無此職，已不關重要。偶然復設，其目的都不是為鞏固邊防。如十一年九月，北京政府以陸榮廷為廣西邊防督辦，意在扶植其再起，利

用廣西力量以對付廣東。廿一年九月，李宗仁總司令以李品仙為廣西邊防督辦兼對汛督辦，因其資望很深，特加此銜以示榮寵，其前後任的對汛督辦，都無此銜。

廣西全邊對汛督辦，是根據中法雙方的議定而設立的。對汛為廣東、廣西、雲南三省的中越邊界所特有，其他全國各邊界，如東三省、蒙古、新疆、西藏以及雲南和英屬交界處所，都沒有這種設置；就是世界各國互相鄰接的地方，也很少見；這實在是中法兩方所特創。所謂對汛，就是雙方相對駐防的機關。它的職責：一為維持邊境的治安；二為執行各約章的規定，核發簽驗中外人士出入國境的各種單照；三為處理在兩國邊境所發生的交涉。這三項裡面，以第一項最為重要。因越南割後，劃界立碑，擾攘數年，散兵游勇，流為匪盜，隨處蔓延，邊境治安，極難維持。而中越雙方的軍隊，又受條約的束縛，各守邊疆，不能過界。兩邊匪類，由此得到了趨避的方便，在越方搶劫，就走到華方來窩藏，在華方擄掠，就逃往越方去躲避，中越邊界一帶，竟成為匪黨的逋逃藪。他們聚散無常，此剿彼竄，兩國的防軍，都疲於奔命，始終無法肅清。光緒廿一年五月廿八日中法會訂商務專條附章時，就在第一條訂明：日後須商定章程，會同巡查中越邊界。光緒廿二年三月廿五日遂簽定中越邊界會巡章程六條，共二十八節；中越雙方的對汛，即依據這章程去創辦；是年八月，即設立廣西全邊對汛督辦，開辦對汛。對汛督辦一職，由前清到民元，都是由駐邊的最高級武官或文官兼任，故督辦署組織極簡單，只多設一兩職員專理對汛和外交事項。民二對汛督辦改由林紹斐專任後，才單設督辦公署，並設副督辦，下設軍事、外交兩課。

對汛組織的演進

對汛的組織，非常簡單。初設對汛時，每汛的負責者稱為汛員，以駐防軍官兼任，而受對汛督辦的指揮。那時沿邊駐防軍官多由行伍出身，既不懂外交，連中國文字也少認識，自難望其稱職。鎮南關、平而關、水口關三個對汛，正當桂越交通要衝，和外人來往交涉事務特別繁多，於是各設專任對汛委員一人，負責辦理和外人來往交涉等事。但巡查和剿匪的權責，仍由駐防在汛的軍官擔任。故此等委員，仍屬有名無實，辦事每感掣肘。其後名稱屢有變更，設置地點也有增加，但並未作根本的改革。民十四年胡宗鐸兼任對汛督辦，見軍官和汛員不能合作，乃在各汛另編一巡緝隊，以汛員兼隊長，另委一知兵的為隊附，全隊士兵三十人；但槍械不

良，服裝襤褸，負責汎務，力量實感不足；且有時遇到跋扈的隊附，常和兼隊長發生衝突，甚至互相攻訐，是其缺點。到了李品仙兼任對汎督辦，即將巡緝隊改為汎警隊，全部調到龍州集中訓練，另發新槍，改換服裝；將各隊隊長、隊附嚴加甄別；不以汎員兼隊長，而以隊長歸汎員節制；又改汎員為對汎分署委員；每汎駐汎警一隊；尚餘汎警三隊，分駐龍州和龍州南路各地。到了此時，對汎的組織為：對汎委員，下轄汎警隊長（轄隊附一，汎警三班，每班十人）和翻譯員（轄文書上士）。此制到抗戰勝利後，仍在實行。

黃紹竑主政廣西時，以軍官兼對汎委員不易勝任，乃於民十六年在對汎督辦署附設邊務學校，專門造就辦理汎務人才；規定四年畢業；其課程為軍事、政治、經濟、法制、法文、法語等；完全官費；是年三月開課，到十八年十月因省局變化而解散。十九年冬，韋雲淞兼任對汎督辦，才呈請省政府撥款恢復，但學生已散去了五分之二，復學的僅得三十人，於廿二年七月畢業。所有畢業生盡數分發各對汎服務，仍感不足。其後李品仙兼任對汎督辦，又續辦第二期，招收初中和高中畢業生三十三名，於廿二年十一月開課，廿七年一月畢業，僅得二十人，悉派往各分汎和督辦署服務。

對汎的設廢與遷移

對汎數目，迭有變更。中法雙方初訂會巡章程時，商定設對汎七處：峙馬、南關、平而、布局、水口、里板、平孟，和越方的峙馬、同登、平而、那爛、水口、平歌、朔江七汎相對。到開始設汎時，復增加隴邦一處，和越方的茶嶺汎相對。到光緒廿三年十月，又增設九特、本歌（即苟村）、高山隘（即邱匡）、那摩四處，和越方的北沙、賁河、南國（即岩厥）、谷旁四汎相對。此時共有十二汎了。光緒三十年，越方的峙馬汎移設祿平，賁河汎移設下琅，南國汎移設保樂，各退後十多公里。光緒三十一年，越方的峙馬汎又由祿平移回原處。中國的峙馬汎改名愛店汎，以免和越方的同名；里板汎也改名隴匡汎，後又改稱碩龍汎；布局、本歌、高山隘、那摩四汎，和越方的那爛、下琅、谷旁三汎，同時撤消，中國改設百南汎，以與越方的保樂汎相對。經過這次增減後，桂邊只存九汎：九特、愛店、南關、平而、水口、碩龍、隴邦、平孟，百南，和越方的北沙、峙馬、同登、平而、馱隆、平歌、茶嶺、朔江、保樂相對。

抗日戰爭起後，中國需要外來物質非常迫切，各處海口多已淪陷，廣西的邊關，竟成為西南方面國際的要道。南關、水口兩處，都有公路和越

方的公路、鐵路連接，但因敵機空襲頻來，於是又由靖西新築公路經桂邊岳墟直達越南的高平以接諒山，岳墟因此驟然成為中越交通要道，遂增設岳墟對汛辦事處。百南汛因所管邊線太遠，汛務過繁，於是又在百懷增設一對汛辦事處。岳墟辦事處初隸隴邦分署，百懷辦事處初隸百南分署，後來均改直屬督辦署。其組織和對汛分署並無不同，只改對汛委員為主任而已。

各汛情況的簡述

各汛情形，彼此不同，有風景很秀麗的，有氣候極宜人的，有交通非常困難的。現按由東至西的順序，逐一述其概況。

一、那梨對汛：這是桂邊東路最末的一汛。原設在九特，因地方荒僻，人煙稀少，交通不便，宣統元年乃移設那梨，但仍稱九特，民廿三年才改稱那梨。位於思樂縣城東南一百六十里。轄區為九特鄉全鄉八個村莊。地處粵桂越之間，形勢複雜，匪常出沒。所對法汛為那鑠，以前為北沙，屬越南東京海寧省所管，即越南第一軍區；其對汛督辦係軍區司令兼任，駐在芒街。

二、愛店對汛：原名峙馬汛，因和所對法汛同名，故改今稱。位於思樂縣西南，十萬大山支脈上。地勢頗高，離海不遠，得海風調劑，氣候甚佳。土質壞，荒地多，水田少。轄區為明江縣的峙浪鄉，思樂縣的琴清鄉和九特鄉山交村的一部。區內居民來源：愛店市的多為四十年前由廣東欽廉移來；其餘各鄉村的，都是宋時隨狄青平南而來；公母山上的都是班人，語言習慣和那梨的班人一樣，最初或也來自中原；峙浪鄉的思陵村，舊名思陵土州，完全韋姓，其祖先為狄青部將，因功受封於此。對面法汛為峙馬，距愛店不到一公里，為雙方對汛相距最近的。

三、南關對汛：南關為鎮南關的簡稱。位於憑祥縣城西南四十里，離龍州一百四十里。當桂越交通的要衝，為商旅往來最頻繁的一汛。這是有名的關塞，外人也來遊覽。交通在各汛中最稱便利，公路在民十二年已通龍州，電話可直通督辦署。二十七年中越協建桂越鐵路，已敷軌到此，後因敵佔南寧而中途停工。轄區為憑祥縣的隘口鄉、上石鄉，寧明縣的哨平鄉。所對法汛為同登汛，設在文淵州城，故又稱文淵，距南關四公里，為越南最重要的一汛。

四、平而對汛：平而為平而關的簡稱，為桂邊有名三關之一。在龍津縣（原名龍州）城西南七十五里。為桂邊各汛的中點，東西兩路

界碑即由此起分。汎署前臨平而河；後為北鷹嶺；左為平而街，居民八九十家，客籍為多；右為約村屯，有民房數家。平而河帆船，上通那岑，下通龍州。轄區東至板絹，西至那昔。對方法汎，也名平而，在隔河百爛村。

五、水口對汎：水口為水口關的簡稱，也是桂邊有名三關之一。在龍津縣城西四十公里。交通便利、郵政、電報、電話、汽車、馬車、帆船都直達龍州。水口墟在高平河和峒桂河合流處，居民三百餘家。此處形勢，中為平原，河水清澈，兩面排列峻秀的石山。由水口到羅回路中，奇峰百出，非常秀麗，不亞於桂林和陽朔。對方法汎名馱隆，距我水口汎四公里。由水口乘汽車過國際橋可直達高平。

六、碩龍對汎：又名隴匡，在雷平縣城西北一百一十里，轄區為雷平縣的碩龍、巷口、下雷各鄉和上金縣的金龍區。碩龍墟人口約一千，客籍為多。河道水淺礁多流急，不能通航。氣候溫和。對方法汎平歌，相距十六公里。

七、岳墟對汎辦事處：在靖西縣城南七十餘里。廿八年八月設卜立。初隸隴邦分署，廿九年秋改為直隸督辦署。這是戰時設立的。法方並未另設分汎，只由重慶府駐防武官兼管一切交涉事務。

八、隴邦對汎：在靖西縣城西南一百一十餘里。轄區為安寧、隴邦、其龍三鄉。區內無河流，人民飲水，專靠隴邦後背的山溪。地勢頗高，雖在盛暑，有如春天，並不炎熱，倘交通方便，實為避暑勝地。所對法汎為茶嶺，相距約五公里，屬高平軍區管轄。

九、平孟對汎：在鎮邊縣城東南約兩日行程，距靖西縣城行程也相等。平孟墟居民二百餘家，客籍為多，土語和龍州同腔，和鎮邊、靖西反不很同。對外貿易，輸出以牛皮、鴨毛、桐油、茶油、茴油為大宗，輸入以鹽、米、洋紗、布疋為大宗。轄區由靖西縣平穩鄉起，到鎮邊縣平孟鄉止。區內無河流，山嶺重疊，交通非常困難，時有土匪出沒。對方法汎為朔江，屬高平軍區，距平孟四公里。

十、百南對汎：在鎮邊縣城南兩日行程。初設在一百廿八號界碑附近的高山隘，和法汎南國相對；後南國法汎撤銷，我也裁撤高山隘、那摩兩汎，而在百南墟設置。地屬山區，山峰有高出海面三千尺以上的，交通不便。二十三年，以此汎所轄邊線太長，管理難周，乃在百懷大隘添設一辦事處以補不及。所對法汎保樂，屬

高平省，距百南四十五公里，為各汛中彼此相距最遠的。

十一、百懷對汛辦事處：在鎮邊縣城西南約兩日行程，為桂邊西路最末的一汛。轄區為鎮邊縣六蓬、十蓬兩鄉，邊線長一百二十里。處設那摩墟關帝廟，也就是前那摩汛署舊址。境內山多平地少，布迷小河流經那麼墟出百懷大隘入越，氣候甚佳。所對法汛谷旁，前曾裁撤，先我恢復，屬高平省，距那摩墟八公里。

桂越鄰交的增進

法國自佔領越南後，以戰勝者自居，對我方官民，多存藐視心理，以致彼此常互相仇視。民十八年冬，俞作豫盤據龍州，組織蘇維埃政府，焚毀法國領事署和教堂，法越遂對桂邊施行桂鎖。二十年夏，廣西全省秩序復舊，我受命主持省政，由省府為其修復領事署，桂越鄰交，才復常態。省政日漸進展，引起了法方的注意，於是越南總督巴斯基氏請我訪越。我應邀於廿一年十二月往訪，費時十日，於鄰誼邦交的增進，不無補益。當時龍州的鎮南《民國日報》，曾記其事，現在轉錄如下：

〈黃主席訪越經過〉

十二月十一日：黃主席偕廣西邊防督辦李品仙、建設廳長黃榮華、省府委員黃鍾岳、航空處長林偉成、對汛督辦署科長吳助之、邊務學校教官劉雲程等上午七時半由龍州乘汽車啟程，九時半到南關，法國駐邕龍領事西蒙由諒山來迎。十時一刻離南關，十時半到諒山，諒山留守使兼對汛督辦亨利克蘭列隊歡迎，觀者塞途。十二時在留守使署午宴。午後二時復行，沿途各地開往北陵會操之軍隊均整隊道旁舉槍致敬。五時半抵河內，被招待住京都酒店。越南總督代表政務廳長馬迪、越南總督署外交科長德沙西、東京總留守使機要秘書瓦拉、河內公安局長及華僑代表等數十人在酒店門前歡迎。東京總留守署及京都酒店均高懸中法國旗。西蒙領事在京都酒店為設間宴洗塵。

十二日：午前九時半越南總督署派儀仗騎兵一隊到京都酒店門前迎候。將近十時黃主席等分乘汽車由儀仗騎兵隊護衛往訪越督，有軍樂隊在督署前歡迎。總督巴斯基著官服接見，表示對黃主席等

此次光臨，足使桂越交誼益臻親密，不勝榮幸！並親贈黃主席、李督辦以柬埔寨王國之紀念勳章各一座，各隨員紀念章各一個。在署前合攝一影。十時三刻辭出。仍由儀仗騎兵隊護衛往訪越南陸軍總司令比阿特將軍，十一時半訪東京總留守使巴蒽斯，他們表示歡迎，一如總督。返酒店後，巴蒽斯偕其祕書長、比阿特將軍代表德巴柯旅長、總督代表馬迪廳長先後來答拜。午後一時赴總司令宴會。三時馬迪廳長、瓦拉祕書、西蒙領事陪往參觀河內博物館及商業展覽會。七時河內僑胞在中華會館公宴，黃主席與李督辦均有演說，報告國內近況及桂省建設情形，聽者掌聲雷動。

十三日：上午八時馬迪、西蒙陪往參觀無線電台及北馬飛機場，航空處長克拉美招待乘坐飛機遊覽河內市。午刻赴總督署午宴。午後參觀河內大學、沙羅中學、保護中學、越人醫院。八時赴巴蒽斯總留守使署晚宴。

十四日：上午九時底利師長陪同乘汽車赴波亞參觀駐東京各地之軍隊聯合演習，下午六時返抵河內。八時赴華僑代表宴會。黃委員今日未去波亞，由馬迪陪往參觀東方匯理銀行、地產登記局、法越地產信託銀行。

十五日：上午七時德沙西科長陪同乘汽車在遊鴻基。此為東京灣中之一半島，風景秀美。在礦業酒店午餐後，赴金華參觀煤礦，露天開採。乘電船返鴻基，沿途賞覽景物，海中石山，與桂林者相似。夜宿鴻基礦業酒店。

十六日：黃廳長、林處長同德沙西科長回河內，準備赴各地考察水利、農林、育馬事業。黃主席等一行於上午七時乘汽車赴海防，十時半到達。十一時訪候海防市長。華商譚與蒼在南廬設午宴介紹各僑領會晤。午後二時華僑千餘人在中華會館開會歡迎。參觀華英學校及時習中學。四時乘汽車返河內。九時半乘總督署特備花車赴順化，李督辦、吳科長、劉教官、西蒙領事同行。林處長定於明晨乘總督署所派之飛機續往。

十七日：午後三時黃主席等抵順化，安南總留守使署派副官長到車站迎接下榻署中，總留守使夏特爾已因公往河內，尤其祕書長哥崙朋代表招待。五時由哥祕書長陪往訪謁保大安南皇帝。保大年方二十歲，留學法國十年之久，法國語極純熟，本年九月初方返國即位。談後飲香檳乃辭出。晚間保大派禮部大臣何廉送贈黃主席、李督辦、林處長、吳科長、劉教官、西蒙領事龍星勳章各一。總留

守使署設晚宴，安南保廉親王、皇帝之秘書長、法越各高級文武長官均同參加。

十八日：上午八時往皇城內參觀啟定博物館，由館長柏松洛來署引導。繼往城外遊覽安南皇帝歷代之陵寢及祭天台。順化風景清幽，香江流繞。京城宮殿規制，大類北平，惟規模小耳。午刻遊畢返署辭行。黃主席等仍乘火車返河內，林處長也乘飛機行。黃廳長三日來考察水利、農林事業，極感興趣。

十九日：上午七時黃主席等返抵河內，回京都酒店稍事休息。十一時赴總督署向總督巴斯基致謝辭行。繼往東京總留守使巴蒽斯處道別。下午黃主席等遊覽河內街市，順購物品。

二十日：上午八時黃主席等乘汽車離河內。十一時許到諒山，對汎督辦亨利克蘭偕其夫人招待午餐。下午一時許赴華僑歡迎大會，法越人士如巡撫、布政司、諒山公局長等亦來參加。三時離諒山，西蒙領事及克蘭公安局長送至鎮南關。返抵龍州，已六時矣。

我此次訪越，純為聯誼性質，彼此並未商討何項問題。二十二年十二月下旬，第四集團軍總司令李宗仁也應越督邀請往訪，備受越方和華僑的熱烈歡迎，桂越彼此一致反共。抗日戰起，我國所需外來物資，經越運入，越方曾極力相助。到日軍佔越後，中越交往乃告斷絕。

Do人物55　PC0572

黃旭初回憶錄
——孫中山與陸榮廷的護法暗鬥

原　　著／黃旭初
主　　編／蔡登山
責任編輯／辛秉學
圖文排版／周政緯
封面設計／蔡瑋筠

出版策劃／獨立作家
發 行 人／宋政坤
法律顧問／毛國樑　律師
製作發行／秀威資訊科技股份有限公司
　　　　　地址：114 台北市內湖區瑞光路76巷65號1樓
　　　　　電話：+886-2-2796-3638　傳真：+886-2-2796-1377
　　　　　服務信箱：service@showwe.com.tw
展售門市／國家書店【松江門市】
　　　　　地址：104 台北市中山區松江路209號1樓
　　　　　電話：+886-2-2518-0207　傳真：+886-2-2518-0778
網路訂購／秀威網路書店：https://store.showwe.tw
　　　　　國家網路書店：https://www.govbooks.com.tw

出版日期／2016年1月　BOD一版　定價／360元

|獨立|作家|
Independent Author

寫自己的故事，唱自己的歌

黃旭初回憶錄：孫中山與陸榮廷的護法暗鬥 / 黃
旭初原著；蔡登山主編. -- 一版. -- 臺北市：
獨立作家, 2016.01
　　面；　公分. -- (Do人物；55)
BOD版
ISBN 978-986-92704-1-0(平裝)

1. 民國史

628　　　　　　　　　　　　　104028570

國家圖書館出版品預行編目

讀 者 回 函 卡

感謝您購買本書，為提升服務品質，請填妥以下資料，將讀者回函卡直接寄回或傳真本公司，收到您的寶貴意見後，我們會收藏記錄及檢討，謝謝！
如您需要了解本公司最新出版書目、購書優惠或企劃活動，歡迎您上網查詢或下載相關資料：http:// www.showwe.com.tw

您購買的書名：＿＿＿＿＿＿＿＿＿＿＿＿＿＿＿＿＿＿＿＿＿＿＿

出生日期：＿＿＿＿年＿＿＿＿月＿＿＿＿日

學歷：□高中 (含) 以下　　□大專　　□研究所 (含) 以上

職業：□製造業　□金融業　□資訊業　□軍警　□傳播業　□自由業
　　　□服務業　□公務員　□教職　　□學生　□家管　　□其它＿＿＿

購書地點：□網路書店　□實體書店　□書展　□郵購　□贈閱　□其他

您從何得知本書的消息？

　□網路書店　□實體書店　□網路搜尋　□電子報　□書訊　□雜誌

　□傳播媒體　□親友推薦　□網站推薦　□部落格　□其他＿＿＿＿＿＿

您對本書的評價：(請填代號　1.非常滿意　2.滿意　3.尚可　4.再改進)

　封面設計＿＿＿　版面編排＿＿＿　內容＿＿＿　文／譯筆＿＿＿　價格＿＿＿

讀完書後您覺得：

　□很有收穫　□有收穫　□收穫不多　□沒收穫

對我們的建議：＿＿＿＿＿＿＿＿＿＿＿＿＿＿＿＿＿＿＿＿＿＿＿

＿＿＿＿＿＿＿＿＿＿＿＿＿＿＿＿＿＿＿＿＿＿＿＿＿＿＿＿＿＿＿

＿＿＿＿＿＿＿＿＿＿＿＿＿＿＿＿＿＿＿＿＿＿＿＿＿＿＿＿＿＿＿

＿＿＿＿＿＿＿＿＿＿＿＿＿＿＿＿＿＿＿＿＿＿＿＿＿＿＿＿＿＿＿

11466
台北市內湖區瑞光路 76 巷 65 號 1 樓

獨立作家讀者服務部　　　　收

....

（請沿線對折寄回，謝謝！）

姓　　名：＿＿＿＿＿＿＿＿＿　年齡：＿＿＿＿　性別：□女　□男

郵遞區號：□□□□□

地　　址：＿＿＿＿＿＿＿＿＿＿＿＿＿＿＿＿＿＿＿＿＿

聯絡電話：(日) ＿＿＿＿＿＿＿＿＿＿＿ (夜) ＿＿＿＿＿＿＿＿＿＿＿

E-mail：＿＿＿＿＿＿＿＿＿＿＿＿＿＿＿＿＿＿＿＿＿